乡村产业最新政策与项目申报指南

2025

XIANGCUN CHANYE

ZUIXIN ZHENGCE YU XIANGMU SHENBAO ZHINAN

陈　放　钱永杰　主编

中国农业出版社
北　京

图书在版编目（CIP）数据

乡村产业最新政策与项目申报指南 / 陈放，钱永杰主编. -- 北京：中国农业出版社，2024. 11. -- ISBN 978-7-109-32680-4（2025.1 重印）

Ⅰ. F323

中国国家版本馆 CIP 数据核字第 20245EY185 号

中国农业出版社出版

地址：北京市朝阳区麦子店街 18 号楼

邮编：100125

责任编辑：任红伟

版式设计：王　怡　　责任校对：张雯婷

印刷：北京通州皇家印刷厂

版次：2024 年 11 月第 1 版

印次：2025 年 1 月北京第 6 次印刷

发行：新华书店北京发行所

开本：787mm×1092mm　1/16

印张：25.5

字数：355 千字

定价：149.00 元

编写人员名单

主　　编： 陈　放　钱永杰

参编人员：（排名不分先后）

田亚文　秦海洋　缪素元　李连征　韩　博

目 录
CONTENTS

第一部分 乡村产业政策解读

第二部分　乡村产业奖励资金

第三部分　申报路径与技巧

第四部分　申报利好与心得

第一部分
乡村产业政策解读

XIANGCUN CHANYE ZUIXIN ZHENGCE YU XIANGMU SHENBAO ZHINAN

第一章　中央顶层设计相关政策

一、习近平总书记高瞻远瞩提出“五个振兴”，扎实推进乡村振兴战略

2018 年 3 月 8 日，中共中央总书记、国家主席、中央军委主席习近平参加十三届全国人大一次会议山东代表团审议时发表重要讲话，习近平总书记强调：“实施乡村振兴战略是党的十九大作出的重大决策部署，是决胜全面建成小康社会、全面建设社会主义现代化国家的重大历史任务，是新时代做好‘三农’工作的总抓手。”

在讲话中，习近平总书记提出“五个振兴”的科学论断：乡村产业振兴、乡村人才振兴、乡村文化振兴、乡村生态振兴、乡村组织振兴。这是习近平总书记对实施乡村振兴战略目标和路径的明确指示，有力地推进了全国乡村振兴工作的全面开展与深入实施。

以“五个振兴”为目标，习近平总书记为我们制定了清晰明确的乡村振兴任务书和路线图——紧紧围绕发展现代农业，围绕农村一二三产业融合发展，构建乡村产业体系，实现产业兴旺；把人力资本开发放在首要位置，强化乡村振兴人才支撑；弘扬主旋律和社会正气，培育文明乡风、良好家风、淳朴民风；打造农民安居乐业的美丽家园，让良好生态成为乡村振兴支撑点；建立健全党委领导、政府负责、社会协同、公众参与、法治保障的现代乡村社会治理体制。

乡村振兴关键在人、在人才。习近平总书记明确要求，要打造一支强大的乡村振兴人才队伍，在乡村形成人才、土地、资金、产业汇聚的良性循环。

农村稳则天下安，农业兴则基础牢，农民富则国家盛。在实现“两个一百年”奋斗目标的伟大航程中，广大的乡村是破浪稳行的压舱石。全面小康，最艰巨的任务在农村，最雄厚的基础也在农村，最大的潜力和后劲还在农村。

在习近平新时代中国特色社会主义思想的指引下，我们必须按照“五个振兴”的战略部署，将乡村振兴作为实现中华民族伟大复兴的基础工作，让农业强起来、农村美起来、农民富起来。

二、中共二十大关于乡村振兴的内容

2022 年 10 月召开的中共二十大强调要全面推进乡村振兴，坚持农业农村优先发展，增强党组织政治功能和组织功能，坚持大抓基层的鲜明导向，把基层党组织建设成为有效实现党的领导的坚强战斗堡垒，激励党员发挥先锋模范作用，保持党员队伍先进性和纯洁性。习近平总书记高度重视乡村振兴，强调“民族要复兴，乡村必振兴”，号召“让乡村振兴成为全党全社会的共同行动”。

加强党的领导。实施乡村振兴战略，各级党委和党组织必须加强领导，汇聚起全党上下、社会各方的强大力量。党管农村工作是我们党的优良传统。坚持党建引领乡村振兴，是当前农村基层党建工作的重要任务目标。通过农村基层党建工作凝聚乡村振兴合力，精准发力，久久为功，是被实践证明了的好经验。谱写新时代乡村全面振兴新篇章，必须筑牢乡村振兴的党建基石，健全“五级书记”抓乡村振兴的责任落实体系，扩大农村党组织的组织覆盖和工作覆盖，推动组织体系建设向农民专业合作社、农业协会、农产品中介、农村自治组织延伸，选优配强农村各领域基层党组织带头人，加大在青年农民、回村创业大学生、退役军人等群众中发展党员力度，为农村经济社会发展提供坚强的组织保证。

夯实人才支撑。人才振兴是乡村振兴的基础，要创新乡村人才工作体制机制，充分激发乡村现有人才活力，把更多城市人才引向乡村创新创业。农业现代化是乡村振兴战略的重要依托和举措，而实现农业产业化迈向农业现代化这一转变，关键在人才。谱写新时代乡村全面振兴新篇章，需要一支懂农业、爱农村、爱农民的“三农”干部人才队伍，必须牢固树立人才引领农业农村发展的理念，精准引进现代农业急需的高精尖缺人才，创设条件搭建高端种业、智慧农业等领域高能级人才平台载体，积极培育“田秀才”、“土博士”、乡村工匠、农村实用人才，量身定制支持基层人才创新创业的个性化政策，吸引集聚各方面人才投身农业现代化建设。

加快共同富裕。要全面推进乡村振兴，加快农业产业化，盘活农村资产，增加农民财产性收入，使更多农村居民勤劳致富。促进共同富裕，最艰巨最繁重的任务仍然在农村。全面实施乡村振兴战略，要让农民在实现共同富裕上取得更为明显的实质性进展，这是实现农业农村现代化的重要任务，也是衡量农业农村现代化水平的重要尺度。谱写新时代乡村全面振兴新篇章，必须顺应城乡融合发展大趋势，积极推动基层党建融合发展，实施城乡党组织、村企党组织以及先进村和欠发达村党组织结对联建、抱团发展，通过党支部领办合作社、注册共富公司、成立区域党建联合体等，促进土地、资金、信息等要素资源向农村流动，促进党建提质与产业发展共赢，持续扩大村级集体经济壮大和村民增收成果。

优化乡村治理。要夯实乡村治理这个根基。乡村治理是国家治理的基石，治理有效是乡村振兴的重要保障。加强乡村治理体系建设是实现乡村全面振兴、巩固党在农村执政基础、满足农民群众美好生活需要的必然要求。农村是基层治理的末梢，地域辽阔，村庄类型多样，加强乡村治理必须立足国情农情，走中国特色乡村善治之路。谱写新时代乡村全面振兴新篇章，必须充分发挥基层党组织在乡村治理中的政治引领、领导核心和组织保障功能，认真落实“三会一课”“四议两公开一监督”“阳光议事日”等制度，健全自治、法治、德治相结合的乡村治理体系，搭建县乡村三级党群服务平台，提升村干部专业能力和便民服务水平，让农村社会既充满活力又和谐有序，以乡村善治实现农民富、农业强、农村美。

三、“十四五”规划中关于产业的政策

政策解读

“十四五”规划要求，“十四五”时期经济社会发展主要目标：经济发展取得新成效；改革开放迈出新步伐；社会文明程度得到新提高；生态文明建设实现新进步；民生福祉达到新水平；国家治理效能得到新提升。

关于产业，“十四五”规划提出：坚持把解决好“三农”问题作为全党工作重中之重，走中国特色社会主义乡村振兴道路，全面实施乡村振兴战略，强化以工补农、以城带乡，推动形成工农互促、城乡互补、协调发展、共同繁荣的新型工农城乡关系，加快农业农村现代化。

政策摘要

中华人民共和国国民经济和社会发展
第十四个五年规划和2035年远景目标纲要

第九章　发展壮大战略性新兴产业

着眼于抢占未来产业发展先机，培育先导性和支柱性产业，推动战略性新兴产业融合化、集群化、生态化发展，战略性新兴产业增加值占GDP比重超过17%。

第一节　构筑产业体系新支柱

聚焦新一代信息技术、生物技术、新能源、新材料、高端装备、新能源汽车、绿色环保以及航空航天、海洋装备等战略性新兴产业，加快

关键核心技术创新应用，增强要素保障能力，培育壮大产业发展新动能。推动生物技术和信息技术融合创新，加快发展生物医药、生物育种、生物材料、生物能源等产业，做大做强生物经济。深化北斗系统推广应用，推动北斗产业高质量发展。深入推进国家战略性新兴产业集群发展工程，健全产业集群组织管理和专业化推进机制，建设创新和公共服务综合体，构建一批各具特色、优势互补、结构合理的战略性新兴产业增长引擎。鼓励技术创新和企业兼并重组，防止低水平重复建设。发挥产业投资基金引导作用，加大融资担保和风险补偿力度。

第二节　前瞻谋划未来产业

在类脑智能、量子信息、基因技术、未来网络、深海空天开发、氢能与储能等前沿科技和产业变革领域，组织实施未来产业孵化与加速计划，谋划布局一批未来产业。在科教资源优势突出、产业基础雄厚的地区，布局一批国家未来产业技术研究院，加强前沿技术多路径探索、交叉融合和颠覆性技术供给。实施产业跨界融合示范工程，打造未来技术应用场景，加速形成若干未来产业。

第十五章　打造数字经济新优势

充分发挥海量数据和丰富应用场景优势，促进数字技术与实体经济深度融合，赋能传统产业转型升级，催生新产业新业态新模式，壮大经济发展新引擎。

第一节　加强关键数字技术创新应用

聚焦高端芯片、操作系统、人工智能关键算法、传感器等关键领域，加快推进基础理论、基础算法、装备材料等研发突破与迭代应用。加强通用处理器、云计算系统和软件核心技术一体化研发。加快布局量子计算、量子通信、神经芯片、DNA 存储等前沿技术，加强信息科学与生命科学、材料等基础学科的交叉创新，支持数字技术开源社区等创新联合体发展，完善开源知识产权和法律体系，鼓励企业开放软件源代码、硬件设计和应用服务。

第二节　加快推动数字产业化

培育壮大人工智能、大数据、区块链、云计算、网络安全等新兴数字产业，提升通信设备、核心电子元器件、关键软件等产业水平。构建基于5G的应用场景和产业生态，在智能交通、智慧物流、智慧能源、智慧医疗等重点领域开展试点示范。鼓励企业开放搜索、电商、社交等数据，发展第三方大数据服务产业。促进共享经济、平台经济健康发展。

第三节　推进产业数字化转型

实施“上云用数赋智”行动，推动数据赋能全产业链协同转型。在重点行业和区域建设若干国际水准的工业互联网平台和数字化转型促进中心，深化研发设计、生产制造、经营管理、市场服务等环节的数字化应用，培育发展个性定制、柔性制造等新模式，加快产业园区数字化改造。深入推进服务业数字化转型，培育众包设计、智慧物流、新零售等新增长点。加快发展智慧农业，推进农业生产经营和管理服务数字化改造。

第十六章　加快数字社会建设步伐

适应数字技术全面融入社会交往和日常生活新趋势，促进公共服务和社会运行方式创新，构筑全民畅享的数字生活。

第一节　提供智慧便捷的公共服务

聚焦教育、医疗、养老、抚幼、就业、文体、助残等重点领域，推动数字化服务普惠应用，持续提升群众获得感。推进学校、医院、养老院等公共服务机构资源数字化，加大开放共享和应用力度。推进线上线下公共服务共同发展、深度融合，积极发展在线课堂、互联网医院、智慧图书馆等，支持高水平公共服务机构对接基层、边远和欠发达地区，扩大优质公共服务资源辐射覆盖范围。加强智慧法院建设。鼓励社会力量参与“互联网＋公共服务”，创新提供服务模式和产品。

第二节　建设智慧城市和数字乡村

以数字化助推城乡发展和治理模式创新，全面提高运行效率和宜居度。分级分类推进新型智慧城市建设，将物联网感知设施、通信系统等纳入公共基础设施统一规划建设，推进市政公用设施、建筑等物联网应用和智能化改造。完善城市信息模型平台和运行管理服务平台，构建城市数据资源体系，推进城市数据大脑建设。探索建设数字孪生城市。加快推进数字乡村建设，构建面向农业农村的综合信息服务体系，建立涉农信息普惠服务机制，推动乡村管理服务数字化。

第三节　构筑美好数字生活新图景

推动购物消费、居家生活、旅游休闲、交通出行等各类场景数字化，打造智慧共享、和睦共治的新型数字生活。推进智慧社区建设，依托社区数字化平台和线下社区服务机构，建设便民惠民智慧服务圈，提供线上线下融合的社区生活服务、社区治理及公共服务、智能小区等服务。丰富数字生活体验，发展数字家庭。加强全民数字技能教育和培训，普及提升公民数字素养。加快信息无障碍建设，帮助老年人、残疾人等共享数字生活。

第二十三章　提高农业质量效益和竞争力

持续强化农业基础地位，深化农业供给侧结构性改革，强化质量导向，推动乡村产业振兴。

第一节　增强农业综合生产能力

夯实粮食生产能力基础，保障粮、棉、油、糖、肉、奶等重要农产品供给安全。坚持最严格的耕地保护制度，强化耕地数量保护和质量提升，严守18亿亩耕地红线，遏制耕地“非农化”、防止“非粮化”，规范耕地占补平衡，严禁占优补劣、占水田补旱地。以粮食生产功能区和重要农产品生产保护区为重点，建设国家粮食安全产业带，实施高标准农田建设工程，建成10.75亿亩集中连片高标准农田。实施黑土地保护工程，加强东北黑土地保护和地力恢复。推进大中型灌区节水改造和精细化管理，建设节水灌溉骨干工程，同步推进水价综合改革。加强大中型、智能化、复合型农业机械研发应用，农作物耕种收综合机械化率提高到75%。加强种质资源保护利用和种子库建设，确保种源安全。加强农业良种技术攻关，有序推进生物育种产业化应用，培育具有国际竞争力的种业龙头企业。完善农业科技创新体系，创新农技推广服务方式，建设智慧农业。加强动物防疫和农作物病虫害防治，强化农业气象服务。

第二节　深化农业结构调整

优化农业生产布局，建设优势农产品产业带和特色农产品优势区。推进粮经饲统筹、农林牧渔协调，优化种植业结构，大力发展现代畜牧业，促进水产生态健康养殖。积极发展设施农业，因地制宜发展林果业。深入推进优质粮食工程。推进农业绿色转型，加强产地环境保护治理，发展节水农业和旱作农业，深入实施农药化肥减量行动，治理农膜污染，提升农膜回收利用率，推进秸秆综合利用和畜禽粪污资源化利用。完善绿色农业标准体系，加强绿色食品、有机农产品和地理标志农产品认证管理。强化全过程农产品质量安全监管，健全追溯体系。建设现代农业产业园区和农业现代化示范区。

第三节　丰富乡村经济业态

发展县域经济，推进农村一二三产业融合发展，延长农业产业链条，发展各具特色的现代乡村富民产业。推动种养加结合和产业链再造，提高农产品加工业和农业生产性服务业发展水平，壮大休闲农业、乡村旅游、民宿经济等特色产业。加强农产品仓储保鲜和冷链物流设施建设，健全农村产权交易、商贸流通、检验检测认证等平台和智能标准厂房等设施，引导农村二三产业集聚发展。完善利益联结机制，通过“资源变资产、资金变股金、农民变股东”，让农民更多分享产业增值收益。

第二十四章　实施乡村建设行动

把乡村建设摆在社会主义现代化建设的重要位置，优化生产生活生态空间，持续改善村容村貌和人居环境，建设美丽宜居乡村。

第一节　强化乡村建设的规划引领

统筹县域城镇和村庄规划建设，通盘考虑土地利用、产业发展、居民点建设、人居环境整治、生态保护、防灾减灾和历史文化传承。科学编制县域村庄布局规划，因地制宜、分类推进村庄建设，规范开展全域土地综合整治，保护传统村落、民族村寨和乡村风貌，严禁随意撤并村庄搞大社区、违背农民意愿大拆大建。优化布局乡村生活空间，严格保护农业生产空间和乡村生态空间，科学划定养殖业适养、限养、禁养区域。鼓励有条件地区编制实用性村庄规划。

第二节　提升乡村基础设施和公共服务水平

以县域为基本单元推进城乡融合发展，强化县城综合服务能力和乡镇服务农民功能。健全城乡基础设施统一规划、统一建设、统一管护机制，推动市政公用设施向郊区乡村和规模较大中心镇延伸，完善乡村水、电、路、气、邮政通信、广播电视、物流等基础设施，提升农房建设质量。推进城乡基本公共服务标准统一、制度并轨，增加农村教育、医疗、养老、文化等服务供给，推进县域内教师医生交流轮岗，鼓励社会力量兴办农村公益事业。提高农民科技文化素质，推动乡村人才振兴。

第三节　改善农村人居环境

开展农村人居环境整治提升行动，稳步解决“垃圾围村”和乡村黑臭水体等突出环境问题。推进农村生活垃圾就地分类和资源化利用，以乡镇政府驻地和中心村为重点梯次推进农村生活污水治理。支持因地制宜推进农村厕所革命。推进农村水系综合整治。深入开展村庄清洁和绿化行动，实现村庄公共空间及庭院房屋、村庄周边干净整洁。

第三十六章　健全现代文化产业体系

坚持把社会效益放在首位、社会效益和经济效益相统一，健全现代文化产业体系和市场体系。

第一节　扩大优质文化产品供给

实施文化产业数字化战略，加快发展新型文化企业、文化业态、文化消费模式，壮大数字创意、网络视听、数字出版、数字娱乐、线上演播等产业。加快提升超高清电视节目制播能力，推进电视频道高清化改造，推进沉浸式视频、云转播等应用。实施文化品牌战略，打造一批有影响力、代表性的文化品牌。培育骨干文化企业，规范发展文化产业园区，推动区域文化产业带建设。积极发展对外文化贸易，开拓海外文化市场，鼓励优秀传统文化产品和影视剧、游戏等数字文化产品“走出去”，加强国家文化出口基地建设。

第二节　推动文化和旅游融合发展

坚持以文塑旅、以旅彰文，打造独具魅力的中华文化旅游体验。深入发展大众旅游、智慧旅游，创新旅游产品体系，改善旅游消费体验。加强区域旅游品牌和服务整合，建设一批富有文化底蕴的世界级旅游景区和度假区，打造一批文化特色鲜明的国家级旅游休闲城市和街区。推进红色旅游、文化遗产旅游、旅游演艺等创新发展，提升度假休闲、乡村旅游等服务品质，完善邮轮游艇、低空旅游等发展政策。健全旅游基础设施和集散体系，推进旅游厕所革命，强化智慧景区建设。建立旅游服务质量评价体系，规范在线旅游经营服务。

四、展望2024年——习近平总书记在2023年12月中共中央农村工作会议和中央经济工作会议上的讲话

（一）习近平总书记在2023年中共中央农村工作会议上的重要讲话

中央农村工作会议2023年12月19日至20日在北京召开。会议以习近平新时代中国特色社会主义思想为指导，全面贯彻落实党的二十大和二十届二中全会精神，深入贯彻落实习近平总书记关于“三农”工作的重要论述，贯彻落实中央经济工作会议精神，分析当前“三农”工作面临的形势和挑战，部署2024年“三农”工作。

党中央高度重视这次会议。会前，中共中央政治局常委会会议就开

好这次会议，做好“三农”工作提出明确要求。

中共中央总书记、国家主席、中央军委主席习近平对“三农”工作作出重要指示。习近平指出，2023 年，我们克服较为严重的自然灾害等多重不利影响，粮食产量再创历史新高，农民收入较快增长，农村社会和谐稳定。推进中国式现代化，必须坚持不懈夯实农业基础，推进乡村全面振兴。要以新时代中国特色社会主义思想为指导，全面贯彻落实党的二十大和二十届二中全会精神，锚定建设农业强国目标，把推进乡村全面振兴作为新时代新征程“三农”工作的总抓手，学习运用“千万工程”经验，因地制宜、分类施策，循序渐进、久久为功，集中力量抓好办成一批群众可感可及的实事。要全面落实粮食安全党政同责，坚持稳面积、增单产两手发力。要树立大农业观、大食物观，农林牧渔并举，构建多元化食物供给体系。要守住耕地这个命根子，坚决整治乱占、破坏耕地违法行为，加大高标准农田建设投入和管护力度，确保耕地数量有保障、质量有提升。要强化科技和改革双轮驱动，加大核心技术攻关力度，改革完善“三农”工作体制机制，为农业现代化增动力、添活力。要抓好灾后恢复重建，全面提升农业防灾减灾救灾能力。要确保不发生规模性返贫，抓好防止返贫监测，落实帮扶措施，增强内生动力，持续巩固拓展脱贫攻坚成果。要提升乡村产业发展水平、乡村建设水平、乡村治理水平，强化农民增收举措，推进乡村全面振兴不断取得实质性进展、阶段性成果。

习近平强调，各级党委和政府要坚定不移贯彻落实党中央关于“三农”工作的决策部署，坚持农业农村优先发展，坚持城乡融合发展，把责任扛在肩上、抓在手上，结合实际创造性开展工作，有力有效推进乡村全面振兴，以加快农业农村现代化更好推进中国式现代化建设。

会议传达学习了习近平重要指示，讨论了《中共中央、国务院关于学习运用“千村示范、万村整治”工程经验有力有效推进乡村全面振兴的意见（讨论稿）》。中共中央政治局委员、国务院副总理刘国中出席会议并讲话。

会议指出，习近平总书记的重要指示，站在党和国家事业全局高度，阐明了推进乡村全面振兴的战略要求和主攻方向，具有很强的思想引领性、战略指导性和现实针对性，是做好新时代新征程“三农”工作的根本遵循和行动指南。必须深入学习贯彻习近平总书记关于“三农”工作的重要论述和重要指示精神，站在坚定拥护“两个确立”、坚决做到“两个维护”的政治高度，完整准确全面把握内涵要义和实践要求，不折不扣抓好贯彻落实。

会议强调，要学习运用“千万工程”蕴含的发展理念、工作方法和推进机制，从农民群众反映强烈的实际问题出发，找准乡村振兴的切入点，提高工作实效。抓好粮食和重要农产品生产，稳定粮食播种面积，推动大面积提高粮食单产，巩固大豆扩种成果，探索建立粮食产销区省际横向利益补偿机制，做好农业防灾减灾救灾工作，确保2024年粮食产量保持在1.3万亿斤以上。加强耕地保护和建设，健全耕地数量、质量、生态“三位一体”保护制度体系，优先把东北黑土地区、平原地区、具备水利灌溉条件地区的耕地建成高标准农田，适当提高投资补助水平。支持农业科技创新平台建设，加快推进种业振兴行动。落实好防止返贫监测帮扶机制，提高产业和就业帮扶实效，推动建立农村低收入人口和欠发达地区常态化帮扶机制。坚持产业兴农、质量兴农、绿色兴农，精准务实培育乡村产业，完善联农带农机制，实施农民增收促进行动。适应乡村人口变化趋势，优化村庄布局、产业结构、公共服务配置，扎实有序推进乡村建设，深入实施农村人居环境整治提升行动，推进农村基础设施补短板。统筹新型城镇化和乡村全面振兴，提升县城综合承载能力和治理能力，促进县域城乡融合发展。完善乡村治理体系，推进抓党建促乡村振兴，坚持和发展新时代“枫桥经验”，建设平安乡村。大力加强农村精神文明建设，持续推进农村移风易俗。强化农村改革创新，在坚守底线前提下，鼓励各地实践探索和制度创新。

会议强调，要加强党对“三农”工作的全面领导，压实五级书记抓乡村振兴责任，落实农业农村优先发展要求，强化政策支持和要素保障。改进工作方式方法，加强作风建设，大兴调查研究，顺应自然规律、经济规律、社会发展规律，把握好工作时度效。广泛汇集各方力量，以钉钉子精神抓好党中央“三农”工作决策部署落实落地。

（二）习近平总书记在2023年中共中央经济工作会议上的重要讲话

中央经济工作会议2023年12月11日至12日在北京举行。中共中央总书记、国家主席、中央军委主席习近平出席会议并发表重要讲话。中共中央政治局常委李强、赵乐际、王沪宁、蔡奇、丁薛祥、李希出席会议。

习近平在重要讲话中全面总结2023年经济工作，深刻分析当前经济形势，系统部署2024年经济工作。李强作总结讲话，对贯彻落实习近平总书记重要讲话精神、做好明年经济工作提出要求。

会议认为，今年是全面贯彻党的二十大精神的开局之年，是三年新冠疫情防控转段后经济恢复发展的一年。以习近平同志为核心的党中央团结带领全党全国各族人民，顶住外部压力、克服内部困难，全面深化改革开放，加大宏观调控力度，着力扩大内需、优化结构、提振信心、防范化解风险，我国经济回升向好，高质量发展扎实推进。现代化产业体系建设取得重要进展，科技创新实现新的突破，改革开放向纵深推进，安全发展基础巩固夯实，民生保障有力有效，全面建设社会主义现代化国家迈出坚实步伐。

会议指出，进一步推动经济回升向好需要克服一些困难和挑战，主要是有效需求不足、部分行业产能过剩、社会预期偏弱、风险隐患仍然较多，国内大循环存在堵点，外部环境的复杂性、严峻性、不确定性上升。要增强忧患意识，有效应对和解决这些问题。综合起来看，我国发展面临的有利条件强于不利因素，经济回升向好、长期向好的基本趋势没有改变，要增强信心和底气。

会议认为，近年来，在党中央坚强领导下，我们有效统筹国内国际两个大局、统筹疫情防控和经济社会发展、统筹发展和安全，深化了新时代做好经济工作的规律性认识。必须把坚持高质量发展作为新时代的硬道理，完整、准确、全面贯彻新发展理念，推动经济实现质的有效提升和量的合理增长。必须坚持深化供给侧结构性改革和着力扩大有效需求协同发力，发挥超大规模市场和强大生产能力的优势，使国内大循环建立在内需主动力的基础上，提升国际循环质量和水平。必须坚持依靠改革开放增强发展内生动力，统筹推进深层次改革和高水平开放，不断解放和发展社会生产力、激发和增强社会活力。必须坚持高质量发展和高水平安全良性互动，以高质量发展促进高水平安全，以高水平安全保障高质量发展，发展和安全要动态平衡、相得益彰。必须把推进中国式现代化作为最大的政治，在党的统一领导下，团结最广大人民，聚焦经济建设这一中心工作和高质量发展这一首要任务，把中国式现代化宏伟蓝图一步步变成美好现实。

会议强调，做好明年经济工作，要以习近平新时代中国特色社会主义思想为指导，全面贯彻落实党的二十大和二十届二中全会精神，坚持稳中求进工作总基调，完整、准确、全面贯彻新发展理念，加快构建新发展格局，着力推动高质量发展，全面深化改革开放，推动高水平科技自立自强，加大宏观调控力度，统筹扩大内需和深化供给侧结构性改革，统筹新型城镇化和乡村全面振兴，统筹高质量发展和高水平安全，切实增强经济活力、防范化解风险、改善社会预期，巩固和增强经济回升向好态势，持续推动经济实现质的有效提升和量的合理增长，增进民生福祉，保持社会稳定，以中国式现代化全面推进强国建设、民族复兴伟业。

会议要求，明年要坚持稳中求进、以进促稳、先立后破，多出有利于稳预期、稳增长、稳就业的政策，在转方式、调结构、提质量、增效益上积极进取，不断巩固稳中向好的基础。要强化宏观政策逆周期和跨周期调节，继续实施积极的财政政策和稳健的货币政策，加强政策工具创新和协调配合。

积极的财政政策要适度加力、提质增效。要用好财政政策空间，提高资金效益和政策效果。优化财政支出结构，强化国家重大战略任务财力保障。合理扩大地方政府专项债券用作资本金范围。落实好结构性减税降费政策，重点支持科技创新和制造业发展。严格转移支付资金监管，严肃财经纪律。增强财政可持续性，兜牢基层“三保”底线。严控一般性支出。党政机关要习惯过紧日子。

稳健的货币政策要灵活适度、精准有效。保持流动性合理充裕，社会融资规模、货币供应量同经济增长和价格水平预期目标相匹配。发挥好货币政策工具总量和结构双重功能，盘活存量、提升效能，引导金融机构加大对科技创新、绿色转型、普惠小微、数字经济等方面的支持力度。促进社会综合融资成本稳中有降。保持人民币汇率在合理均衡水平上的基本稳定。

要增强宏观政策取向一致性。加强财政、货币、就业、产业、区域、科技、环保等政策协调配合，把非经济性政策纳入宏观政策取向一致性评估，强化政策统筹，确保同向发力、形成合力。加强经济宣传和舆论引导，唱响中国经济光明论。

会议强调，明年要围绕推动高质量发展，突出重点，把握关键，扎实做好经济工作。

一是以科技创新引领现代化产业体系建设。要以科技创新推动产业创新，特别是以颠覆性技术和前沿技术催生新产业、新模式、新动能，发展新质生产力。完善新型举国体制，实施制造业重点产业链高质量发展行动，加强质量支撑和标准引领，提升产业链供应链韧性和安全水平。要大力推进新型工业化，发展数字经济，加快推动人工智能发展。打造生物制造、商业航天、低空经济等若干战略性新兴产业，开辟量子、生命科学等未来产业新赛道，广泛应用数智技术、绿色技术，加快传统产业转型升级。加强应用基础研究和前沿研究，强化企业科技创新主体地位。鼓励发展创业投资、股权投资。

二是着力扩大国内需求。要激发有潜能的消费，扩大有效益的投资，形成消费和投资相互促进的良性循环。推动消费从疫后恢复转向持续扩大，培育壮大新型消费，大力发展数字消费、绿色消费、健康消费，积极培育智能家居、文娱旅游、体育赛事、国货“潮品”等新的消费增长点。稳定和扩大传统消费，提振新能源汽车、电子产品等大宗消费。增加城乡居民收入，扩大中等收入群体规模，优化消费环境。要以提高技术、能耗、排放等标准为牵引，推动大规模设备更新和消费品以旧换新。发挥好政府投资的带动放大效应，重点支持关键核心技术攻关、新型基础设施、节能减排降碳，培育发展新动能。完善投融资机制，实施政府和社会资本合作新机制，支持社会资本参与新型基础设施等领域建设。

三是深化重点领域改革。要谋划进一步全面深化改革重大举措，为推动高质量发展、加快中国式现代化建设持续注入强大动力。不断完善落实“两个毫不动摇”的体制机制，充分激发各类经营主体的内生动力和创新活力。深入实施国有企业改革深化提升行动，增强核心功能、提高核心竞争力。促进民营企业发展壮大，在市场准入、要素获取、公平执法、权益保护等方面落实一批举措。促进中小企业专精特新发展。加快全国统一大市场建设，着力破除各种形式的地方保护和市场分割。有效降低全社会物流成本。要谋划新一轮财税体制改革，落实金融体制改革。

四是扩大高水平对外开放。要加快培育外贸新动能，巩固外贸外资基本盘，拓展中间品贸易、服务贸易、数字贸易、跨境电商出口。放宽电信、医疗等服务业市场准入，对标国际高标准经贸规则，认真解决数据跨境流动、平等参与政府采购等问题，持续建设市场化、法治化、国际化一流营商环境，打造“投资中国”品牌。切实打通外籍人员来华经商、学习、旅游的堵点。抓好支持高质量共建“一带一路”八项行动的落实落地，统筹推进重大标志性工程和“小而美”民生项目。

五是持续有效防范化解重点领域风险。要统筹化解房地产、地方债务、中小金融机构等风险，严厉打击非法金融活动，坚决守住不发生系统性风险的底线。积极稳妥化解房地产风险，一视同仁满足不同所有制房地产企业的合理融资需求，促进房地产市场平稳健康发展。加快推进保障性住房建设、“平急两用”公共基础设施建设、城中村改造等“三大工程”。完善相关基础性制度，加快构建房地产发展新模式。统筹好地方债务风险化解和稳定发展，经济大省要真正挑起大梁，为稳定全国经济作出更大贡献。

六是坚持不懈抓好“三农”工作。要锚定建设农业强国目标，学习运用“千万工程”经验，有力有效推进乡村全面振兴，以确保国家粮食安全、确保不发生规模性返贫为底线，以提升乡村产业发展水平、提升乡村建设水平、提升乡村治理水平为重点，强化科技和改革双轮驱动，强化农民增收举措，集中力量抓好办成一批群众可感可及的实事，建设宜居宜业和美乡村。毫不放松抓好粮食等重要农产品稳定安全供给，探索建立粮食产销区省际横向利益补偿机制，改革完善耕地占补平衡制度，提高高标准农田建设投入标准。树立大农业观、大食物观，把农业建成现代化大产业。

七是推动城乡融合、区域协调发展。要把推进新型城镇化和乡村全面振兴有机结合起来，促进各类要素双向流动，推动以县城为重要载体的新型城镇化建设，形成城乡融合发展新格局。实施城市更新行动，打造宜居、韧性、智慧城市。充分发挥各地区比较优势，按照主体功能定位，积极融入和服务构建新发展格局。优化重大生产力布局，加强国家战略腹地建设。大力发展海洋经济，建设海洋强国。

八是深入推进生态文明建设和绿色低碳发展。建设美丽中国先行区，打造绿色低碳发展高地。积极稳妥推进碳达峰碳中和，加快打造绿色低碳供应链。持续深入打好蓝天、碧水、净土保卫战。完善生态产品价值实现机制。落实集体林权制度改革。加快建设新型能源体系，加强资源节约集约循环高效利用，提高能源资源安全保障能力。

九是切实保障和改善民生。要坚持尽力而为、量力而行，兜住、兜准、兜牢民生底线。更加突出就业优先导向，确保重点群体就业稳定。织密扎牢社会保障网，健全分层分类的社会救助体系。加快完善生育支持政策体系，发展银发经济，推动人口高质量发展。

会议指出，要深刻领会党中央对经济形势的科学判断，切实增强做好经济工作的责任感使命感，抓住一切有利时机，利用一切有利条件，看准了就抓紧干，能多干就多干一些，努力以自身工作的确定性应对形势变化的不确定性。要全面贯彻明年经济工作的总体要求，注意把握和处理好速度与质量、宏观数据与微观感受、发展经济与改善民生、发展与安全的关系，不断巩固和增强经济回升向好态势。要准确把握明年经济工作的政策取向，在政策实施上强化协同联动、放大组合效应，在政策储备上打好提前量、留出冗余度，在政策效果评价上注重有效性、增强获得感，着力提升宏观政策支持高质量发展的效果。要讲求工作推进的方式方法，抓住主要矛盾，突破瓶颈制约，注重前瞻布局，确保明年经济工作重点任务落地落实。要始终保持奋发有为的精神状态，胸怀“国之大者”，主动担当作为，加强协同配合，积极谋划用好牵引性、撬动性强的工作抓手，扎实推动高质量发展。

会议强调，要坚持和加强党的全面领导，深入贯彻落实党中央关于经济工作的决策部署。要不折不扣抓落实，确保最终效果符合党中央决策意图。要雷厉风行抓落实，统筹把握时度效。要求真务实抓落实，坚决纠治形式主义、官僚主义。要敢作善为抓落实，坚持正确用人导向，充分发挥各级领导干部的积极性主动性创造性。要巩固拓展主题教育成果，并转化为推动高质量发展的成效。

会议要求，要做好岁末年初重要民生商品保供稳价，保障农民工工资按时足额发放，关心困难群众生产生活，深入落实安全生产责任制，守护好人民群众生命财产安全和身体健康。

会议号召，全党要紧密团结在以习近平同志为核心的党中央周围，坚定信心、开拓奋进，努力实现经济社会发展各项目标任务，以高质量发展的实际行动和成效，为以中国式现代化全面推进强国建设、民族复兴伟业作出新的更大贡献。

中共中央政治局委员、中央书记处书记，全国人大常委会有关领导同志，国务委员，最高人民法院院长，最高人民检察院检察长，全国政协有关领导同志以及中央军委委员等出席会议。

各省、自治区、直辖市和计划单列市、新疆生产建设兵团党政主要负责同志，中央和国家机关有关部门、有关人民团体、中央管理的部分金融机构和企业、中央军委机关各部门主要负责同志等参加会议。

五、2024年中央1号文件指导“三农”工作

政策解读

【农业农村部农村经济研究中心主任联合新华社官方解读】

坚持不懈抓好“三农”工作

文/金文成

我国“三农”工作进入了推进乡村全面振兴新阶段。

2024年中央1号文件首次把“千万工程”作为典型案例写入标题，肯定了“千万工程”在乡村全面振兴中的普遍意义。

2024年“三农”工作应做到“两个确保”、“三个提升”和“两个强化”。

2024年中央1号文件正式发布，这是党的二十大后发布的第2个中央1号文件，聚焦“三农”工作新的历史方位，继续发出重农强农信号，锚定农业强国建设目标，对推进乡村全面振兴作出部署。

这也是21世纪以来指导“三农”工作的第21个中央1号文件，凸显了党中央一以贯之、始终重农强农的战略考量。准确掌握文件精神，科学把握党中央对2024年“三农”工作部署，对以农业农村现代化更好推进中国式现代化建设具有重要意义。

“三农”工作面临的新形势新要求

2023年，全国上下稳产保供、攻坚克难，农业农村发展保持了稳

中向好、稳中有进的势头，稳住了“三农”基本盘，为经济运行回升向好、高质量发展扎实推进提供了有力支撑。

一是粮食和重要农产品实现了稳产保供。耕地保护持续强化，设施农业建设规划落地实施，粮食等民生商品量足价稳。2023 年全国粮食再获丰收，总产量达到 13 908.2 亿斤，比 2022 年增加 177.6 亿斤，连续 9 年稳定在 1.3 万亿斤以上。大豆面积产量双增，增强了自给能力，棉油糖、果菜鱼、肉蛋奶供给充足。

二是农民收入较快增长。国家统计局数据显示，2023 年全国农村居民人均可支配收入 21 691 元，同比实际增长 7.6%，比城镇居民人均可支配收入增速高 2.8 个百分点，城乡居民收入比由 2022 年的 2.45 下降到 2.39。此外，脱贫县农民收入保持较快增长，没有发生规模性返贫。

三是乡村振兴重点任务扎实推进。城乡区域协调发展持续深化，农业转移人口市民化持续推进，宜居宜业和美乡村加快建设，乡村“土特产”优化发展，科技创新加速推进，农村改革不断深入，城乡基础设施建设和公共服务统筹布局，乡村治理平稳有序，农村社会和谐稳定。

在看到“三农”工作取得成绩的同时，也要正视新形势新要求。

从国际形势看，百年未有之大变局加速演进，外部环境的复杂性上升，以国内稳产保供的确定性应对国际形势的不确定性更加迫切。

从国内形势看，我国农业基础仍然薄弱，大国小农仍是我国现代农业发展绕不开的现实，发展不平衡不充分的问题在农村体现最直接。建设现代化强国，实现民族复兴伟业，最突出的短板弱项依然在农业，最艰巨最繁重的任务仍然在农村。

从全球发展看，气候变化对农业农村的影响日益加深，极端天气增加了农产品稳定安全供给的风险。应对气候变化，必须深入推进农业发展方式绿色转型，建设生态低碳循环农业。

2024 年中央 1 号文件呈现三大特点

2024 年中央 1 号文件全面贯彻习近平总书记关于做好“三农”工

作的重要指示，立足“三农”在中国式现代化进程中新的历史方位，锚定建设农业强国目标，以学习运用“千万工程”经验为引领，对推进乡村全面振兴重点工作作出了系统部署。

一是明确了做好“三农”工作的总抓手。今年中央1号文件提出了把推进乡村全面振兴作为新时代新征程“三农”工作的总抓手，在党的文件中首次明确了推进乡村全面振兴在“三农”工作中地位和作用，标志着我国“三农”工作进入了推进乡村全面振兴新阶段。自脱贫攻坚取得全面胜利，乡村振兴制度框架和政策体系基本建立，标志着“三农”工作的重心已经历史性地转移到全面推进乡村振兴上来。从今年开始，乡村全面振兴进入提能力、上水平的新阶段，要有力有效推进乡村全面振兴取得实质性进展和阶段性成果。

二是明确了推进乡村全面振兴的实践样板。2024年中央1号文件首次把“千万工程”作为典型案例写入标题，肯定了“千万工程”在乡村全面振兴中的普遍意义。“千万工程”是习近平同志在浙江工作时亲自谋划、亲自部署、亲自推动的一项重大决策。20多年来，浙江省委、省政府坚持“一张蓝图绘到底”，持之以恒抓落实，从“千村示范、万村整治”到“千村精品、万村美丽”再到“千村引领、万村振兴”，浙江乡村面貌发生深刻变化，为全国推进乡村全面振兴提供了实践样板。

三是深化了“三农”发展的规律性认识。“千万工程”来源于基层实践创造，贯穿其中的发展理念和经验做法，体现了党的“三农”理论创新和实践创新。今年中央1号文件探求新时代新征程乡村发展、乡村建设、乡村治理规律和农业农村现代化规律，进行针对性政策创新和制度供给，体现了党对“三农”发展规律性认识有了新发展。例如强调统筹新型城镇化和乡村全面振兴，把新型城镇化建设的工作重点放在发展县域经济上，着重提升县城的综合承载能力和治理能力，促进县域的城乡融合发展，避免城乡分割。

再如强调坚持农业农村优先发展、坚持城乡融合发展，着力破解城市对农村资源要素的单向“虹吸”，加快构建体现农业农村优先发展的城乡融合体制机制，促进城乡资源要素双向流动、平等交换。

有力有效推进乡村全面振兴

2024年，做好“三农”工作意义重大。

一是做到“两个确保”，守住“三农”工作底线。

确保国家粮食安全。当前和今后一个时期，我国粮食供求仍将处于紧平衡状态，在现有耕地、水等资源约束条件下，增产途径以提高单产为主。应抓住耕地和种子两个要害，全面落实藏粮于地、藏粮于技战略，充分调动农民种粮积极性和主产区重农抓粮的积极性，健全种粮农民收益保障机制和主产区利益补偿机制，探索建立粮食产销区省际横向利益补偿机制，合理利用国内国际两个市场两种资源，有效调控粮食和农产品进出口。全面落实粮食安全党政同责，坚持稳面积、增单产两手发力，抓好粮食和重要农产品生产，确保2024年粮食产量保持在1.3万亿斤以上。

确保不发生规模性返贫。抓好防止返贫监测，加强监测帮扶的精准性、时效性，及时发现脱贫人口稳定增收的突出问题和风险隐患，精准施策。增强脱贫地区和脱贫群众的内生动力，发展壮大脱贫地区特色优势产业，落实帮扶措施，稳定并扩大脱贫地区农民外出就业，推动建立农村低收入人口和欠发达地区常态化帮扶机制，促进脱贫群众持续增收。

二是做到“三个提升”，加快建设宜居宜业和美乡村。

提升乡村产业发展水平，重点是推进产业振兴。聚焦把农业建设成为大产业，推动农村一二三产业融合发展，发挥产业融合乘数效应，筑牢可持续发展基础，构建现代乡村产业体系；做好“土特产”文章，依托农业农村特色资源，开发农业多种功能，挖掘乡村多元价值，强龙头、补链条、兴业态、树品牌，推动乡村产业全链条升级；做强乡村产业发展载体和平台，统筹推进现代农业产业园等平台建设，推动农产品和食品加工业向粮食主产区布局，推动创新链产业链资金链人才链深度融合，全面提高产业韧性和市场竞争力，拓展增值增效空间，把产业发展的增值收益更多留给农民。

提升乡村建设水平，重点是实施好乡村建设行动。瞄准“农村基本具备现代生活条件”目标，以统筹新型城镇化和乡村全面振兴为着力点，坚持物质文明和精神文明一起抓，提高乡村基础设施完备度、公共服务便利度、人居环境舒适度。统筹乡村基础设施和养老、教育、医疗等公共服务的县乡村布局，发展现代设施农业和农产品仓储保鲜冷链物流设施，深入实施农村人居环境整治提升行动，持续改善农村水电路气房讯等条件。

提升乡村治理水平，重点是加快构建现代乡村治理体系。稳步创新完善乡村治理的理念、主体、重点、方式，通过县城综合承载能力和治理能力的提升，向下兼容带动乡村治理水平提升。

具体而言，应完善党组织领导的自治、法治、德治相结合的乡村治理体系，让农村既充满活力又稳定有序。深化党组织领导的村民自治实践，创新乡村治理抓手载体，完善推广积分制、清单制、数字化等务实管用的治理方式；加强农业农村法治建设，健全矛盾纠纷多元化解机制，坚持和发展新时代“枫桥经验”，推进平安乡村建设；加强农村精神文明建设，同传承优秀农耕文化和农民群众共同价值理念有机结合起来，增加富有农耕农趣农味的农村文化产品供给；常抓不懈推进农村移风易俗，倡导性和约束性措施并举，疏堵结合、标本兼治，引导农民群众建立自我管理、自我服务、自我提高的长效机制。

三是做到“两个强化”，把住“三农”发展的关键。

强化科技和改革双轮驱动。建设农业强国，利器在科技，关键靠改革。在既定资源禀赋约束下，应强化科技驱动，立足我国国情农情，突出产业急需和应用导向，加大核心技术攻关，深入实施种业振兴行动，提高农业设施装备现代化水平，推进农业机械化、智能化，用科技力量夯实“三农”这个“压舱石”。

同时应在坚守底线前提下，鼓励各地实践探索和制度创新。坚守底线，就是必须坚持和完善农村基本经营制度，决不能动摇，始终坚持农村土地集体所有，坚持家庭经营基础性地位，坚持稳定土地承包关系。鼓励各地实践探索和制度创新，表明中央对地方在坚守底线基础上发挥主观能动性、开展改革实践探索给予了支持。在农村改革上，各地实际情况千差万别，相比于中央直接部署，地方的改革实践探索更具针对性和可操作性。为此，应把地方改革实践探索与各项改革试点试验手段有机结合，因地制宜探索农村改革道路。

强化农民增收举措。当前，实现农民持续增收仍面临较大压力。应强化农民增收各项举措，实施农民增收促进行动，千方百计拓宽农民增收致富渠道。

靠发展产业促进农民增收，坚持产业兴农、质量兴农、绿色兴农，精准务实培育乡村产业，针对买方市场的差异化需求，做好“土特产”文章，健全农产品优质优价机制；培育壮大龙头企业，延长产业链，稳定供应链，提升价值链，完善联农带农机制，让农民合理分享全产业链增值收益。

靠充分就业促进农民增收，积极发展乡村新产业新业态，在乡村创造出更多就业岗位，为返乡农民工就近就业创造更多机会，加大外出务工农民就业技能培训，促进农民工资性收入稳定增长。

靠农业社会化服务促进小农户增收，把突破小农户增收难作为促进农民增收的重点，发展农业社会化服务，推动农业节本增效、提质增效，进一步拓展农业生产边界。据相关测算，实行全环节农业生产托管服务小农户，一般可提质增收15%～20%。

靠深化改革盘活资源资产，推动农村产权畅通流转交易，加速农村要素资源流动，多措并举增加农民财产性收入。

（本文作者为农业农村部农村经济研究中心主任）

六、农业农村部党组召开会议：学习贯彻习近平总书记重要讲话精神

2024年6月26日，农业农村部党组召开会议，传达学习习近平总

书记在青海、宁夏考察时和在全国科技大会、国家科学技术奖励大会、两院院士大会上的重要讲话精神，研究贯彻落实工作。

会议指出，习近平总书记高度重视“三农”工作，在青海、宁夏考察时对农牧民增收、乡村特色产业发展、巩固拓展脱贫攻坚成果、高原美丽乡村建设等作出部署，指明了立足西部地区实际推进乡村全面振兴的方向路径和着力点，为进一步做好新时代新征程“三农”工作提供了更加明确的工作指引。我们要认真学习领会，逐项抓好贯彻落实。要全力抓好当前农业防汛抗旱工作，加密雨情、墒情、灾情监测预警，做好防灾物资机具和救灾队伍准备，务实开展工作指导和技术服务，最大限度减轻灾害影响。要持续巩固拓展脱贫攻坚成果，督促指导地方抓好就业帮扶、东西部协作、防止返贫动态监测等工作，跟进推动积石山灾后恢复重建工作，坚决防止出现因灾返贫致贫。要因地制宜发展乡村特色产业，加力支持高原特色种业发展，加大西部地区仓储保鲜、冷链物流建设力度，提升绿色有机农产品加工水平。要推动实施农民增收促进行动，因地制宜开展高原美丽乡村建设，落实“以铸牢中华民族共同体意识为主线”要求，促进民族地区乡村移风易俗。

会议强调，习近平总书记出席全国科技大会、国家科学技术奖励大会、两院院士大会，为国家最高科学技术奖获得者等颁奖并发表重要讲话，为做好新时代科技工作提供了根本遵循和行动指南。我们要深入学习贯彻习近平总书记重要讲话精神，迅速把思想和行动统一到党中央决策部署上来，坚持科技是第一生产力，自觉把科技摆上“三农”工作的突出位置来抓。要进一步强化对农业农村科技工作的组织领导，深化农业科技体制机制改革，着力提升农业科技创新体系整体效能。要加力突破重要品种、重要机具等制约瓶颈，加快构建国家创新型农业企业方阵，加速农业科技成果转化应用，着力增加高质量农业科技供给。要加强农业科研条件能力建设，探索建立综合交叉、共性研发、基础支撑的农业科技创新平台布局。要加强农业科技创新人才队伍建设，主动融入全球农业科技创新网络，扩大农业科技对外合作。

七、《中华人民共和国农村集体经济组织法》

十四届全国人大常委会第十次会议 2024 年 6 月 28 日表决通过《中华人民共和国农村集体经济组织法》（简称农村集体经济组织法），自 2025 年 5 月 1 日起施行。

这部旨在维护农村集体经济组织及其成员的合法权益、规范农村集体经济组织及其运行管理的法律共 8 章 67 条，包括总则、成员、组织登记、组织机构、财产经营管理和收益分配、扶持措施、争议的解决和法律责任、附则。

根据农村集体经济组织法，农村集体经济组织是指以土地集体所有为基础，依法代表成员集体行使所有权，实行家庭承包经营为基础、统分结合双层经营体制的区域性经济组织，包括乡镇级农村集体经济组织、村级农村集体经济组织、组级农村集体经济组织。

农村集体经济组织法明确规定，国家保护农村集体经济组织及其成员的合法权益，任何组织和个人不得侵犯。国家通过财政、税收、金融、土地、人才以及产业政策等扶持措施，促进农村集体经济组织发展，壮大新型农村集体经济。

制定农村集体经济组织法，有利于促进新型农村集体经济高质量发展，确保在坚持家庭承包经营基础地位、调动广大农民积极性的同时，充分发挥农村集体经济组织在巩固社会主义公有制、社会主义基本经济制度和农村基本经营制度中的重要作用，对于维护好广大农民群众根本利益、实现共同富裕具有重要意义。

第二章　国家乡村产业融合发展政策

一、《全国乡村产业发展规划（2020—2025年）》

政策解读

规划明确到2025年：农产品加工业持续壮大，培育一批产值超百亿元、千亿元优势特色产业集群，建设一批产值超十亿元农业产业镇（乡），乡村休闲旅游业优化升级的乡村产业发展目标。

规划提出到2025年，乡村特色产业提升工程：

➢ 新认定1 000个全国"一村一品"示范村镇

➢ 建设1 600个农业产业强镇

➢ 建设300个现代农业产业园

➢ 建设150个产值超100亿元、30个产值超1 000亿元的优势特色产业集群

➢ 培育2 000个"乡字号""土字号"特色知名品牌，推介1 000个全国乡村能工巧匠。

政策全文

农业农村部

关于印发《全国乡村产业发展规划（2020—2025年）》的通知

农产发〔2020〕4号

各省、自治区、直辖市农业农村（农牧）厅（局、委），新疆生产建设

兵团农业农村局：

为深入贯彻党中央、国务院决策部署，加快发展乡村产业，依据《国务院关于促进乡村产业振兴的指导意见》，我部编制了《全国乡村产业发展规划（2020—2025年）》。现印发你们，请认真贯彻执行。

农业农村部

2020年7月9日

全国乡村产业发展规划（2020—2025年）

产业兴旺是乡村振兴的重点，是解决农村一切问题的前提。乡村产业内涵丰富、类型多样，农产品加工业提升农业价值，乡村特色产业拓宽产业门类，休闲农业拓展农业功能，乡村新型服务业丰富业态类型，是提升农业、繁荣农村、富裕农民的产业。近年来，农村创新创业环境不断改善，新产业新业态大量涌现，乡村产业发展取得了积极成效。但存在产业链条较短、融合层次较浅、要素活力不足等问题，亟待加强引导、加快发展。根据《国务院关于促进乡村产业振兴的指导意见》要求，为加快发展以二三产业为重点的乡村产业，制定本规划。

规划期限2020—2025年。

第一章　规划背景

产业振兴是乡村振兴的首要任务。必须牢牢抓住机遇，顺势而为，乘势而上，加快发展乡村产业，促进乡村全面振兴。

第一节　重要意义

当前，我国即将全面建成小康社会，开启全面建设社会主义现代化国家新征程，发展乡村产业意义重大。

发展乡村产业是乡村全面振兴的重要根基。乡村振兴，产业兴旺是基础。要聚集更多资源要素，发掘更多功能价值，丰富更多业态类型，形成城乡要素顺畅流动、产业优势互补、市场有效对接格局，乡村振兴的基础才牢固。

发展乡村产业是巩固提升全面小康成果的重要支撑。全面建成小康社会后，在迈向基本实现社会主义现代化的新征程中，农村仍是重点和难点。发展乡村产业，让更多的农民就地就近就业，把产业链增值收益更多地留给农民，农村全面小康社会和脱贫攻坚成果的巩固才有基础、提升才有空间。

发展乡村产业是推进农业农村现代化的重要引擎。农业农村现代化不仅是技术装备提升和组织方式创新，更体现在构建完备的现代农业产业体系、生产体系、经营体系。发展乡村产业，将现代工业标准理念和服务业人本理念引入农业农村，推进农业规模化、标准化、集约化，纵向延长产业链条，横向拓展产业形态，助力农业强、农村美、农民富。

第二节　发展现状

党的十八大以来，农村创新创业环境不断改善，乡村产业快速发展，促进了农民就业增收和乡村繁荣发展。

农产品加工业持续发展。2019 年，农产品加工业营业收入超过 22 万亿元，规模以上农产品加工企业 8.1 万家，吸纳 3 000 多万人就业。

乡村特色产业蓬勃发展。建设了一批产值超 10 亿元的特色产业镇（乡）和超 1 亿元的特色产业村。发掘了一批乡土特色工艺，创响了 10 万多个“乡字号”“土字号”乡土特色品牌。

乡村休闲旅游业快速发展。建设了一批休闲旅游精品景点，推介了一批休闲旅游精品线路。2019 年，休闲农业接待游客 32 亿人次，营业收入超过 8 500 亿元。

乡村新型服务业加快发展。2019 年，农林牧渔专业及辅助性活动产值 6 500 亿元，各类涉农电商超过 3 万家，农村网络销售额 1.7 万亿元，其中农产品网络销售额 4 000 亿元。

农业产业化深入推进。2019 年，农业产业化龙头企业 9 万家（其中，国家重点龙头企业 1 542 家），农民合作社 220 万家，家庭农场 87 万家，带动 1.25 亿农户进入大市场。

第三节　发展目标

到2025年，乡村产业体系健全完备，乡村产业质量效益明显提升，乡村就业结构更加优化，产业融合发展水平显著提高，农民增收渠道持续拓宽，乡村产业发展内生动力持续增强。

——农产品加工业持续壮大。农产品加工业营业收入达到32万亿元，农产品加工业与农业总产值比达到2.8∶1，主要农产品加工转化率达到80%。

——乡村特色产业深度拓展。培育一批产值超百亿元、千亿元优势特色产业集群，建设一批产值超十亿元农业产业镇（乡），创响一批“乡字号”“土字号”乡土品牌。

——乡村休闲旅游业优化升级。农业多种功能和乡村多重价值深度发掘，业态类型不断丰富，服务水平不断提升，年接待游客人数超过40亿人次，经营收入超过1.2万亿元。

——乡村新型服务业类型丰富。农林牧渔专业及辅助性活动产值达到1万亿元，农产品网络销售额达到1万亿元。

——农村创新创业更加活跃。返乡入乡创新创业人员超过1 500万人。

指标	2019年	2025年	年均增长
农产品加工业营业收入（万亿元）	22	32	6.5%
农产品加工业与农业总产值比[1]	2.3∶1	2.8∶1	[0.5]
农产品加工转化率（%）	67.5	80	[12.5]
产值超100亿元乡村特色产业集群（个）	34	150	28%
休闲农业年接待旅游人次（亿人次）	32	40	3.8%
休闲农业年营业收入（亿元）	8 500	12 000	5.9%
农林牧渔专业及辅助性活动产值（亿元）	6 500	10 000	7.5%
农产品网络销售额（亿元）	4 000	10 000	16.5%
返乡入乡创新创业人员（万人）	850	1 500	10%
返乡入乡创业带动就业人数（万人）	3 400	6 000	10%

注：[] 为累计增加数。

[1]农产品加工业与农业总产值比＝农产品加工业总产值/农业总产值，其中农产品加工业总产值以农产品加工业营业收入数据为基础计算。

第三章　提升农产品加工业

农产品加工业是国民经济的重要产业。农产品加工业从种养业延伸出来，是提升农产品附加值的关键，也是构建农业产业链的核心。进一步优化结构布局，培育壮大经营主体，提升质量效益和竞争力。

第一节　完善产业结构

统筹发展农产品初加工、精深加工和综合利用加工，推进农产品多元化开发、多层次利用、多环节增值。

拓展农产品初加工。鼓励和支持农民合作社、家庭农场和中小微企业等发展农产品产地初加工，减少产后损失，延长供应时间，提高质量效益。果蔬、奶类、畜禽及水产品等鲜活农产品，重点发展预冷、保鲜、冷冻、清洗、分级、分割、包装等仓储设施和商品化处理，实现减损增效。粮食等耐储农产品，重点发展烘干、储藏、脱壳、去杂、磨制等初加工，实现保值增值。食用类初级农产品，重点发展发酵、压榨、灌制、炸制、干制、腌制、熟制等初加工，满足市场多样化需求。棉麻丝、木竹藤棕草等非食用类农产品，重点发展整理、切割、粉碎、打磨、烘干、拉丝、编织等初加工，开发多种用途。

提升农产品精深加工。引导大型农业企业加快生物、工程、环保、信息等技术集成应用，促进农产品多次加工，实现多次增值。发展精细加工，推进新型非热加工、新型杀菌、高效分离、清洁生产、智能控制、形态识别、自动分选等技术升级，利用专用原料，配套专用设备，研制专用配方，开发类别多样、营养健康、方便快捷的系列化产品。推进深度开发，创新超临界萃取、超微粉碎、生物发酵、蛋白质改性等技术，提取营养因子、功能成分和活性物质，开发系列化的加工制品。

推进综合利用加工。鼓励大型农业企业和农产品加工园区推进加工副产物循环利用、全值利用、梯次利用，实现变废为宝、化害为利。采取先进的提取、分离与制备技术，推进稻壳米糠、麦麸、油料饼粕、果蔬皮渣、畜禽皮毛骨血、水产品皮骨内脏等副产物综合利用，开发新能源、新材料等新产品，提升增值空间。

第二节 优化空间布局

按照“粮头食尾”“农头工尾”要求，统筹产地、销区和园区布局，形成生产与加工、产品与市场、企业与农户协调发展的格局。

推进农产品加工向产地下沉。向优势区域聚集，引导大型农业企业重心下沉，在粮食生产功能区、重要农产品保护区、特色农产品优势区和水产品主产区，建设加工专用原料基地，布局加工产能，改变加工在城市、原料在乡村的状况。向中心镇（乡）和物流节点聚集，在农业产业强镇、商贸集镇和物流节点布局劳动密集型加工业，促进农产品就地增值，带动农民就近就业，促进产镇融合。向重点专业村聚集，依托工贸村、“一村一品”示范村发展小众类的农产品初加工，促进产村融合。

推进农产品加工与销区对接。丰富加工产品，在产区和大中城市郊区布局中央厨房、主食加工、休闲食品、方便食品、净菜加工和餐饮外卖等加工，满足城市多样化、便捷化需求。培育加工业态，发展“中央厨房＋冷链配送＋物流终端”“中央厨房＋快餐门店”“健康数据＋营养配餐＋私人订制”等新型加工业态。

推进农产品加工向园区集中。推进政策集成、要素集聚、企业集中、功能集合，发展“外地经济”模式，建设一批产加销贯通、贸工农一体、一二三产业融合发展的农产品加工园区，培育乡村产业“增长极”。提升农产品加工园，强化科技研发、融资担保、检验检测等服务，完善仓储物流、供能供热、废污处理等设施，促进农产品加工企业聚集发展。在农牧渔业大县（市），每县（市）建设一个农产品加工园。不具备建设农产品加工园条件的县（市），可采取合作方式在异地共同建设农产品加工园。建设国际农产品加工产业园，选择区位优势明显、产业基础好、带动作用强的地区，建设一批国际农产品加工产业园，对接国际市场，参与国际产业分工。

第三节 促进产业升级

技术创新是农产品加工业转型升级的关键。要加快技术创新，提升装备水平，促进农产品加工业提档升级。

推进加工技术创新。以农产品加工关键环节和瓶颈制约为重点，建设农产品加工与贮藏国家重点实验室、保鲜物流技术研究中心及优势农产品品质评价研究中心。组织科研院所、大专院校与企业联合开展技术攻关，研发一批集自动测量、精准控制、智能操作于一体的绿色储藏、动态保鲜、快速预冷、节能干燥等新型实用技术，以及实现品质调控、营养均衡、清洁生产等功能的先进加工技术。

推进加工装备创制。扶持一批农产品加工装备研发机构和生产创制企业，开展信息化、智能化、工程化加工装备研发，提高关键装备国产化水平。运用智能制造、生物合成、3D打印等新技术，集成组装一批科技含量高、适用性广的加工工艺及配套装备，提升农产品加工层次水平。

专栏1　农产品加工业提升行动

1. 建设农产品加工园。到2025年，每个农牧渔业大县（市）建设1个农产品加工园，建设300个产值超100亿元的农产品加工园。

2. 建设农产品加工技术集成基地。到2025年，建设50个集成度高、系统化强、能应用、可复制的农产品加工技术集成科研基地。

第四章　拓展乡村特色产业

乡村特色产业是乡村产业的重要组成部分，是地域特征鲜明、乡土气息浓厚的小众类、多样性的乡村产业，涵盖特色种养、特色食品、特色手工业和特色文化等，发展潜力巨大。

第一节　构建全产业链

以拓展二三产业为重点，延伸产业链条，开发特色化、多样化产品，提升乡村特色产业的附加值，促进农业多环节增效、农民多渠道增收。

以特色资源增强竞争力。根据消费结构升级的新变化，开发特殊地域、特殊品种等专属性特色产品，以特性和品质赢得市场。发展特色种养，根据种质资源、地理成分、物候特点等独特资源禀赋，在最适宜的地区培植最适宜的产业。开发特色食品，重点开发乡土卤制品、酱制品、豆制品、腊味、民族特色奶制品等传统食品。开发适宜特殊人群的功能性食品。传承特色技艺，改造提升蜡染、编织、剪纸、刺绣、陶艺等传统工艺。弘扬特色文化，发展乡村戏剧曲艺、杂技杂耍等文化产业。

以加工流通延伸产业链。做强产品加工，鼓励大型龙头企业建设标准化、清洁化、智能化加工厂，引导农户、家庭农场建设一批家庭工场、手工作坊、乡村车间，用标准化技术改造提升豆制品、民族特色奶制品、腊肉腊肠、火腿、剪纸、刺绣、蜡染、编织、制陶等乡土产品。做活商贸物流，鼓励地方在特色农产品优势区布局产地批发市场、物流配送中心、商品采购中心、大型特产超市，支持新型经营主体、农产品批发市场等建设产地仓储保鲜设施，发展网上商店、连锁门店。

以信息技术打造供应链。对接终端市场，以市场需求为导向，促进农户生产、企业加工、客户营销和终端消费连成一体、协同运作，增强供给侧对需求侧的适应性和灵活性。实施“互联网+”农产品出村进城工程，完善适应农产品网络销售的供应链体系、运营服务体系和支撑保障体系。创新营销模式，健全绿色智能农产品供应链，培育农商直供、直播直销、会员制、个人定制等模式，推进农商互联、产销衔接，再造业务流程、降低交易成本。

以业态丰富提升价值链。提升品质价值，推进品种和技术创新，提升特色产品的内在品质和外在品相，以品质赢得市场、实现增值。提升生态价值，开发绿色生态、养生保健等新功能新价值，增强对消费者的吸附力。提升人文价值，更多融入科技、人文元素，发掘民俗风情、历史传说和民间戏剧等文化价值，赋予乡土特色产品文化标识。

第二节　推进聚集发展

集聚资源、集中力量，建设富有特色、规模适中、带动力强的特色产业集聚区。打造“一县一业”“多县一带”，在更大范围、更高层次上培育产业集群，形成“一村一品”微型经济圈、农业产业强镇小型经济圈、现代农业产业园中型经济圈、优势特色产业集群大型经济圈，构建乡村产业“圈”状发展格局。

建设“一村一品”示范村镇。依托资源优势，选择主导产业，建设一批“小而精、特而美”的“一村一品”示范村镇，形成一村带数村、多村连成片的发展格局。用3～5年的时间，培育一批产值超1亿元的特色产业专业村。

建设农业产业强镇。根据特色资源优势，聚焦1～2个主导产业，吸引资本聚镇、能人入镇、技术进镇，建设一批标准原料基地、集约加工转化、区域主导产业、紧密利益联结于一体的农业产业强镇。用3～5年的时间，培育一批产值超10亿元的农业产业强镇。

提升现代农业产业园。通过科技集成、主体集合、产业集群，统筹布局生产、加工、物流、研发、示范、服务等功能，延长产业链，提升价值链，促进产业格局由分散向集中、发展方式由粗放向集约、产业链条由单一向复合转变，发挥要素集聚和融合平台作用，支撑“一县一业”发展。用3～5年的时间，培育一批产值超100亿元的现代农业产业园。

建设优势特色产业集群。依托资源优势和产业基础，突出串珠成线、连块成带、集群成链，培育品种品质优良、规模体量较大、融合程度较深的区域性优势特色农业产业集群。用3～5年的时间，培育一批产值超1 000亿元的骨干优势特色产业集群，培育一批产值超100亿元的优势特色产业集群。

第三节　培育知名品牌

按照“有标采标、无标创标、全程贯标”要求，以质量信誉为基础，创响一批乡村特色知名品牌，扩大市场影响力。

培育区域公用品牌。根据特定自然生态环境、历史人文因素，明确生产地域范围，强化品种品质管理，保护地理标志农产品，开发地域特色突出、功能属性独特的区域公用品牌。规范品牌授权管理，加大品牌营销推介，提高区域公用品牌影响力和带动力。

培育企业品牌。引导农业产业化龙头企业、农民合作社、家庭农场等新型经营主体将经营理念、企业文化和价值观念等注入品牌，实施农产品质量安全追溯管理，加强责任主体逆向溯源、产品流向正向追踪，推动部省农产品质量安全追溯平台对接、信息共享。

培育产品品牌。传承乡村文化根脉，挖掘一批以手工制作为主、技艺精湛、工艺独特的瓦匠、篾匠、铜匠、铁匠、剪纸工、绣娘、陶艺师、面点师等能工巧匠，创响一批“珍稀牌”“工艺牌”“文化牌”的乡土品牌。

第四节　深入推进产业扶贫

贫困地区发展特色产业是脱贫攻坚的根本出路。促进脱贫攻坚与乡村振兴有机衔接，发展特色产业，促进农民增收致富，巩固脱贫攻坚成果。

推进资源与企业对接。发掘贫困地区优势特色资源，引导资金、技术、人才、信息向贫困地区的特色优势区聚集，特别是要引导农业产业化龙头企业与贫困地区合作创建绿色优质农产品原料基地，布局加工产能，深度开发特色资源，带动农民共建链条、共享品牌，让农民在发展特色产业中稳定就业、持续增收。

推进产品与市场对接。引导贫困地区与产地批发市场、物流配送中心、商品采购中心、大型特产超市、电商平台对接，支持贫困地区组织特色产品参加各类展示展销会，扩大产品影响，让贫困地区的特色产品走出山区、进入城市、拓展市场。深入开展消费扶贫，拓展贫困地区产品流通和销售渠道。

专栏 2　乡村特色产业提升工程

1. 建设“一村一品”示范村镇。到 2025 年，新认定 1 000 个全国“一村一品”示范村镇。

2. 建设农业产业强镇。到 2025 年，建设 1 600 个农业产业强镇。

3. 建设现代农业产业园。到 2025 年，建设 300 个现代农业产业园。

4. 建设优势特色产业集群。到 2025 年，建设 150 个产值超 100 亿元、30 个产值超 1 000 亿元的优势特色产业集群。

5. 培育乡村特色品牌。到 2025 年，培育 2 000 个“乡字号”“土字号”特色知名品牌，推介 1 000 个全国乡村能工巧匠。

第五章　优化乡村休闲旅游业

乡村休闲旅游业是农业功能拓展、乡村价值发掘、业态类型创新的新产业，横跨一二三产业、兼容生产生活生态、融通工农城乡，发展前景广阔。

第一节　聚焦重点区域

依据自然风貌、人文环境、乡土文化等资源禀赋，建设特色鲜明、功能完备、内涵丰富的乡村休闲旅游重点区。

建设城市周边乡村休闲旅游区。依托都市农业生产生态资源和城郊区位优势，发展田园观光、农耕体验、文化休闲、科普教育、健康养生等业态，建设综合性休闲农业园区、农业主题公园、观光采摘园、垂钓园、乡村民宿和休闲农庄，满足城市居民消费需求。

建设自然风景区周边乡村休闲旅游区。依托秀美山川、湖泊河流、草原湿地等地区，在严格保护生态环境的前提下，统筹山水林田湖草系统，发展以农业生态游、农业景观游、特色农（牧、渔）业游为主的休闲农（牧、渔）园和农（牧、渔）家乐等，以及森林人家、健康氧吧、生态体验等业态，建设特色乡村休闲旅游功能区。

建设民俗民族风情乡村休闲旅游区。发掘深厚的民族文化底蕴、欢庆的民俗节日活动、多样的民族特色美食和绚丽的民族服饰，发展民族风情游、民俗体验游、村落风光游等业态，开发民族民俗特色产品。

建设传统农区乡村休闲旅游景点。依托稻田、花海、梯田、茶园、养殖池塘、湖泊水库等大水面、海洋牧场等田园渔场风光，发展景观农业、农事体验、观光采摘、特色动植物观赏、休闲垂钓等业态，开发“后备箱”“伴手礼”等旅游产品。

第二节　注重品质提升

乡村休闲旅游要坚持个性化、特色化发展方向，以农耕文化为魂、美丽田园为韵、生态农业为基、古朴村落为形、创新创意为径，开发形式多样、独具特色、个性突出的乡村休闲旅游业态和产品。

突出特色化。注重特色是乡村休闲旅游业保持持久吸引力的前提。开发特色资源，发掘农业多种功能和乡村多重价值，发展特色突出、主题鲜明的乡村休闲旅游项目。开发特色文化，发掘民族村落、古村古镇、乡土文化，发展具有历史特征、地域特点、民族特色的乡村休闲旅游项目。开发特色产品，发掘地方风味、民族特色、传统工艺等资源，创制独特、稀缺的乡村休闲旅游服务和产品。

突出差异化。乡村休闲旅游要保持持久竞争力，必须差异竞争、错位发展。把握定位差异，依据不同区位、不同资源和不同文化，发展具有城乡间、区域间、景区间主题差异的乡村休闲旅游项目。瞄准市场差异，依据各类消费群体的不同消费需求，细分目标市场，发展研学教育、田园养生、亲子体验、拓展训练等乡村休闲旅游项目。顺应老龄化社会的到来，发展民宿康养、游憩康养等乡村休闲旅游项目。彰显功能差异，依据消费者在吃住行、游购娱方面的不同需求，发展采摘园、垂钓园、农家宴、民俗村、风情街等乡村休闲旅游项目。

突出多样化。乡村休闲旅游要保持持久生命力，要走多轮驱动、多轨运行的发展之路。推进业态多样，统筹发展农家乐、休闲园区、生态园、乡村休闲旅游聚集村等业态，形成竞相发展、精彩纷呈的格局。推进模式多样，跨界配置乡村休闲旅游与文化教育、健康养生、信息技术等产业要素，发展共享农庄、康体养老、线上云游等模式。推进主体多样，引导农户、村集体经济组织、农业企业、文旅企业及社会资本等建设乡村休闲旅游项目。

第三节　打造精品工程

实施乡村休闲旅游精品工程，加强引导，加大投入，建设一批休闲旅游精品景点。

建设休闲农业重点县。以县域为单元，依托独特自然资源、文化资源，建设一批设施完备、业态丰富、功能完善，在区域、全国乃至世界有知名度和影响力的休闲农业重点县。

建设美丽休闲乡村。依托种养业、田园风光、绿水青山、村落建筑、乡土文化、民俗风情和人居环境等资源优势，建设一批天蓝、地绿、水净、安居、乐业的美丽休闲乡村，实现产村融合发展。鼓励有条件的地区依托美丽休闲乡村，建设健康养生养老基地。

建设休闲农业园区。根据休闲旅游消费升级的需要，促进休闲农业提档升级，建设一批功能齐全、布局合理、机制完善、带动力强的休闲农业精品园区，推介一批视觉美丽、体验美妙、内涵美好的乡村休闲旅游精品景点线路。引导有条件的休闲农业园建设中小学生实践教育基地。

第四节　提升服务水平

促进乡村休闲旅游高质量发展，要规范化管理、标准化服务，让消费者玩得开心、吃得放心、买得舒心。

健全标准体系。制修订乡村休闲旅游业标准，完善公共卫生安全、食品安全、服务规范等标准，促进管理服务水平提升。

完善配套设施。加强乡村休闲旅游点水、电、路、讯、网等设施建设，完善餐饮、住宿、休闲、体验、购物、停车、厕所等设施条件。开展垃圾污水等废弃物综合治理，实现资源节约、环境友好。

规范管理服务。引导和支持乡村休闲旅游经营主体加强从业人员培训，提高综合素质，规范服务流程，为消费者提供热情周到、贴心细致的服务。

专栏3　乡村休闲旅游精品工程

1. 建设休闲农业重点县。到2025年，建设300个休闲农业重点县，培育一批有知名度、有影响力的休闲农业“打卡地”。

2. 推介中国美丽休闲乡村。到2025年，推介1 500个中国美丽休闲乡村。

3. 推介乡村休闲旅游精品景点线路。到2025年，推介1 000个全国休闲农业精品景点线路。

第六章　发展乡村新型服务业

乡村新型服务业是适应农村生产生活方式变化应运而生的产业，业态类型丰富，经营方式灵活，发展空间广阔。

第一节　提升生产性服务业

扩大服务领域。适应农业生产规模化、标准化、机械化的趋势，支持供销、邮政、农民合作社及乡村企业等，开展农技推广、土地托管、代耕代种、烘干收储等农业生产性服务，以及市场信息、农资供应、农业废弃物资源化利用、农机作业及维修、农产品营销等服务。

提高服务水平。引导各类服务主体把服务网点延伸到乡村，鼓励新型农业经营主体在城镇设立鲜活农产品直销网点，推广农超、农社（区）、农企等产销对接模式。鼓励大型农产品加工流通企业开展托管服务、专项服务、连锁服务、个性化服务等综合配套服务。

第二节　拓展生活性服务业

丰富服务内容。改造提升餐饮住宿、商超零售、美容美发、洗浴、照相、电器维修、再生资源回收等乡村生活服务业，积极发展养老护幼、卫生保洁、文化演出、体育健身、法律咨询、信息中介、典礼司仪等乡村服务业。

创新服务方式。积极发展订制服务、体验服务、智慧服务、共享服务、绿色服务等新形态，探索“线上交易＋线下服务”的新模式。鼓励各类服务主体建设运营覆盖娱乐、健康、教育、家政、体育等领域的在线服务平台，推动传统服务业升级改造，为乡村居民提供高效便捷服务。

第三节　发展农村电子商务

培育农村电子商务主体。引导电商、物流、商贸、金融、供销、邮政、快递等各类电子商务主体到乡村布局，构建农村购物网络平台。依托农家店、农村综合服务社、村邮站、快递网点、农产品购销代办站等发展农村电商末端网点。

扩大农村电子商务应用。在农业生产、加工、流通等环节，加快互联网技术应用与推广。在促进工业品、农业生产资料下乡的同时，拓展农产品、特色食品、民俗制品等产品的进城空间。

改善农村电子商务环境。实施“互联网＋”农产品出村进城工程，完善乡村信息网络基础设施，加快发展农产品冷链物流设施。建设农村电子商务公共服务中心，加强农村电子商务人才培养，营造良好市场环境。

第七章　推进农业产业化和农村产业融合发展

农业产业化是农业经营体制机制的创新，农村产业融合发展是农业与现代产业要素的交叉重组，引领农业和乡村产业转型升级。

第一节　打造农业产业化升级版

壮大农业产业化龙头企业队伍。实施新型农业经营主体培育工程，引导龙头企业采取兼并重组、股份合作、资产转让等形式，建立大型农业企业集团，打造知名企业品牌，提升龙头企业在乡村产业发展中的带动能力。指导地方培育龙头企业，形成国家、省、市、县级龙头企业梯队，打造乡村产业发展“新雁阵”。

培育农业产业化联合体。扶持一批龙头企业牵头、家庭农场和农民合作社跟进、广大小农户参与的农业产业化联合体，构建分工协作、优势互补、联系紧密的利益共同体，实现抱团发展。引导农业产业化联合体明确权利责任、建立治理结构、完善利益联结机制，促进持续稳定发展。有序推进土地经营权入股农业产业化经营。

第二节　推进农村产业融合发展

培育多元融合主体。支持发展县域范围内产业关联度高、辐射带动力强、参与主体多的融合模式，促进资源共享、链条共建、品牌共创，形成企业主体、农民参与、科研助力、金融支撑的产业发展格局。

发展多类型融合业态。引导各类经营主体以加工流通带动业态融合，发展中央厨房等业态。以功能拓展带动业态融合，推进农业与文化、旅游、教育、康养等产业融合，发展创意农业、功能农业等。以信息技术带动业态融合，促进农业与信息产业融合，发展数字农业、智慧农业等。

建立健全融合机制。引导新型农业经营主体与小农户建立多种类型的合作方式，促进利益融合。完善利益分配机制，推广“订单收购＋分红”“农民入股＋保底收益＋按股分红”等模式。

第八章　推进农村创新创业

农村创新创业是乡村产业振兴的重要动能。优化创业环境，激发创业热情，形成以创新带创业、以创业带就业、以就业促增收的格局。

第一节　培育创业主体

深入实施农村创新创业带头人培育行动，加大扶持，培育一批扎根乡村、服务农业、带动农民的创新创业群体。

培育返乡创业主体。以乡情感召、政策吸引、事业凝聚，引导有资金积累、技术专长和市场信息的返乡农民工在农村创新创业，培育一批充满激情的农村创新创业优秀带头人，引领乡村新兴产业发展。

培育入乡创业主体。优化乡村营商环境，强化政策扶持，构建农业全产业链，引导大中专毕业生、退役军人、科技人员和工商业主等入乡创业，应用新技术、开发新产品、开拓新市场，引入现代管理、经营理念和业态模式，丰富乡村产业发展类型。

培育在乡创业主体。加大乡村能人培训力度，提高发现机会、识别市场、整合资源、创造价值的能力。培育一批“田秀才”“土专家”“乡创客”等乡土人才，以及乡村工匠、文化能人、手工艺人等能工巧匠，领办家庭农场、农民合作社等，创办家庭工场、手工作坊、乡村车间等。

第二节　搭建创业平台

按照“政府搭建平台、平台聚集资源、资源服务创业”的要求，建设各类创新创业园区和孵化实训基地。

选树农村创新创业典型县。遴选政策环境良好、工作机制完善、服务体系健全、创业业态丰富的县（市），总结做法经验，推广典型案例，树立一批全国农村创新创业典型县。

建设农村创新创业园区。引导地方建设一批资源要素集聚、基础设施齐全、服务功能完善、创新创业成长快的农村创新创业园区，依托现代农业产业园、农产品加工园、高新技术园区、电商物流园等，建立“园中园”式农村创新创业园。力争用5年时间，覆盖全国农牧渔业大县（市）。

建设孵化实训基地。依托各类园区、大中型企业、知名村镇、大中专院校等平台和主体，建设一批集“生产＋加工＋科技＋营销＋品牌＋体验”于一体、“预孵化＋孵化器＋加速器＋稳定器”全产业链的农村创新创业孵化实训基地。

第三节　强化创业指导

建设农村创业导师队伍。建立专家创业导师队伍，重点从大专院校、科研院所等单位遴选一批理论造诣深厚、实践经验丰富的科研人才、政策专家、会计师、设计师、律师等，为农村创业人员提供创业项目、技术要点等指导服务。建立企业家创业导师队伍，重点从农业产业化龙头企业、新型农业经营主体中遴选一批有经营理念、市场眼光的乡村企业家，为农村创业人员提供政策运用、市场拓展等指导服务。建立带头人创业导师队伍，重点从农村创新创业带头人中遴选一批经历丰富、成效显著的创业成功人士，为农村创业人员提供经验分享等指导服务。

健全指导服务机制。建立指导服务平台，依托农村创新创业园区、孵化实训基地和网络平台等，通过集中授课、案例教学、现场指导等方式，创立“平台＋导师＋学员”服务模式。开展点对点指导服务，根据农村创业导师和农村创业人员实际，开展“一带一”“师带徒”“一带多”等精准服务。创新指导服务方式，通过网络、视频等载体，为农村创业人员提供政策咨询、技术指导、市场营销、品牌培育等服务。农村创业导师为农村创业人员提供咨询服务，不替代农村创业人员创业决策，强化农村创业人员决策自主、风险自担意识。

第四节　优化创业环境

强化创业服务。支持地方依托县乡政府政务大厅设立农村创新创业服务窗口，发挥乡村产业服务指导机构和行业协会商会作用，培育市场化中介服务机构。建立“互联网＋”创新创业服务模式，为农村创新创业主体提供灵活便捷在线服务。

强化创业培训。依托普通高校、职业院校、优质培训机构、公共职业技能培训平台等开展创业能力提升培训，让有意愿的农村创新创业人员均能受到免费创业培训。推行“创业＋技能”“创业＋产业”的培训模式，开展互动教学、案例教学和现场观摩教学。发挥农村创新创业带头人作用，讲述励志故事，分享创业经验。

第五节　培育乡村企业家队伍

乡村企业家是乡村企业发展的核心，是乡村产业转型升级的关键。加强乡村企业家队伍建设的统筹规划，将乡村产业发展与乡村企业家培育同步谋划、同步推进。

壮大乡村企业家队伍。采取多种方式扶持一批大型农业企业集团，培育一批具有全球战略眼光、市场开拓精神、管理创新能力的行业领军乡村企业家。引导网络平台企业投资乡村，开发农业农村资源，丰富产业业态类型，培育一批引领乡村产业转型的现代乡村企业家。同时，发掘一批乡村能工巧匠，培育一批“小巨人”乡村企业家。

弘扬乡村企业家精神。弘扬爱国敬业精神，培养乡村企业家国家使命感和民族自豪感，引导乡村企业家把个人理想融入乡村振兴和民族复兴的伟大实践。弘扬敢为人先精神，培养乡村企业家识别市场、发现机会、敢闯敢干的特质，开发新产品，创造新需求，拓展新市场。弘扬坚韧执着精神，引导乡村企业家传承“走遍千山万水，说尽千言万语，历经千辛万苦”的品质，不畏艰难、吃苦耐劳、艰苦创业。弘扬立农为农精神，引导乡村企业家厚植乡土情怀、投身乡村振兴大潮，带领千千万万的小农户与千变万化的大市场有效对接。依据有关规定，对扎根乡村、服务农业、带动农民、贡献突出的优秀乡村企业家给予表彰。

专栏4　农村创新创业带头人培育行动

1. 培育农村创新创业主体。到2025年，培育100万名农村创新创业带头人，带动1 500万返乡入乡人员创业。

2. 遴选农村创新创业导师。到2025年，培育10万名农村创新创业导师。

3. 建设农村创新创业园区和孵化实训基地。到2025年，建设2 000个农村创新创业园区和孵化实训基地。

4. 培育乡村企业家队伍。到2025年，着力造就一支懂经营、善管理，具有战略眼光和开拓精神的乡村企业家队伍，选拔1 000名全国优秀乡村企业家。

第九章　保障措施

第一节　加强统筹协调

落实五级书记抓乡村振兴的工作要求，有力推动乡村产业发展。建立农业农村部门牵头抓总、相关部门协调配合、社会力量积极支持、农民群众广泛参与的推进机制，加强统筹协调，确保各项措施落实到位。建立乡村产业评价指标体系，加强数据采集、市场调查、运行分析和信息发布，对规划实施情况进行跟踪监测，科学评估发展成效。

第二节　加强政策扶持

加快完善土地、资金、人才等要素支撑的政策措施，确保各项政策可落地、可操作、可见效。完善财政扶持政策，采取“以奖代补、先建后补”等方式，支持现代农业产业园、农业产业强镇、优势特色产业集群及农产品仓储保鲜冷链设施建设。鼓励地方发行专项债券用于乡村产业。强化金融扶持政策，引导县域金融机构将吸收的存款主要用于当地，建立“银税互动”“银信互动”贷款机制。充分发挥融资担保体系作用，强化担保融资增信功能，推动落实创业担保贷款贴息政策。完善乡村产业发展用地政策体系，明确用地类型和供地方式，实行分类管理。

第三节　强化科技支撑

建立以企业为主体、市场为导向、产学研相结合的技术创新体系，加强创新成果产业化，提升产业核心竞争力。引导大专院校、科研院所与乡村企业合作，开展联合技术攻关，研发一批具有先进性、专属性的技术和工艺，创制一批适用性广、经济性好的设施装备。支持科技人员以科技成果入股乡村企业，建立健全科研人员校企、院企共建双聘机制。指导县（市）成立乡村产业专家顾问团，为乡村产业发展提供智力支持。

第四节　营造良好氛围

挖掘乡村产业发展鲜活经验，总结推广一批发展模式、典型案例和先进人物。弘扬创业精神、工匠精神、企业家精神，激发崇尚创新、勇于创业的热情。充分运用传统媒体和新媒体，解读产业政策、宣传做法经验、推广典型模式，引导全社会共同关注、协力支持，营造良好发展氛围。

二、2024 年乡村产业工作要点

2024 如何精准务实培育乡村产业？中央经济工作会议作出了相关指示。

政策全文

如何精准务实培育乡村产业
（政策问答 · 2024 年中国经济这么干）

产业振兴是乡村全面振兴的重中之重。中央经济工作会议指出，“提升乡村产业发展水平”“把农业建成现代化大产业”。中央农村工作会议指出，“精准务实培育乡村产业”。

强龙头、补链条、兴业态、树品牌，推动乡村产业全链条升级。近年来，各地区各部门坚持产业兴农、质量兴农、绿色兴农，乡村产业新功能不断拓展、乡村新业态不断激活，乡村产业发展取得积极成效。目前，我国累计创建 300 个国家现代农业产业园、180 个优势特色产业集群、1 509 个农业产业强镇、农产品加工转化率达到 72%。

如何进一步精准务实培育乡村产业？“今年我国乡村产业发展要继续强化带农富农，分类推进。”农业农村部有关负责人介绍，首先，抓大宗产品，重点是节本提效、延链增值。今年要在主产区布局农产品加工，逐步补上精深加工、综合利用等短板。各地将立足优势建设标准化原料生产基地，提升产地预冷、保鲜烘干、精选分级等初加工设施水平，推进精深加工设备数字化、智能化、绿色化改造，全链条带动效益提升。

发展乡村特色产业，重点是适度规模、做精做优。

把一个个“土特产”培育成为大产业，需要加强引导。农业农村部乡村产业发展司一级巡视员吴晓玲介绍，一方面是生产上适度规模。加强产业发展监测，引导经营主体合理确定生产规模，尽可能顺应市场、按需生产。另一方面是组织上适度竞争，发挥好行业协会等作用，引导经营主体细分专业市场、规范发展。

脱贫地区要通过发展乡村产业巩固拓展脱贫攻坚成果。

“帮扶脱贫地区乡村产业，重点是巩固成果、分类提升。”农业农村部帮扶司乡村振兴督查专员杨炼说，今年要继续在脱贫地区规划发展市场前景好、群众意愿强的新产业，深入实施脱贫地区特色产业提升行动，中央财政衔接推进乡村振兴补助资金用于产业发展的比重保持总体稳定，支持脱贫地区因地制宜发展优势特色产业。同时，加强对帮扶产业的分类指导，巩固一批、升级一批、盘活一批、调整一批，促进帮扶产业提质增效、可持续发展。

（来源：《人民日报》）

三、《社会资本投资农业农村指引》

政策解读

《社会资本投资农业农村指引（2022年）》（以下简称《指引》）旨在引导地方农业农村部门结合本地实际，充分发挥财政政策、产业政策引导撬动作用，营造良好营商环境，规范社会资本投资行为，引导好、保护好、发挥好社会资本投资农业农村的积极性、主动性，推动社会资本更好发挥服务全面推进乡村振兴、加快农业农村现代化的作用。

《指引》明确，社会资本是全面推进乡村振兴的重要支撑力量，需要加大政策引导撬动力度，扩大农业农村有效投资。社会资本投资农业农村应当尊重农民主体地位，充分尊重农民意愿；应当遵循市场规律，充分发挥市场在资源配置中的决定性作用，更好发挥政府作用；应当坚持开拓创新，发挥社会资本市场化、专业化优势，加快投融资模式创新应用；应当稳妥有序投入急需支持的农业农村领域，不超越发展阶段搞大融资、大开发、大建设。

《指引》提出，鼓励社会资本投入现代种养业、现代种业、乡村富民产业、农产品加工流通业、乡村新型服务业、农业农村绿色发展、农业科技创新、农业农村人才培养、农业农村基础设施建设、数字乡村和智慧农业建设、农业创业创新、农村人居环境整治、农业对外合作等重点产业和领域。鼓励地方根据各地农业农村实际发展情况，因地制宜创新投融资模式，推动资源整合、投资结构优化、投资效能提升。鼓励社会资本探索通过全产业链开发、区域整体开发、政府和社会资本合作、设立乡村振兴投资基金、建立紧密合作的利益共赢机制等模式，稳妥有序投入乡村振兴。

《指引》要求，各级农业农村部门、乡村振兴部门要把引导社会资本投资农业农村作为重要任务，协调各有关部门立足职能、密切配合、形成合力。加强对社会资本投资农业农村成功经验和案例的总结，推介一批典型模式，宣传社会资本投资建设成果，营造社会资本投资农业农村的良好氛围。

政策全文

农业农村部办公厅　国家乡村振兴局综合司
关于印发《社会资本投资农业农村指引（2022年）》的通知

2022 年是实施“十四五”规划承上启下之年，也是乡村振兴全面展开的关键之年，做好农业农村工作特殊而重要。社会资本是全面推进乡村振兴、加快农业农村现代化的重要支撑力量，需要加大政策引导撬动力度，扩大农业农村有效投资。根据党的十九大和十九届历次全会精神，按照《中华人民共和国国民经济和社会发展第十四个五年规划和 2035 年远景目标纲要》《中共中央、国务院关于做好 2022 年全面推进乡村振兴重点工作的意见》《“十四五”推进农业农村现代化规划》等明确的农业农村发展目标和重大任务，修订形成了《社会资本投资农业农村指引（2022 年）》，现印发你们。请结合本地实际，充分发挥财政政策、产业政策引导撬动作用，营造良好营商环境，规范社会资本投资行为，引导好、保护好、发挥好社会资本投资农业农村的积极性、主动性，切实发挥社会资本服务乡村全面振兴、加快农业农村现代化的作用。

农业农村部办公厅　国家乡村振兴局综合司

2022年4月2日

社会资本投资农业农村指引（2022年）

一、总体要求

（一）指导思想

以习近平新时代中国特色社会主义思想为指导，全面贯彻党的十九大和十九届历次全会精神，深入贯彻中央经济工作会议、中央农村工作会议精神，坚持稳字当头、稳中求进，按照保供固安全、振兴畅循环的工作定位，聚焦乡村振兴重点领域，创新投入方式，打造合作平台，营造良好营商环境，激发社会资本投资活力，规范社会资本投资行为，更好满足全面推进乡村振兴多样化投融资需求，为全面推进乡村振兴、加快农业农村现代化提供有力支撑。

（二）基本原则

1. 尊重农民主体地位。充分尊重农民意愿，切实发挥农民在乡村振兴中的主体作用，引导社会资本与农民建立紧密利益联结机制，不断提升人民群众获得感。支持社会资本依法依规拓展业务，注重合作共赢，把收益更多留在乡村，把就业岗位更多留给农民，带动农村同步发展、农民同步进步。

2. 遵循市场规律。充分发挥市场在资源配置中的决定性作用，更好发挥政府作用，激发社会资本投资活力，引导将人才、技术、管理等现代生产要素注入农业农村。坚持“放管服”改革方向，建立健全监管和风险防范机制，营造公平竞争的市场环境、政策环境、法治环境，创造良好稳定的市场预期。

3. 坚持开拓创新。鼓励社会资本与政府、金融机构开展合作，发挥社会资本市场化、专业化优势，加快投融资模式创新应用，探索典型模式。建立完善社会资本投融资合作对接机制，拓宽社会资本投资渠道，挖掘农业农村领域投资潜力，保持农业农村投资稳定增长，培育经济发展新动能。

4. 稳妥有序投入。立足村庄现有基础，结合乡村发展实际，引导社会资本稳妥有序投入亟需支持的农业农村领域，不超越发展阶段搞大融资、大开发、大建设。坚决守住耕地红线，坚决遏制耕地“非农化”、防止耕地“非粮化”。严禁违规占用耕地从事非农建设，严禁超标准建设绿色通道，严禁违规占用耕地挖湖造景，确保资本下乡不损害农民和集体利益。

二、鼓励投资的重点产业和领域

对标全面推进乡村振兴、加快农业农村现代化目标任务，立足当前农业农村新形势新要求，聚焦乡村发展、乡村建设、乡村治理的重点领域、关键环节，撬动更多社会资本，充分调动各方面积极性，促进农业农村经济转型升级。

（一）现代种养业

支持社会资本发展规模化、标准化、品牌化和绿色化种养业，推动品种培优、品质提升、品牌打造和标准化生产，助力提升粮食和重要农产品供给保障能力。巩固主产区粮棉油糖胶生产，推进国家粮食安全产业带建设。支持大豆油料生产基地建设，支持玉米大豆带状复合种植，发展旱作农业，加强智能粮库建设。加强蔬菜（含食药用菌）生产能力建设，大力发展温室大棚、集约养殖、水肥一体、高效节水等设施农业，鼓励发展工厂化集约养殖、立体生态养殖等新型养殖设施。支持稳定生猪基础产能，推进标准化规模养殖；加快发展草食畜牧业，扩大基础母畜产能，稳步发展家禽业，加强奶源基地建设。支持建设现代化饲草产业体系，推进饲草料专业化生产。鼓励发展水产绿色健康养殖，发展稻渔综合种养、大水面生态渔业和盐碱水养殖。支持深远海养殖业发展，发展深远海大型智能化养殖渔场，推动海洋牧场、远洋渔业基地建设。支持大食物开发，保障各类食物有效供给。

（二）现代种业

鼓励社会资本投资创新型种业企业，扶优扶强种业企业，推进科企深度融合，支持种业龙头企业健全商业化育种体系，提升商业化育种创新能力，提升我国种业国际竞争力。引导参与现代种业自主创新能力提升，推进种源等农业关键核心技术攻关。加强种质资源保存与利用、育种创新、品种检测测试与展示示范、良种繁育等能力建设，促进育繁推一体化发展，建立现代种业体系。在严格监管、风险可控的基础上，鼓励社会资本积极参与生物育种产业化应用。创新推广“龙头企业+优势基地”模式，支持社会资本参与国家南繁育种基地等制种基地建设与升级，加快制种大县和区域性良繁基地建设。鼓励社会资本参与建设国家级育种场，完善良种繁育和生物安全防护设施条件，推进国家级水产供种繁育基地建设。

（三）乡村富民产业

鼓励社会资本开发特色农业农村资源，支持农业现代化示范区主导产业全产业链升级，积极参与建设现代农业产业园、优势特色产业集群、农业产业强镇、渔港经济区，发展特色农产品优势区，发展国家农村产业融合发展示范园，支持建设“一村一品”示范村镇。鼓励企业到产地发展粮油加工、农产品初加工、食品制造。支持发展特色优势产业，发展绿色农产品、有机农产品和地理标志农产品，支持拓展农业多种功能、挖掘乡村多元价值。建设标准化生产基地、集约化加工基地、仓储物流基地，完善科技支撑体系、生产服务体系、品牌与市场营销体系、质量控制体系，建立利益联结紧密的建设运行机制。巩固提升脱贫地区特色产业，鼓励有条件的脱贫地区发展光伏产业。因地制宜发展具有民族、文化与地域特色的乡村手工业，发展一批家庭工厂、手工作坊、乡村车间。加快农业品牌培育，加强品牌营销推介，鼓励社会资本支持区域公用品牌建设，打造一批具有市场竞争力的农业企业品牌。

（四）农产品加工流通业

鼓励社会资本参与粮食主产区和特色农产品优势区发展农产品加工业，提升行业机械化、标准化水平。鼓励发展冷藏保鲜、原料处理、分级包装等初加工，到产地发展粮油加工、农产品加工、食品制造等精深加工，在主产区和大中城市郊区布局中央厨房、主食加工、休闲食品、方便食品、净菜加工等业态。鼓励参与农产品产地、集散地、销地批发市场、田头市场建设，完善农村商贸服务网络。加强粮食、棉花、食糖等重要农产品仓储物流设施建设，建设一批贮藏保鲜、分级包装、冷链配送等设施设备和田头小型仓储保鲜冷链设施。鼓励有条件的地方建设产地冷链配送中心，打造农产品物流节点，发展农超、农社、农企、农校等产销对接的新型流通业态。鼓励发展生鲜农产品新零售。支持冷链物流企业做大做强，支持大型流通企业以县城和中心镇为重点下沉供应链，促进农村客货邮融合发展。

（五）乡村新型服务业

鼓励社会资本发展休闲观光、乡村民宿、创意农业、农事体验、农耕文化、农村康养等产业，做精做优乡村休闲旅游业。支持挖掘和利用农耕文化遗产资源，发展乡村特色文化产业，培育具有农耕特质的乡村文化产品，大力开发乡宿、乡游、乡食、乡购、乡娱等休闲体验产品，建设农耕主题博物馆、村史馆，传承农耕手工艺、曲艺、民俗节庆，促进农文旅融合发展。鼓励发展生产性服务业，引导设施租赁、市场营销、信息咨询等领域市场主体将服务网点延伸到乡村。引导采取“农资＋服务”“农机＋服务”“科技＋服务”“互联网＋服务”等方式，发展农业生产托管服务，提供市场信息、农技推广、农资供应、统防统治、深松整地、农产品营销等社会化服务。鼓励社会资本拓展生活性服务业，改造提升餐饮住宿、商超零售、电器维修、再生资源回收和养老护幼、卫生保洁、文化演出等乡村生活服务业。

（六）农业农村绿色发展

鼓励社会资本积极参与建设国家农业绿色发展先行区，支持参与绿色种养循环农业试点、畜禽粪污资源化利用、养殖池塘尾水治理、农业面源污染综合治理、秸秆综合利用、农膜农药包装物回收行动、病死畜禽无害化处理、废弃渔网具回收再利用，推进农业投入品减量增效，加大对收储运和处理体系等方面的投入力度。鼓励投资农村可再生能源开发利用，加大对农村能源综合建设投入力度，推广农村可再生能源利用技术，提升秸秆能源化、饲料化利用能力。支持研发应用减碳增汇型农业技术，探索建立碳汇产品价值实现机制，助力农业农村减排固碳。参与长江黄河等流域生态保护、东北黑土地保护、重金属污染耕地治理修复。

（七）农业科技创新

鼓励社会资本创办农业科技创新型企业，参与农业关键核心技术攻关，开展全产业链协同攻关。鼓励聚焦生物育种、耕地质量、智慧农业、农业机械设备、农业绿色投入品等关键领域，加快研发与创新一批关键核心技术及产品，开展生物育种、高端智能农机、丘陵山区农机、大型复合农机和产业急需农民急用的短板机具、渔业装备、绿色投入品、环保渔具和玻璃钢等新材料渔船等的研发创新、成果转化与技术服务，提升装备研发应用水平。鼓励参与农业领域国家重点实验室等科技创新平台基地建设，参与农业科技创新联盟、国家现代农业产业科技创新中心等建设，促进科技与产业深度融合。支持农业企业牵头建设农业科技创新联合体或新型研发机构，加强农业科技社会化服务体系建设，完善农业科技推广服务云平台。引导发展技术交易市场和科技服务机构，提供科技成果转化服务，加快先进实用技术集成创新与推广应用。

（八）农业农村人才培养

支持社会资本参与农业生产经营人才、农村二三产业发展人才、乡村公共服务人才、乡村治理人才、农业农村科技人才、乡村基础设施建设和管护人才等培养。鼓励依托原料基地、产业园区等建设实训基地，依托信息、科技、品牌、资金等优势打造乡村人才孵化基地。鼓励为优秀农业农村人才提供奖励资助、技术支持、管理服务，促进农业农村人才脱颖而出。

（九）农业农村基础设施建设

支持社会资本参与高标准农田建设、中低产田改造、耕地地力提升、盐碱地开发利用、农田水利建设，农村产业路、资源路、旅游路建设，通村组路硬化，丘陵山区农田宜机化改造，农房质量安全提升，农村电网巩固，农村供水工程建设和小型工程标准化改造，太阳能、风能、水能、地势能、生物质能等清洁能源建设，以及建设乡村储气罐站和微管网供气系统。立足乡村现有基础扎实稳妥推进乡村建设，协调推进农村道路、供水、乡村清洁能源、数字乡村等基础设施建设。在有条件的地区推动实施区域化整体建设，推进田水林路电综合配套，同步发展高效节水灌溉。鼓励参与渔港和避风锚地建设，协同推动乡村基础设施建设和公共服务发展。

（十）数字乡村和智慧农业建设

鼓励社会资本参与建设数字乡村和智慧农业，推进农业遥感、物联网、5G、人工智能、区块链等应用，推动新一代信息技术与农业生产经营、质量安全管控深度融合，促进信息技术与农机农艺融合应用，提高农业生产智能化、经营网络化水平。支持参与数字乡村建设行动，引导平台企业、物流企业、金融企业等各类主体布局乡村。鼓励参与农业农村大数据建设，拓展农业农村大数据应用场景，加强农产品及农资市场监测和分析预警，为新型农业经营主体、小农户提供信息服务。鼓励参与农村地区信息基础设施建设，助力提升乡村治理、社会文化服务等信息化水平。鼓励参与“互联网+”农产品出村进城工程建设，推进优质特色农产品网络销售，促进农产品产销对接。支持数字乡村标准化建设，加强农村信用基础设施建设，推动遥感卫星数据在农业农村领域中的应用，健全农村信息服务体系。鼓励建设数字田园、数字灌区和智慧农（牧、渔）场，借力信息技术赋能乡村公共服务，推动“互联网+政务服务”向乡村延伸覆盖。

（十一）农村创业创新

鼓励社会资本投资建设返乡入乡创业园、农村创业创新园区和农村创业孵化实训基地等平台载体，加强各类平台载体的基础设施、服务体系建设，推动产学研用合作，激发农村创业创新活力。鼓励联合普通高校、职业院校、优质教育培训机构等开展面向农村创业创新带头人关于创业能力、产业技术、经营管理方面的培训，建设产学研用协同创新基地，规范发展新就业形态，培育发展家政服务、物流配送、养老托育等生活性服务业，促进农民就地就近就业创业。

（十二）农村人居环境整治

支持社会资本参与农村人居环境整治提升五年行动。鼓励参与农村厕所革命、农村生活垃圾治理、农村生活污水治理等项目建设运营，健全农村生活垃圾收运处置体系，加强村庄有机废弃物综合处置利用设施建设。鼓励参与村庄清洁和绿化行动。推进农村人居环境整治与发展乡村休闲旅游等有机结合。

（十三）农业对外合作

鼓励社会资本参与农业对外经贸合作，支持企业在“一带一路”共建国家开展粮、棉、油、糖、胶、畜、渔等生产加工、仓储物流项目合作，建设境外农业合作园区。鼓励围绕粮食安全、气候变化、绿色发展等领域，积极参与全球农业科技合作，参与农资农机、农产品加工流通、农业信息等服务走出去，带动相关领域产能合作。鼓励参与农业国际贸易高质量发展基地、农业对外开放合作试验区等建设，创新农业经贸合作模式、对接有关规则标准、培育出口农产品品牌、建设国际营销促销网络，培育农业国际竞争新优势。

三、创新投入方式

根据各地农业农村实际发展情况，因地制宜创新投融资模式，推动资源整合、投资结构优化、投资效能提升。通过独资、合资、合作、联营、租赁等途径，采取特许经营、公建民营、民办公助等方式，健全联农带农有效激励机制，稳妥有序投入乡村振兴。

（一）完善全产业链开发模式

支持农业产业化龙头企业、农垦企业联合家庭农场、农民合作社等新型农业经营主体、小农户，加快全产业链开发和一体化经营、标准化生产，开展规模化种养，发展加工和流通。开创品牌、注重营销，推进产业链生产、加工、销售各环节有机衔接，贯通产加销、融合农文旅，推进延链、补链、壮链、优链，打造一批创新能力强、产业链条全、绿色底色足、安全可控制、联农带农紧的农业全产业链。鼓励社会资本聚焦比较优势突出的产业链条，补齐产业链条中的发展短板，参与现代种业提升、农机研发与应用、智慧农业、设施农业等产业发展，提升产业链供应链现代化水平。支持龙头企业下乡进村，建分支机构、生产加工基地等，发挥农业产业化龙头企业的示范带动作用。

（二）探索区域整体开发模式

支持有实力的社会资本在符合法律法规和相关规划、尊重农民意愿的前提下，立足乡村发展实际和乡村建设现状，因地制宜、稳妥有序探索区域整体开发模式，统筹乡村基础设施和公共服务建设、高标准农田建设、国家级水产健康养殖和生态养殖示范区、产业融合发展等进行整体化投资，建立完善合理的利益分配机制，为当地农业农村发展提供区域性、系统性解决方案，促进农业提质增效，带动农村人居环境显著改善、农民收入持续提升，实现社会资本与农户互惠共赢。

（三）创新政府和社会资本合作模式

鼓励信贷、保险机构加大金融产品和服务创新力度，配合财政支持农业农村重大项目实施，加大投贷联动等投融资模式探索力度。鼓励各级农业农村部门按照有关要求，对本地区农业投资项目进行系统性梳理，探索在高标准农田建设、智慧农业、仓储保鲜冷链物流、农村人居环境整治等领域，培育一批适于采取PPP模式的、有稳定收益的公益性项目，依法合规、有序推进政府和社会资本合作，让社会资本投资可预期、有回报、能持续。鼓励社会资本探索通过资产证券化、股权转让等方式，盘活项目存量资产，丰富资本进入退出渠道。

（四）探索设立乡村振兴投资基金

各地要结合当地发展实际，推动设立金融机构大力支持、社会资本广泛参与、市场化运作的乡村振兴基金。鼓励有实力的社会资本结合地方农业产业发展和投资情况规范有序设立产业投资基金。充分发挥农业农村部门的行业优势，积极稳妥推进基金项目储备、项目推介等工作，鼓励相关基金通过直接股权投资和设立子基金等方式，充分发挥在乡村振兴产业发展、基础设施建设等方面的引导和资金撬动作用。

（五）建立紧密合作的利益共赢机制

强化社会资本责任意识，让农民更多分享产业增值收益。鼓励农民以土地经营权、水域滩涂、劳动、技术等入股，支持农村集体经济组织通过股份合作、租赁等形式，参与村庄基础设施建设、农村人居环境整治和产业融合发展。创新村企合作模式，充分发挥产业化联合体等联农带农作用，激发和调动农民参与乡村振兴的积极性、主动性。鼓励社会资本采用“农民＋合作社＋龙头企业”“土地流转＋优先雇用＋社会保障”“农民入股＋保底收益＋按股分红”等利益联结方式，与农民建立稳定合作关系、形成稳定利益共同体，做大做强新型农业经营主体，健全农业专业化社会化服务体系，提升小农户生产经营能力和组织化程度，让社会资本和农民共享发展成果。

四、打造合作平台

打造一批社会资本投资农业农村的合作平台，为社会资本投向农业农村提供规划、项目信息、融资、土地、建设运营等一揽子、全方位投资服务，促进要素集聚、产业集中、企业集群，实现控风险、降成本、提效率。

（一）完善规划体系平台

统筹做好发展引导规划、专项规划、区域规划、建设规划等的管理制定、信息发布等工作，充分发挥以《乡村振兴战略规划（2018—2022年）》《“十四五”推进农业农村现代化规划》等为总纲，以种植业、渔业、畜牧业、种业、乡村产业、农垦、农业科技、农业机械化、农田建设和农业国际合作等相关规划为指导，以地方农业农村发展有关规划为补充的农业农村规划体系作用，引导社会资本突出重点、科学决策，有序投向补短板、强弱项的重点领域和关键环节。

（二）构建现代农业园区平台

围绕农业现代化示范区、粮食生产功能区、重要农产品生产保护区、特色农产品优势区和农业绿色发展先行区，以及国家现代农业产业园、优势特色产业集群、农业产业强镇、全国“一村一品”示范村镇、农村产业融合发展示范园、农村创业创新园区和孵化实训基地、精深加工基地、南繁硅谷、农业对外开放合作试验区等重大农业园区，建立社会资本投资指导服务机构，发挥园区平台的信息汇集、投资对接作用。健全完善政策支持体系，加快园区公共服务设施和能力水平建设，增强各类园区对社会资本的引导和聚集功能，不断提升农业绿色化、优质化、特色化、品牌化水平。

（三）建设重大工程项目平台

依托高标准农田建设、优质粮食工程、农业生产“三品一标”提升行动、奶业振兴行动、种业振兴行动、农产品产地冷藏保鲜设施建设工程，以及畜禽粪污资源化利用整县推进、内陆集中连片养殖池塘改造和尾水达标治理整县推进、农村人居环境整治、新一轮畜禽水产遗传改良计划、农业关键核心技术攻关、“百县千乡万村”乡村振兴示范创建等，建立项目征集和发布机制，引导各类资源要素互相融合。加强宣传和解读，提高重大工程项目参与方式、运营方式、盈利模式、投资回报等相关信息透明度和可获得性；充分发挥政府投资“四两拨千斤”的引导带动作用，稳定市场收益预期，调动社会资本积极性。

（四）推进项目数据信息共享

汇集农业领域基建项目、财政项目，以及各行各业重大项目，形成重点项目数据库，在严守信息安全底线的前提下，通过统一的信息共享平台集中向社会资本公开发布，发挥信息汇集、交流、对接等服务作用，引导各环节市场主体自主调节生产经营决策。推广大数据应用，引导整合线上线下企业的资源要素，推动业态创新、模式变革和效能提高。鼓励行业协会商会主动完善和提升行业服务标准，发布高标准的服务信息指引，发挥行业协会、开发区、孵化器的沟通桥梁作用，加强与资本市场对接。

五、营造良好环境

（一）加强组织领导

各级农业农村部门、乡村振兴部门要把引导社会资本投资农业农村作为重要任务，加强与发改、财政、金融监管、自然资源等部门的沟通，推进信息互通共享，协调各有关部门立足职能、密切配合、形成合力。要建立规范的合作机制，引导社会资本积极参与相关规划编制、项目梳理，严格遵循乡村规划“三区三线”的空间管制，准确把握投资方向，积极探索具体方式，提高各类项目落地效率，充分发挥政府、市场和社会资本的合力作用。加强对外资的管理，推动外资依照《外商投资法》相关规定和要求，投资农业农村。

（二）强化政策激励

完善农村闲置宅基地和闲置住宅盘活利用政策。鼓励各地根据地方实际和农村产业业态特点探索供地新方式，保障和规范农村一二三产业融合发展用地。加快构建以农村土地流转风险防范制度、农村社会信用评价制度，以及农业保险“扩面、增品、提标”和农产品期货价格发现机制等为重要内容的风险防范体系。落实稳步提高土地出让收入用于农业农村比例的政策要求，集中用于乡村振兴重点任务。支持地方政府发行政府债券用于符合条件的乡村振兴公益性项目，发挥专项债券资金对促进乡村振兴作用。加快健全商业性、合作性和政策性、开发性金融，以及信贷担保等为重要内容的多层次农村金融服务体系，发展供应链金融，探索通过投贷联动等模式，不断加大对社会资本投资农业农村的支持力度。

（三）广泛宣传引导

汇集重点规划、农业园区、重大工程项目、示范主体名单等相关信息，各类主体可在农业农村部新型农业经营主体信息直报平台上点击查询。大力宣传社会资本投资农业农村的重大意义，做好政策解读，回应社会关切，稳定市场预期，培育合作理念，正确引导社会资本有序进入农业农村经济领域。各地要加强社会资本投资农业农村成功经验和案例的总结，推介一批典型模式。充分利用报刊、广播、电视、互联网等媒体，全方位、多角度、立体式宣传社会资本投资建设成果，营造社会资本投资农业农村的良好氛围。

四、地理标志农产品

农产品地理标志，是指标示农产品来源于特定地域，产品品质和相关特征主要取决于自然生态环境和历史人文因素，并以地域名称冠名的特有农产品标志。地理标志农产品主要包括两类：一是来自本地区的种植、养殖产品；二是原材料全部来自本地区或部分来自其他地区并在本地区按照特定工艺生产和加工的产品。

根据《农产品地理标志管理办法》规定，农业部[①]负责全国农产品地理标志的登记工作，农业部农产品质量安全中心负责农产品地理标志登记的审查和专家评审工作。省级人民政府农业行政主管部门负责本行政区域内农产品地理标志登记申请的受理和初审工作。农业部设立的农产品地理标志登记专家评审委员会，负责专家评审。

2023 年，《地理标志产品保护办法》已经国家知识产权局局务会审议通过，并自 2024 年 2 月 1 日起施行。

政策全文

地理标志产品保护办法

第一章　总　　则

第一条　为了有效保护我国的地理标志产品，规范地理标志产品名

① 2018 年 3 月，根据国务院机构改革方案，将农业部的职责整合，组建中华人民共和国农业农村部。

称和地理标志专用标志的使用，保证地理标志产品的质量和特色，根据《中华人民共和国民法典》、《中华人民共和国商标法》、《中华人民共和国产品质量法》、《中华人民共和国标准化法》、《中华人民共和国反不正当竞争法》等有关规定，制定本办法。

第二条 本办法所称地理标志产品，是指产自特定地域，所具有的质量、声誉或者其他特性本质上取决于该产地的自然因素、人文因素的产品。地理标志产品包括：

（一）来自本地区的种植、养殖产品；

（二）原材料全部来自本地区或者部分来自其他地区，并在本地区按照特定工艺生产和加工的产品。

第三条 地理标志产品应当具备真实性、地域性、特异性和关联性。

真实性是地理标志产品的名称经过长期持续使用，被公众普遍知晓。地域性是地理标志产品的全部生产环节或者主要生产环节应当发生在限定的地域范围内。特异性是产品具有较明显的质量特色、特定声誉或者其他特性。关联性是产品的特异性由特定地域的自然因素和人文因素所决定。

第四条 本办法适用于地理标志产品的保护申请、审查认定、撤销、变更以及专用标志的使用管理等。

第五条 国家知识产权局负责全国地理标志产品以及专用标志的管理和保护工作；统一受理和审查地理标志产品保护申请，依法认定地理标志产品。

地方知识产权管理部门负责本行政区域内的地理标志产品以及专用标志的管理和保护工作。

第六条 地理标志产品保护遵循申请自愿、认定公开的原则。

申请地理标志产品保护、使用地理标志产品名称和专用标志应当遵循诚实信用原则。

第七条 获得地理标志产品保护的，应当规范使用地理标志产品名称和专用标志。

地理标志产品名称可以是由具有地理指示功能的名称和反映产品真实属性的通用名称构成的组合名称，也可以是具有长久使用历史的约定俗成的名称。

第八条 有下列情形之一，不给予地理标志产品认定：

（一）产品或者产品名称违反法律、违背公序良俗或者妨害公共利益的；

（二）产品名称仅为产品的通用名称的；

（三）产品名称为他人注册商标、未注册的驰名商标，误导公众的；

（四）产品名称与已受保护的地理标志产品名称相同，导致公众对产品的地理来源产生误认的；

（五）产品名称与国家审定的植物品种或者动物育种名称相同，导致公众对产品的地理来源产生误认的；

（六）产品或者特定工艺违反安全、卫生、环保要求，对环境、生态、资源可能产生危害的。

第二章 申 请

第九条 地理标志产品保护申请，由提出产地范围的县级以上人民政府或者其指定的具有代表性的社会团体、保护申请机构（以下简称申请人）提出。

第十条 申请保护的产品产地在县域范围内的，由县级以上人民政府提出产地范围的建议；跨县域范围的，由共同的上级地方人民政府提出产地范围的建议；跨地市范围的，由有关省级人民政府提出产地范围的建议；跨省域范围的，由有关省级人民政府共同提出产地范围的建议。

第十一条 地理标志产品的保护申请材料应当向省级知识产权管理部门提交。

申请材料包括：

（一）有关地方人民政府关于划定地理标志产品产地范围的建议。

（二）有关地方人民政府关于地理标志产品申请、保护机制的文件。

（三）地理标志产品的相关材料，包括：

1. 地理标志产品保护申请书；

2. 地理标志产品保护要求，包括产品名称、产品类别；申请人信息；产地范围；产品描述；产品的理化、感官等质量特色、特定声誉或者其他特性及其与产地的自然因素和人文因素之间关系的说明；作为专用标志使用管理机构的地方知识产权管理部门信息；

3. 产品质量检验检测报告；

4. 拟申请保护的地理标志产品的技术标准；

5. 产品名称长期持续使用的文献记载等材料；

6. 产品的知名度，产品生产、销售情况的说明；

7. 地理标志产品特色质量检验检测机构信息。

（四）其他说明材料或者证明材料。

第十二条　省级知识产权管理部门应当自收到申请之日起 3 个月内提出初审意见。审查合格的，将初审意见和申请材料报送国家知识产权局；审查不合格的，书面通知申请人。

第三章　审查及认定

第十三条　国家知识产权局对收到的申请进行形式审查。审查合格的，予以受理并书面通知申请人；审查不合格的，书面通知申请人，申请人应当自收到书面通知之日起 4 个月内答复，期满未答复或者审查仍然不合格的，不予受理并书面通知申请人。

第十四条　对受理的地理标志产品保护申请，国家知识产权局组织开展技术审查。技术审查由国家知识产权局设立的地理标志产品专家审查委员会负责。

技术审查包括会议审查和必要的产地核查，申请人应当予以配合。

技术审查合格的，国家知识产权局发布初步认定公告；技术审查不合格的，驳回申请并书面通知申请人。

第十五条　有关单位或者个人对初步认定公告的地理标志产品有异

议的，应当自初步认定公告之日起2个月内向国家知识产权局提出，提交请求书，说明理由，并附具有关证据材料。

期满无异议的，国家知识产权局发布认定公告。

异议请求有下列情形之一，国家知识产权局不予受理并书面通知异议人：

（一）未在法定期限内提出的；

（二）未具体说明异议理由的。

第十六条 国家知识产权局受理异议请求后，及时通知被异议人，并组织双方协商。协商不成的，国家知识产权局组织地理标志产品专家审查委员会审议后裁决。

异议成立的，国家知识产权局作出不予认定决定，并书面通知异议人和被异议人；异议不成立的，驳回异议请求，并书面通知异议人和被异议人，国家知识产权局发布认定公告。

第四章 地理标志产品保护体系及专用标志使用

第十七条 地理标志产品所在地人民政府规划并实施标准体系、检测体系和质量保证体系等保护体系建设。

第十八条 地理标志产品获得保护后，根据产品产地范围、类别、知名度等方面的因素，申请人应当配合制定地理标志产品有关国家标准、地方标准、团体标准，根据产品类别研制国家标准样品。

标准不得改变保护要求中认定的名称、产品类型、产地范围、质量特色等强制性规定。

第十九条 地理标志产品特色质量检验检测工作由具备相关资质条件的检验检测机构承担。必要时由国家知识产权局组织检验检测机构进行复检。

第二十条 地理标志产品产地范围内的生产者使用专用标志，应当向产地知识产权管理部门提出申请，并提交以下材料：

（一）地理标志专用标志使用申请书；

（二）地理标志产品特色质量检验检测报告。

产地知识产权管理部门对申请使用专用标志的生产者的产地进行核验。上述申请经所在地省级知识产权管理部门审核，并经国家知识产权局审查合格注册登记后，发布公告，生产者即可在其产品上使用地理标志专用标志。

国家知识产权局也可以委托符合条件的省级知识产权管理部门进行审查，审查合格的，由国家知识产权局注册登记后发布公告。

第二十一条 在研讨会、展览、展会等公益性活动中使用地理标志专用标志的，应当向所在地省级知识产权管理部门提出备案申请，并提交以下材料：

（一）地理标志专用标志使用登记备案表；

（二）地理标志专用标志使用设计图样。

所在地省级知识产权管理部门对上述备案申请进行审查，审查合格后报国家知识产权局备案。国家知识产权局备案后，有关主体可以在公益性活动中使用地理标志专用标志。

第二十二条 地理标志专用标志合法使用人应当在国家知识产权局官方网站下载基本图案矢量图。地理标志专用标志矢量图可按照比例缩放，标注应当清晰可识，不得更改专用标志的图案形状、构成、文字字体、图文比例、色值等。

第二十三条 地理标志产品生产者应当按照相应标准组织生产。其他单位或者个人不得擅自使用受保护的地理标志产品名称或者专用标志。

地理标志产品获得保护后，申请人应当采取措施对地理标志产品名称和专用标志的使用、产品特色质量等进行管理。

第二十四条 地方知识产权管理部门负责对本行政区域内受保护地理标志产品的产地范围、名称、质量特色、标准符合性、专用标志使用等方面进行日常监管。

省级知识产权管理部门应当定期向国家知识产权局报送地理标志产品以及专用标志监管信息和保护体系运行情况。

第二十五条 本办法所称地理标志产品名称或者专用标志的使用，

是指将地理标志产品名称或者专用标志用于产品、产品包装或者容器以及产品交易文书上，或者将地理标志产品名称或者专用标志用于广告宣传、展览以及其他商业活动中，用以识别产品产地来源或者受保护地理标志产品的行为。

第五章　变更和撤销

第二十六条　地理标志产品保护要求需要变更的，应当向国家知识产权局提出变更申请。

（一）对保护要求的更新、完善，但不改变质量特色和产品形态，不涉及产品名称、产地范围变更的，国家知识产权局收到省级知识产权管理部门初审意见后，组织开展地理标志产品保护要求变更申请审查，审查合格的，国家知识产权局发布变更公告；审查不合格的，书面通知申请人。

（二）对地理标志产品名称、产地范围、质量特色和产品形态等主要内容变更的，国家知识产权局收到省级知识产权管理部门初审意见后，组织地理标志产品专家审查委员会开展技术审查。审查合格的，国家知识产权局发布初步变更公告，公告之日起2个月无异议或者有异议但异议不成立的，国家知识产权局发布变更公告；审查不合格的，书面通知申请人。

第二十七条　有下列情形之一，自国家知识产权局发布认定公告之日起，任何单位或者个人可以请求国家知识产权局撤销地理标志产品保护，说明理由，并附具有关证据材料：

（一）产品名称演变为通用名称的；

（二）连续3年未在生产销售中使用地理标志产品名称的；

（三）自然因素或者人文因素的改变致使地理标志产品质量特色不再能够得到保证，且难以恢复的；

（四）产品或者产品名称违反法律、违背公序良俗或者妨害公共利益的；

（五）产品或者特定工艺违反安全、卫生、环保要求，对环境、生态、资源可能产生危害的；

（六）以欺骗手段或者其他不正当手段取得保护的。

第二十八条 撤销请求未具体说明撤销理由的，国家知识产权局不予受理，并书面通知请求人。

第二十九条 国家知识产权局对撤销请求进行审查，作出决定并书面通知当事人。

国家知识产权局决定撤销地理标志产品保护的，发布撤销公告。

当事人对撤销决定不服的，可以自收到通知之日起6个月内向人民法院起诉。

第六章 保护和监督

第三十条 有下列行为之一，依据相关法律法规处理：

（一）在产地范围外的相同或者类似产品上使用受保护的地理标志产品名称的；

（二）在产地范围外的相同或者类似产品上使用与受保护的地理标志产品名称相似的名称，误导公众的；

（三）将受保护的地理标志产品名称用于产地范围外的相同或者类似产品上，即使已标明真实产地，或者使用翻译名称，或者伴有如“种”、“型”、“式”、“类”、“风格”等之类表述的；

（四）在产地范围内的不符合地理标志产品标准和管理规范要求的产品上使用受保护的地理标志产品名称的；

（五）在产品上冒用地理标志专用标志的；

（六）在产品上使用与地理标志专用标志近似或者可能误导消费者的文字或者图案标志，误导公众的；

（七）销售上述产品的；

（八）伪造地理标志专用标志的；

（九）其他不符合相关法律法规规定的。

第三十一条 获准使用地理标志专用标志的生产者，营业执照已注销或者被吊销的，或者相关生产许可证已注销或者被吊销的，或者已迁出地理标志产品产地范围的，或者不再从事该地理标志产品生产的，或者未按相应标准组织生产且限期未改正的，或者在2年内未在受保护的地理标志产品上使用专用标志且限期未改正的，国家知识产权局注销其地理标志专用标志使用注册登记，停止其使用地理标志专用标志并发布公告。

第三十二条 地理标志产品生产者违反有关产品质量、标准方面规定的，依据《中华人民共和国产品质量法》、《中华人民共和国标准化法》等有关法律予以行政处罚。

第三十三条 将受保护的地理标志产品名称作为企业名称中的字号使用，误导公众，构成不正当竞争行为的，依据《中华人民共和国反不正当竞争法》处理。

第三十四条 对从事地理标志产品管理和保护工作以及其他依法履行公职的人员玩忽职守、滥用职权、徇私舞弊、弄虚作假、违法违纪办理地理标志产品管理和保护事项，收受当事人财物，牟取不正当利益的，依法依纪给予处分；构成犯罪的，依法追究刑事责任。

第七章 附 则

第三十五条 国外地理标志产品在中华人民共和国的申请、审查、专用标志使用、监督管理等特殊事项，由国家知识产权局另行规定。

第三十六条 本办法自2024年2月1日起施行。

五、预制菜产业相关政策

预制菜，又称为预制调理食品，一般指以各类农、畜、禽、水产品为原辅料，配以调味料等辅料（含食品添加剂），经预选、调制等工艺加工而成的半成品。通常预制菜需要在冷链条件下贮存或运输，供消费者或餐饮环节加工者简单加热或烹饪后食用。

《中国预制菜行业现状深度研究与投资趋势分析报告（2022—2029年）》显示，近些年来，为了促进预制菜行业发展，我国颁布了多项关于支持、鼓励、规范预制菜行业的相关政策，国家层面的政策包括农业农村部2021年发布的《关于加快农业全产业链培育发展的指导意见》，创新发展农商直供、预制菜肴、餐饮外卖、冷链配送、自营门店、商超专柜、团餐服务、在线销售、场景销售等业态，开发推广“原料基地＋中央厨房＋物流配送”“中央厨房＋餐饮门店”等模式。此外还有国务院办公厅发布的《关于加快发展冷链物流保障食品安全促进消费升级的意见》《关于进一步促进农产品加工业发展的意见》等。

为了响应国家号召，各省市积极推动预制菜行业发展，发布了一系列政策推进预制菜产业发展。

如 2022 年 11 月 12 日，山东省人民政府办公厅发布了《关于推进全省预制菜产业高质量发展的意见》，提出要充分发挥山东省农产品资源丰富的优势，打造一批预制菜产业高地和产业集群，推动全产业链高质量发展。到 2025 年，全省预制菜加工能力要进一步提升、标准化水平要明显提高、核心竞争力要显著增强、品牌效应要更加凸显，预制菜市场主体数量突破 1 万家、全产业链产值超过 1 万亿元。围绕这一总体目标，该文件提出了一系列具体措施，包括建设标准化原料生产基地、培育壮大预制菜加工企业、支持发展冷链物流、推动产业集聚发展、开发多元产品、培育预制菜品牌、加强产销对接、推进预制菜标准体系研制、构建预制菜食品安全监管体系、建设产业技术创新平台、培养预制菜产业人才、开展关键共性技术及装备研发、加强组织领导、强化财政扶持、保障创新要素、做好宣传引导等。为保障上述措施得以顺利落地，山东省还发布了《山东预制菜产业高质量发展工作协调机制》。

此外，2022 年 9 月 9 日，河南省人民政府办公厅发布了《关于印发河南省绿色食品集群培育行动计划的通知》，提出要切实推动原料品质数据化、预制菜标准化、生产智能化、预制菜营养健康化，支持餐饮企业、中央厨房与科研院所加强技术协作，打造一体化预制菜加工科技创新和成果转化平台。2022 年 7 月 24 日，江苏省人民政府办公厅印发的《江苏省冷链物流发展规划（2022—2030 年）》中明确提出要适应连锁餐饮、快餐、预制菜等标准化、流程化经营要求，发展速冻类标准食材、脱水蔬菜、食材半成品供应链，推广“原料基地供应＋中央厨房加工＋冷链配送”等模式，打造产销对接、安全畅通、品质可靠的速冻食品冷链物流体系。2022年6月21日，黑龙江省人民政府在《黑龙江省产业振兴行动计划（2022—2026年）》中强调指出，要加速发展冷鲜肉、冷水鱼、预制生鲜调理品、预制菜、森林食品加工等产业，促进食品产业向时尚化、小众化、休闲化延伸，在食品细胞工厂、分子食品创制技术、食品智能制造、智慧厨房、精准营养、质量安全、包装物流等领域重点突破，实现一产“接二连三”全链条整体升级。2022年3月24日，广东省人民政府办公厅印发了《加快推进广东预制菜产业高质量发展十条措施》，提出要建设预制菜联合研发平台，构建预制菜质量安全监管规范体系，壮大预制菜产业集群，培育预制菜示范企业，培养预制菜产业人才，推动预制菜仓储冷链物流建设，拓宽预制菜品牌营销渠道，推动预制菜走向国际市场，加大财政金融保险支持力度，建设广东预制菜文化科普高地，还公布了11个省级预制菜产业园的名单。

六、国家水利景区高质量发展

政策全文

水利部关于推动水利风景区高质量发展的指导意见

建设发展水利风景区是贯彻落实习近平生态文明思想、建设美丽中国的重要举措。为充分发挥水利设施功能、维护河湖健康生命，推动新阶段水利风景区高质量发展，现提出以下意见。

一、总体要求

（一）指导思想

以习近平新时代中国特色社会主义思想为指导，深入贯彻习近平生态文明思想和习近平总书记“节水优先、空间均衡、系统治理、两手发力”治水思路及关于治水重要讲话指示批示精神，完整、准确、全面贯彻新发展理念，加快构建新发展格局，统筹发展和安全，加强水利设施和水域岸线保护，强化水文化建设，在确保水利工程安全平稳运行、功能完全发挥的前提下推动水利风景区高质量发展，满足人民日益增长的美好生活需要。

（二）基本原则

——坚持生态优先、安全发展。践行绿水青山就是金山银山的理念，以资源环境为刚性约束，科学合理保护与利用水利风景资源，确保水利工程安全，维护河湖健康生命，守牢安全底线。

——坚持目标导向、服务民生。牢固树立以人民为中心的发展理念，为人民群众提供更多文化、休闲、游憩空间，提高人民群众获得感、幸福感、安全感。

——坚持依法依规、有序发展。强化法治思维，依法依规利用水利设施和水域岸线，加强水利风景区全生命周期管理，推动协调发展、有序发展，着力提高水利风景区发展质量。

——坚持水利特色、彰显文化。立足流域系统性，依托水利设施，突出水利特色，提升文化内涵，打造高质量水利风景区品牌，助力水利高质量发展。

（三）发展目标

到 2025 年，围绕实施国家重大战略与区域发展战略，推进生态文明建设，完善水利风景区总体布局，建立健全水利风景区管理制度体系，监管能力得到明显提升；推动水利风景区风光带和集群发展，新建 100 家以上国家水利风景区，推广 50 家高质量水利风景区典型案例，水利风景区发展质量整体提升，使水利风景区成为幸福河湖、水美中国建设的突出亮点。

到 2035 年，水利风景区总体布局进一步优化，发展体制机制进一步完善，综合效益显著增强，更好地满足人民日益增长的美好生活需要，使水利风景区成为幸福河湖的重要标识、生态文明建设的水利名片。

二、完善水利风景区总体布局

（四）推动水利风景区风光带和集群发展

以河流水系为轴线，水利工程、湖泊为载体，统筹上下游、左右岸水利风景资源，串联河流水系沿线不同特色景区，形成水利风景区风光带。结合国家战略和区域战略，重点在长江两岸、黄河沿岸、大运河沿线、南水北调工程沿线等推出一批国家水利风景区，发展水利风景区风光带。以区域为单元，结合水网建设，串联区域内河、湖、库、渠、塘等水利风景资源，发展水利风景区集群。

（五）建设一批特色鲜明的国家水利风景区

结合重大水利工程建设，统筹水利风景资源，着力推动建设一批特色鲜明的国家水利风景区。在风景资源丰富、生态环境优良的大中型水库重点打造一批水库型水利风景区；在中东部河湖资源丰富、河网密集区域重点打造水清岸绿、环境优美的河湖型水利风景区；在长江中下游、黄河上中游、淮河流域、东部平原等大中型灌区分布密集地区重点打造具有田园风光、乡村特色的灌区型水利风景区；在长江流域上游、黄河流域上中游、松辽流域黑土分布区、滇桂黔石漠化片区等地区重点打造自然景观特色鲜明、文化科普内涵丰富的水土保持型水利风景区。

三、加强水利风景区保护与利用

（六）提升文化内涵

水利风景区要充分挖掘水利工程文化内涵，突出其文化功能和时代价值。开展水利风景区水利遗产资源调查，加强水利遗产和古代水利工程遗迹的保护与利用。在水利工程规划、设计、建设中融入水文化和当地人文元素，充分挖掘红色资源、廉洁文化，合理利用已有建筑、既有设施和闲置场所，开展文化、科普、教育等活动，推出一批传承红色基因的水利风景区名录。鼓励在国家水利风景区建设水情教育基地、水利科普教育基地、水利法治宣传教育基地、节水教育社会实践基地、水土保持科技示范园等。

（七）完善绿色安全服务设施

加强水利风景区水生态环境保护，维护河湖生态风貌，在水利风景区内推广使用先进节水技术、节水器具和绿色低碳交通工具。污水集中处理达标排放，鼓励污水再生利用。严格执行水利工程设施安全运行、水旱灾害防御、水资源水生态保护、河湖管理等法律法规和规定，完善安全防护设施，因地制宜推进健身步道、休闲绿道、亲水平台等建设，为人民群众提供身边的休闲游憩空间。

（八）提升智慧服务水平

搭建和完善国家水利风景区动态监管平台，加强对河湖水质、生态流量、水生态环境监测，建立数据共享机制，推动实现部、省、市、县（区）、景区数据汇聚和一体化管理。推动物联网、大数据、云计算、区块链、人工智能、数字孪生等现代信息技术在景区服务中的应用，促进景区服务线上线下融合，及时发布水利风景区环境质量和服务等信息。鼓励高质量水利风景区率先推行智慧管理。

四、强化水利风景区监督管理

（九）落实景区管理责任

流域管理机构和地方各级水行政主管部门要进一步核实景区范围，明确涉及的河湖管理范围和水利工程管理与保护范围。水利风景区管理机构要进一步明确景区管理和运营主体责任边界，建立责任体系，完善管理制度和安全应急预案，落实安全保障措施和管理责任。

（十）强化监督管理

建立水利风景区监督管理体系，完善激励约束机制，严把入口关，强化事中事后监管。水利部负责水利风景区监督指导，组织开展复核、重点抽查和专项检查。制定复核工作方案，落实退出机制。对因水利设施、水域及其岸线功能调整，不符合原认定条件的国家水利风景区，或者存在影响行洪安全、侵占水库库容及河湖岸线、发生侵害河湖健康生命行为的国家水利风景区，依法依规予以摘牌并全国通报。流域管理机构和地方各级水行政主管部门负责落实监督管理责任，按照管理权限对水利风景区开展复核和监督检查。

五、加强水利风景区品牌建设和价值实现

（十一）强化品牌建设

开展高质量水利风景区遴选，持续开展“水美中国”品牌赛事活动，打造品牌标杆。通过各类媒体媒介、线上线下，推广景区高质量发展经验与成效。各地要利用自身优势资源，通过重大活动节点和各类媒介平台，深入开展系列宣传活动，提高水利风景区知名度、美誉度和社会影响力。

（十二）探索推动水利风景区水生态产品价值实现

开展水利风景区水生态产品价值实现机制试点，提出水生态产品清单，开展水生态产品价值评估，研究水利风景区水生态产品价值实现的路径，推进“水利风景区+”融合发展。鼓励水利风景区通过生态产品认证、生态标识等方式培育具有水利特色的生态产品区域公用品牌，提升水生态产品价值。积极推进水利风景区多元化投融资机制创新，挖掘水利风景区优势资源和水生态产品价值，拓展水利风景区市场融资途径，吸引社会资本参与水利风景区建设与管理。

六、保障措施

（十三）加强统筹协调

流域管理机构和地方各级水行政主管部门要切实加强水利风景区的组织领导，建立工作机制，保障工作经费，加强政策指导和资源共享，合力推进新阶段水利风景区高质量发展。充分利用河湖长制工作平台，加强与有关部门的沟通与协调，建立多部门融合发展机制。

（十四）加强能力建设

流域管理机构和地方各级水行政主管部门要结合实际建立健全水利风景区管理制度，加强水利风景区人才队伍与专家队伍建设，开展水利风景区建设管理培训，深化与高等院校、科研机构等合作，建设高端智库，共同开展重大理论问题研究与技术应用推广。

七、2024—2025 年中央预算内投资农业建设项目

农业农村部计划财务司发布了《关于做好 2024—2025 年中央预算内投资农业建设项目储备工作的通知》，为指导各地各单位做好 2024—2025 年中央预算内投资农业建设项目储备，提早做好项目前期工作。

政策摘要

一、逐级开展项目储备工作

请各地各单位高度重视，早部署、早行动，按照有关规划和2024—2025年中央预算内投资项目储备指南，指导市县级农业农村部门和项目单位通过农业农村投资项目管理平台（https：//acpmp. agri. cn）逐级开展项目储备工作，扎实开展项目前期工作，尽快将符合条件的项目纳入省级储备库（部派出机构、直属单位项目以及中央直属高校、企业等中央单位项目纳入我部相关司局、派出机构项目储备库，同时录入国家重大建设项目库）。开展储备的项目，应同步在“全国投资项目在线审批监管平台”（http：//www. tzxm. gov. cn/index. html）取得项目代码。

项目储备工作要坚持自愿、公平、公开的原则，按照轻重缓急和项目建设时序开展项目储备。要坚持量力而行、尽力而为，储备项目符合本省（区、市）和单位财政承受能力和政府投资能力，不会造成政府隐性债务。要加强项目审核把关，防止虚假申报、重复申报。列入失信惩戒对象名单的主体，不得申报和储备项目。采取PPP模式建设的项目暂不纳入储备申报范围。

二、有序推进项目前期工作

按照“储备一批、成熟一批、安排一批”的原则，项目储备过程中，要积极推进规划、用地、用海、环评、防洪、水土保持等项目建设有关前置条件完善落实。对于已纳入省级或我部相关司局项目储备库，符合规划要求且建设条件成熟、前期工作到位的地方项目，要抓紧按程序开展项目评估、审批或审核工作。要严格按照《藏粮于地藏粮于技中央预算内投资专项管理办法》和《农业绿色发展专项中央预算内投资专项管理办法》要求核定建设内容、中央投资比例。

储备项目应依据《国家发展改革委关于规范中央预算内投资资金安

排方式及项目管理的通知》（发改投资规〔2020〕518号），逐一明确中央投资支持方式（主要包括直接投资和投资补助两种方式）。直接投资项目应批复项目可行性研究报告（高标准农田项目直接批复项目初步设计），投资补助项目应批复或核定项目实施方案。项目可研报告、初步设计、实施方案应达到相应的深度规定要求。完成项目前期工作并拟申请2024年中央预算内投资的地方项目，应按照有关投资计划申报通知要求，通过农业农村投资项目管理平台将项目由省级储备库推送到农业农村部相关司局、派出机构投资库，项目可研报告或实施方案、批复文件应同步上传，未上传相关材料的项目，将按程序予以退回。

三、加强项目储备组织领导

省级农业农村部门要加强对市县级农业农村部门工作指导，朝着能够对接申请投资的方向，实打实谋划项目，扎实开展项目储备工作。地方各级农业农村部门要积极主动加强与同级发展改革部门沟通协调，在沟通一致的基础上开展项目常态化储备，将符合规划和指南要求的项目尽早纳入项目储备库，做到“应储尽储”，并积极推进项目前期工作，提高储备项目质量。

八、县域商业三年行动计划（2023—2025年）

政策全文

商务部等9部门办公厅（室）
关于印发《县域商业三年行动计划（2023—2025年）》的通知

各省、自治区、直辖市及新疆生产建设兵团商务、发展改革、工业和信息化、财政、自然资源、农业农村、文化和旅游、邮政管理部门，各供销合作社：

为全面贯彻落实党的二十大和中央农村工作会议精神，落实《中共

中央　国务院关于做好2023年全面推进乡村振兴重点工作的意见》（中发〔2023〕1号）有关部署，充分发挥乡村作为消费市场和要素市场的重要作用，进一步提升县域商业体系建设成效，促进城乡融合发展，助力乡村振兴，商务部等9部门研究制定了《县域商业三年行动计划（2023—2025年）》。现印发给你们，请结合实际，认真贯彻落实。

商务部办公厅　国家发展改革委办公厅
工业和信息化部办公厅　财政部办公厅
自然资源部办公厅　农业农村部办公厅
文化和旅游部办公厅　国家邮政局办公室
中华全国供销合作总社办公厅
2023年7月27日

县域商业三年行动计划（2023—2025年）

为全面贯彻落实党的二十大和中央农村工作会议精神，落实《中共中央　国务院关于做好2023年全面推进乡村振兴重点工作的意见》（中发〔2023〕1号）有关部署，按照《商务部等17部门关于加强县域商业体系建设　促进农村消费的意见》（商流通发〔2021〕99号，以下简称《意见》）、《财政部办公厅　商务部办公厅　国家乡村振兴局综合司关于支持实施县域商业建设行动的通知》（财办建〔2022〕18号，以下简称《通知》）、《商务部等15部门办公厅（室）关于印发〈县域商业建设指南〉的通知》（商办流通函〔2021〕322号，以下简称《指南》），进一步深化政策措施，提升县域商业体系建设工作成效，制定本行动计划。

一、总体思路

以习近平新时代中国特色社会主义思想为指导，立足新发展阶段，完整、准确、全面贯彻新发展理念，学习运用“千万工程”经验做法，坚持市场化原则、更好发挥政府引导作用，按照“一年梳理经验、两年复制推广、三年总结提升”思路，以供应链、物流配送、商品和服务下沉以及农产品上行为主线，以数字化、连锁化、标准化为方向，进一步推动资源要素向农村市场倾斜，加快补齐农村商业设施短板，健全县乡村物流配送体系，引导商贸流通企业转型升级，推动县域商业高质量发展。

二、工作目标

建立县域统筹，以县城为中心、乡镇为重点、村为基础的农村商业体系。到2025年，在全国打造500个左右的县域商业“领跑县”，建设改造一批县级物流配送中心、乡镇商贸中心（大中型超市、集贸市场）和农村新型便民商店。90%的县达到“基本型”及以上商业功能，具备条件的地区基本实现村村通快递。工业品下乡、农产品进城双向流通渠道进一步畅通，农民增收和消费提质实现良性循环，更好满足乡村产业振兴和农村居民生产生活需求。

三、重点任务

（一）完善县域商业网络设施和业态

1. 增强县城商业辐射能力。结合国土空间规划编制实施，优化商业用地结构和功能布局。鼓励县城购物中心、大型商超向乡镇延伸服务，布局前置仓、物流仓储等设施，完善家电、家具家装等商品营销、回收和维修网络。构建商业服务完善的社区生活圈，加强对乡村商业发展的带动，促进一体化发展。

2. 提高乡镇商业集聚效应。升级改造乡镇商贸中心、大中型超市、集贸市场等，完善冷藏、加工、配送等设施，拓展餐饮、休闲、娱乐等消费新业态新场景，打造乡镇商业集聚区。以人口聚集的乡镇为重点，推进乡镇集贸市场标准化改造，完善设施设备，传承地域特色和传统习俗，提高市场综合治理水平，更好地满足农村居民日常购物、社交等需求。

3. 提升村级商业便民服务水平。加强邮政、供销、电商、快递、益农信息社等资源协作，推动村级站点设施共建、服务共享，丰富日用消费品、农资、邮政、快递等服务，实现“一点多能、一网多用”，提高农村商业网点便民服务水平和可持续运营能力。发挥大型连锁企业资金和渠道优势，推进农村便民商店标准化改造，拓展多元化零售业务。

（二）发展农村物流共同配送

1. 加强农村物流基础设施建设。建设改造县级物流配送中心和乡镇快递物流站点，根据实际需要，配备自动分拣线、立体货架、新能源配送车、智能取件终端等设施设备，提高物流配送效率，增强服务能力。

2. 加强农村物流资源整合。鼓励邮政、供销、快递、商贸流通等主体市场化合作，整合各类物流资源，在电商快递基础上，叠加日用消费品、农资下乡和农产品进城等双向配送服务，实现风险共担、利益共享，降低物流成本。总结共同配送成熟模式，将其作为重点支持方向，加快在中西部偏远地区推广落地。

3. 积极发展即时零售。鼓励电商平台、大型商贸流通企业在具备条件的县城，依托自建物流、第三方物流体系，对接本地零散的商超、便利店，精准匹配周边消费订单需求，为居民提供高效便捷的到家服务。

（三）推动县域流通企业转型升级

1. 支持中小企业数字化转型。针对农村中小流通企业数字化转型成本高、周期长等问题，依托已有平台资源，提升区域数字化服务水平，为企业提供成本低、实用性强的数字化转型解决方案，推动数字应用从销售前端向采购、库存、配送等全过程延伸，加快线上线下融合。

2. 加强企业供应链建设。以数字化、连锁化改造和跨界融合为手段，支持邮政、供销、传统商贸流通企业从传统商品批发、零售向上下游一体的供应链管理服务平台转变，增强对县域商业发展的引领带动作用。鼓励大型流通企业下沉供应链，推广新型交易模式，为农村便民商店、个体商户提供集中采购、销售分析、店面设计、库存管理等服务，增强农村实体店铺的经营水平和抗风险能力。

3. 培育县域龙头流通企业。鼓励有实力、有信誉的农村商贸流通企业综合运用大数据、云计算、人工智能等现代信息技术，促进业务流程和组织结构优化重组，创新商业模式，提高经营质量和效益。加大土地等政策扶持力度，落实好现行税收优惠政策，培育一批辐射面广、带动力强的县域龙头流通企业。

4. 发挥农村商业带头人作用。充分发挥县域大型经销商、代理商等渠道优势，支持进行市场化整合协作，加强物流分拨中心、前置仓等设施建设改造，为区域内商贸流通企业、便民商店、农民合作社等提供统一采购、统一仓储、统一配送等服务，建立适合县域发展水平的消费品、农资流通网络。

（四）丰富农村消费市场

1. 加大优质商品投放力度。发挥电商平台大数据优势，依法依规开展消费数据分析应用，引导生产厂商为农村市场生产投放更多适销对路的商品。继续支持新能源汽车、绿色智能家电、绿色建材和家具家装下乡，加快农村充换电设施建设，完善售后回收服务网络，促进农村大宗商品消费更新换代。鼓励组成县域零售商采购联盟，集中向生产厂家、品牌供应商采购商品，解决中小企业进货渠道混乱、议价能力弱等问题，提高商品品质，降低采购成本。

2. 加快发展农村生活服务。结合乡镇商业设施改造，引导餐饮、亲子、娱乐、维修等服务业态聚集，促进家政服务向县域下沉。鼓励文化和旅游资源丰富的农村地区，依托乡村旅游重点村镇、乡村旅游集聚区和休闲露营地，打造乡村旅游、休闲农业、农家乐、自驾游等精品线路，吸引市民下乡消费。继续实施乡村休闲旅游精品工程，推介一批中国美丽休闲乡村，建设一批全国休闲农业重点县。加强中国重要农业文化遗产保护传承，推进优秀农耕文化社会宣传，指导遗产地在有效保护的基础上，促进品牌打造、农文旅融合发展。

（五）推动农村电商高质量发展

1. 大力发展农村直播电商。深化电子商务进农村综合示范，利用县级电子商务公共服务中心的场地和设备等资源，打造一批县域电商直播基地、“村播学院”。整合各类资源，增强电商技能实训、品牌培育、包装设计、宣传推广、电商代运营等服务能力。鼓励有条件的县级电子商务公共服务中心拓展O2O体验店、云展会、网货中心、跨境电商等衍生增值服务，推动县域电商形成抱团合力，实现可持续发展。

2. 培育“土特产”电商品牌。深化“数商兴农”，发展农特产品网络品牌。鼓励电商平台、直播团队充分挖掘农村“土特产”资源，为农业生产企业、农民合作社等提供产品设计、视频拍摄、文案策划、品牌推广等服务。培育一批“小而美”的农村电商特色品牌，变“流量”为“销量”，拓宽农产品上行渠道。

3. 鼓励农村电商创业就业。加强与全国及本地直播平台的合作，“以工代训”“以赛代训”，面向返乡大学生、农民工、退役军人等开展直播带头人技能培训，提升直播带货技能，激发农村直播电商创业就业热潮。举办多种形式的农村直播电商大赛，组织地方直播团队等参加，促进相互学习交流，提升农村直播电商营销水平。

（六）提升优质农产品供给水平

1. 提高农产品供给质量。发挥流通对生产的先导性作用，加强农商互联，推动农业生产围绕市场需求，优化品种结构和产业布局，提升规模化、标准化和信息化水平。加快建设优势特色产业集群，抓好特色农产品优势区。创建和认定一批农业产业强镇、国家现代农业产业园、国家农产品质量安全县等，统筹推进农业生产和农产品“三品一标”，培育优质农产品生产基地，全面推行食用农产品承诺达标合格证，加强县级农产品质量安全检测机构能力建设，扩大绿色、有机、地理标志和名特优新农产品规模。

2. 增强农产品商品化处理能力。支持商贸、电商、农产品流通等企业向生产环节延伸产业链，建设产地集配中心等流通基础设施。配备农产品分级、加工、仓储、包装、冷链等商品化处理设施设备，增强农产品错峰上市和商品化处理能力，把增值收益更多留在农村、留给农民。

3. 加快打造农业品牌。实施农业品牌精品培育计划，打造精品区域公用品牌，带动培育核心授权企业和产品品牌。支持脱贫地区打造一批质量过硬、特色鲜明、带动力强的区域公用品牌，增强脱贫地区产业内生发展动力。发挥电商平台、商超等线上线下营销网络优势，加强特色优质农产品宣传推广，扩大区域公用品牌的知名度和美誉度。

（七）加强农产品流通体系建设

1. 完善全国农产品流通骨干网络。依托农产品主产地、主销地、集散地，在全国统筹确定一批农产品流通骨干节点城市、农产品市场和重点企业。加强农产品批发市场和农贸市场等各类零售终端升级改造，进一步提升农产品流通效率。加强农产品流通保供体系建设，提高宏观调控和民生保障能力。

2. 提高农产品冷链流通效率。加强跨区域农产品批发市场、干支线冷链物流、农产品仓储保鲜设施和产地冷链集配中心建设，提高农产品冷链流通效率，进一步降低流通损耗。支持标准果蔬周转箱（筐）等物流载具在冷链物流的全程应用，鼓励积极应用新能源城市配送冷藏车，促进农产品冷链各环节有序衔接和信息互联互通。鼓励第三方冷链物流企业发展，推广冷链云仓、共同配送、零担物流等模式，提高冷链资源综合利用率。

3. 强化农产品产销对接。引导流通企业与农业生产主体建立长期稳定合作关系，完善利益联结机制。继续举办全国农产品产销对接助力乡村振兴、“数商兴农”进地方等活动，邀请相关主体参加中国农产品交易会、茶博会、中国农民丰收节等展会节庆活动。深入实施“互联网+”农产品出村进城工程，完善适应农产品网络销售的运营服务体系。广泛开展专题促销、集中采购等活动，建立健全农产品产销对接长效机制。

四、保障措施

（一）加强统筹协调

各地要把县域商业三年行动作为全面推进乡村振兴的重要任务，建立省级统筹、市县抓落实的工作推进机制，抓好部署推进。省级主管部门结合实际，对照县域商业三年行动实施步骤（见附件），制定本省县域商业三年行动计划或实施方案，进一步细化明确目标任务、重点举措和监督考核机制，推动工作落地。充分发挥多部门工作协调机制作用，加强政策协同，共同研究解决重大问题。

（二）规范资金管理

严格对照《服务业发展资金管理办法》（财建〔2023〕9号）及《通知》要求，建立健全省市县三级日常监督机制，规范资金支出方向。各地应引入审计、监理咨询等第三方机构，加强资金决策、拨付、使用等环节审核，确保手续完整、账实相符。明确资产权属和管护责任，依法依规整合、处置和盘活资产，形成管护运营长效机制。

（三）做好政策衔接

加强县域商业建设行动与电子商务进农村综合示范、农产品供应链体系建设以及发展改革、农业农村、供销等单位相关资金的衔接，发挥各自优势，避免重复建设。用好县级电子商务公共服务中心、物流配送中心等现有设施设备，引入邮政、供销、快递和有实力的商贸流通企业，拓展公益性和增值性服务，实现市场化可持续运营。巩固电子商务进农村综合示范专项整改成果，建立健全资金管理、项目建设、日常监督、考核评估机制，形成闭环管理。

（四）强化大数据应用

加强部门间、部门与地方县域商业数据资源共享，充分依托已有信息化设施，提高政府管理水平和治理效能。推广县域商业大数据应用，整合农村商业网点、消费、客流、物流等数据信息，根据地方和企业需求，拓展县域商业动态监测、市场分析、产业培育、产销对接等功能，为县域商业三年行动提供支撑。

五、组织实施

（一）加强调研摸底

全面落实党中央关于大兴调查研究的部署，带着问题深入基层一线，对照县域商业体系建设目标和群众需求，找准差距和不足，厘清工作底数。参照《指南》“基本型、增强型、提升型”功能要求，因地制宜，明确纳入县域商业体系建设的县（县级市、区、旗，以下称县）范围、发展现状、建设目标、年度细化任务等。摸底和目标任务确认工作应于2023年8月底前完成，作为后续绩效评价、验收等的重要依据，原则上不再调整。

（二）压实主体责任

省级主管部门建立季调度、半年汇总、年度通报制度，加强工作调度，强化奖惩激励，对于工作推进不力以及审计、绩效评价、日常检查等发现重大问题的市县，视情给予通报、收回资金等处理措施；对于做得好的地方，加大支持力度。商务部会同有关部门通过省级党委和政府推进乡村振兴战略实绩考核、绩效评价、日常检查等方式，加强指导跟踪问效，形成上下联动抓落实的格局。

（三）组织评估验收

省级主管部门制定县域商业体系建设达标验收办法，组织对上年度完成建设目标的县进行评估验收，并出具书面评估意见。对达到“提升型”标准的县以及部分具备条件的“增强型”县，每年11月底前通过地方推荐，纳入全国县域商业“领跑县”。建立退出机制，通过抽查“回头看”，对工作出现滑坡、达不到领跑标准或在相关领域出现重大安全生产事故的县，按程序调整退出。

（四）做好宣传推广

尊重基层首创精神，从基层实践中汲取智慧，充分调动地方、企业、群众积极性，鼓励探索创新，及时总结推广好经验好做法。发挥主流媒体引导作用，宣传县域商业“领跑县”典型案例，增强典型示范作用，提高县域商业三年行动的社会认知度。省级主管部门按时更新县域商业信息系统数据，按季度报送资金使用清单，每年11月底前报送年度任务完成情况和工作总结。

附件

县域商业三年行动实施步骤

一、部署启动阶段（2023年7月—12月）

印发通知，启动县域商业三年行动，加强动员部署和政策解读。经地方推荐产生第一批全国县域商业“领跑县”，发布相关典型案例集。省级主管部门结合实际制定县域商业三年行动计划或实施方案，明确目标任务、重点举措和验收考核办法，指导市县抓好落实；开展绩效评价，对上年度完成“基本型、增强型、提升型”建设目标的县进行验收。

二、全面推广阶段（2024年1月—12月）

经地方推荐产生第二批全国县域商业“领跑县”，发布相关典型案例集。有关部门通过全国会、专家下乡、线上培训等方式，加强宣传推广和经验交流。省级主管部门跟进，培育一批地方典型，加强经验复制推广，形成适合自身特点的县域商业、农村直播电商发展路径；开展绩效评价，组织对上年度完成建设目标的县进行验收。

三、总结评估阶段（2025年1月—10月）

经地方推荐产生第三批全国县域商业“领跑县”，发布相关典型案例集。有关部门组织抽查检查，对照目标任务查漏补缺，全面总结评估县域商业三年行动工作成果。省级主管部门对照《意见》《通知》和县域商业三年行动要求，对各市县开展评估验收。加强前期发现问题整改工作“回头看”，及时发现和化解资金风险，建立项目和资产常态化运营管护机制，巩固提升政策成效，持续促进农民增收和农村消费。

第三章　乡村产业重要项目申报政策

一、农业现代化示范区申报政策

时间：每年 7—8 月，以当年文件公布时间为准

申报类型：分为粮食产业示范区、优势特色产业示范区、都市农业示范区、智慧农业示范区、高效旱作农业示范区等类型

主管部门：农业农村部发展规划司

申报主体：县（市、区）级人民政府

激励政策：择优给奖补资金；整县申报、其他优惠政策优先向其倾斜。

申报要求：（1）分区分类建设示范区。在黄淮海平原粮食主产区，创建一批以粮食产业为重点的示范区。特色农产品优势地区，创建一批以优势特色产业为重点的示范区。在大中城市郊区和东部沿海发达地区，创建一批以都市农业和智慧农业为重点的示范区。在脱贫地区，创建一批以"小而精"特色产业为重点的示范区。（2）创建条件。生产基础较好、装备水平较高、产业链基本健全、经营体系较为完备、农业环境较为友好、政策支持保障有力。

政策全文

农业农村部　财政部　国家发展改革委
关于开展 2023 年农业现代化示范区创建工作的通知

各省、自治区、直辖市及计划单列市农业农村（农牧）厅（局委）财政

厅（局）、发展改革委 新疆生产建设兵团农业农村局财政局、发展改革委 北大荒农垦集团有限公司、广东省农垦总局：

为贯彻落实《中共中央、国务院关于做好2023年全面推进乡村振兴重点工作的意见》部署，深入推进农业现代化示范区建设探索一体推进农业现代化和农村现代化路径模式，现就做好2023年农业现代化示范区创建工作通知如下。

一、总体要求

以习近平新时代中国特色社会主义思想为指导，全面贯彻落实党的二十大精神，锚定建设农业强国目标，聚焦农业设施化、园区化、融合化、绿色化、数字化发展，完善设施夯基础、集成科技增动能、绿色发展促转型、全链开发提效益、数字赋能强优势，分类分区探索差异化、特色化农业现代化发展模式，整体提升农业现代化示范区建设水平，带动有条件地区率先建设一批农业强县，为全面推进乡村振兴、加快农业农村现代化提供有力支撑。

二、创建任务

2023年围绕粮食生产优势特色产业、都市农业、智慧农业、高效旱作农业和脱贫地区“小而精”特色产业等，以县（市、区）为单位，创建100个农业现代化示范区（以下简称“示范区”)。落实《农业农村部、财政部、国家发展改革委关于开展农业现代化示范区创建工作的预通知》(农规发〔2021〕19号）要求，结合年度重点任务，扎实做好创建工作。

（一）推进粮食等重要农产品稳定生产，夯实建设农业强县的物质基础。严格落实粮食安全党政同责，启动实施新一轮千亿斤粮食产能提升行动，稳定粮食面积和产量，在全方位夯实粮食安全根基上作表率。巩固提升谷物生产，挖掘玉米面积潜力。加力扩种大豆油料，在有条件的地方推广粮豆轮作、棉豆轮作和稻油轮作，开发利用冬闲田扩种油菜。提升生猪等畜产品供给能力，丰富“菜篮子”产品。适度开发森林、草地、江河湖海等资源，拓展食物来源。

（二）推进农业设施装备提档升级，强化建设农业强县的重要支撑。按照逐步把永久基本农田全部建成高标准农田的要求，加强高标准农田项目建设管理，扎实完成年度新建和改造提升任务，切实提高建设质量。推动农业机械化全程全面发展，加快大型大马力高端智能农机、丘陵山区小型农机和园艺机械创制应用，鼓励集成北斗智能监测终端及辅助驾驶系统。实施设施农业现代化提升行动推进老旧设施集中连片改造提升，因地制宜发展日光温室、植物工厂和畜禽立体养殖，推广工厂化循环水渔业养殖模式。

（三）推进先进适用技术集成应用，激活建设农业强县的发展动能。加快农业科技集成创新平台建设，推动各种单项技术集成配套、整体协同。实施主要农作物单产提升行动，推进良田良种良法良机良制组装配套，带动大面积均衡增产。完善基层农技推广体系，推动稳产高产绿色高效技术措施到户到田。深入实施种业振兴行动，建设一批区域性农作物良种繁育基地、畜禽核心育种场站和水产原良种场，推广应用高产、优质、多抗新品种。促进数字技术与现代农业深度融合，建设一批智慧农（牧、渔）场和数字农业园区，拓展农业数字化应用场景。

（四）推进农业全产业链开发，增强建设农业强县的产业韧性。落实“土特产”要求，发展乡村特色产业，开发具有鲜明地域特点、民族特色、乡土特征的产品产业。深入实施农产品加工业提升行动，引导企业在县域建设原料基地、布局加工产能，建设一批农产品加工园。实施数商兴农和农产品出村进城工程，鼓励有条件的地方整县推进产地仓储保鲜冷链物流设施建设。推动农业与旅游、教育、康养等深度融合，打造乡村休闲旅游精品景点线路。统筹推动乡村产业发展、公共设施建设和生态环境保护，促进产村融合、产镇融合，建设宜居宜业和美乡村。

（五）推进农业全面绿色转型，筑牢建设农业强县的坚实底盘。加强农业资源保护利用，持续开展退化耕地治理，分区域分作物推广农业节水技术，鼓励有条件的地方积极发展高效节水灌溉和旱作农业。集成推进农业面源污染防治，促进农药、化肥源头减量，开展农业废弃物资源化利用，加强养殖尾水、生活污水等污染末端治理，探索建立整县全要素全链条综合防治工作机制。深入推进农业生产和农产品“三品一标”，落实农产品质量安全承诺达标合格证制度，扩大绿色、有机、地理标志和名优特新产品规模。

三、创建管理

（一）遴选条件。按照农业现代化示范区建设布局和遴选条件要求，选择农业现代化建设基础好、发展潜力大，地方政府支持保障有力、建设路径模式清晰、示范带动能力较强的县（市、区）先行创建，同等条件下优先支持国家现代农业产业园、国家农业绿色发展先行区、国家乡村振兴示范县、国家农村产业融合发展示范园所在县和脱贫县（市、区）创建。计划单列市由所在省统筹申报，各地严格按照《2023年农业现代化示范区申报创建指标分配表》申报创建，超出指标数的一律不予受理。

（二）申报程序。按照“县级人民政府申请，省级部门择优遴选，省级人民政府同意，农业农村部、财政部和国家发展改革委批准创建”的程序，开展申报创建工作。省级农业农村部门会同财政、发展改革部门，指导申报创建的县级政府部门研究创建定位和主攻方向、找准短板弱项和建设重点、科学设计推进路径和发展模式、明确创建时间表和路线图，认真编写《省市县农业现代化示范区创建方案》，经省级人民政府同意后，报农业农村部、财政部、国家发展改革委。请于2023年6月20日前提交纸质申报材料（一式2份），报农业农村部，并同步发送电子版至 zlghc@agri.gov.cn、nongyeyichu@126.com 和 njs006@163.com（邮件及附件注明：某省某县申报农业现代化示范区材料），超期不予受理。

（三）评审方式。对申报基础性和政策性指标的县（市、区），农业农村部、财政部和国家发展改革委采取书面评审的方式，组织专家严格评审，符合条件的纳入批准创建名单；审核不通过的直接取消资格，不再递补。对申报竞争性指标的县（市、区），农业农村部、财政部和国家发展改革委采取竞争遴选方式，择优纳入批准创建名单。

四、工作要求

（一）完善推进机制。建立健全省级层面示范区创建推进指导组，加强组织领导，强化政策支持。推动高标准农田建设、大豆油料整建制高产打造、农业生产全程机械化示范、绿色种养循环农业试点、数字农业建设等农业现代化重点任务在示范区率先落地。承担创建任务的县（市、区）党委政府履行主体责任，成立由主要负责同志任组长的示范区建设领导小组，压实工作责任，制定清单台账，集聚资源力量，推动创建任务落实落地。

（二）推动资源整合。稳步提高土地出让收益用于农业农村比例，将符合条件的乡村振兴项目纳入地方政府债券支持范围。创新金融服务，完善融资项目推送机制，探索不同类型地区政策性开发性金融整县授信服务模式，引导金融资金向示范区倾斜。强化用地保障，积极稳妥盘活利用农村闲置建设用地，入市土地优先支持示范区重大工程项目建设。

（三）引导多方参与。优化县域营商环境，引进和培育一批有实力的农业产业化龙头企业，加快培育农业产业化联合体，完善联农带农利益联结机制。梳理主导产业发展技术需求清单，鼓励科研院所、高等院校、高新技术企业等与承担示范创建任务的县（市、区）开展产学研对接，建立长期稳定合作机制。建立健全人才需求清单，完善人才引进、培养、使用、评价和激励机制，创新专家指导服务，吸引各类人才参与示范区建设。

（四）开展监测评价。制定农业现代化示范区监测评估方案和指标体系，有序开展常态化监测和年度评估，及时总结分析示范区建设进展、工作成效和存在问题。强化结果运用，鼓励把示范区建设纳入所在县党政领导班子和领导干部推进乡村振兴实绩考核内容，对工作扎实有力、成效明显的予以表彰，对工作进展缓慢的约谈通报。

（五）强化宣传推广。总结推进路径和创建模式，分产业分类型挖掘典型、凝练经验，开展模式发布、范例交流、现场观摩等活动，推广具有区域特色、可复制可借鉴的模式路径。创新宣传方式，综合利用传统媒体和新媒体，推广示范区建设亮点成效，及时将好经验好做法报农业农村部、财政部和国家发展改革委。

附件：省市县农业现代化示范区创建方案

一、发展现状

介绍县（市、区）基本情况、区位交通条件、资源条件和经济社会发展总体情况，概述县域农业发展情况，包括耕地面积、农林牧渔业总产值、粮食产量、农民人均可支配收入等。

二、创建条件

阐述县（市、区）在农业生产结构、设施装备水平、全产业链建设、农业经营体系、农业绿色发展、政策支持保障、县域城乡融合等方面的基础条件，并重点分析创建优势和短板弱项。创建优势，总结提炼农业现代化发展特点，体现近年来取得的各项荣誉，如建设国家现代农业示范区、现代农业产业园、优势特色产业集群、农业产业强镇、农村改革试验区、国家农村产业融合发展示范园等情况。短板弱项，着眼国家和区域发展战略，对标基本实现农业现代化目标，深入分析创建期本地区现代农业发展的短板弱项和制约因素。

三、思路目标

突出前瞻性和引领性，提出示范区创建定位、创建思路、创建目标、建设模式等。**创建定位**，对标 2035 年基本实现农业农村现代化目标，立足服务区域重大战略和区域协调发展战略，结合本区域发展优势和短板弱项，凝练提出代表本区域农业现代化发展方向的中长期定位。**创建思路**，立足创建定位，因地制宜提出符合实际、能够示范引领同类地区农业现代化发展的路子，讲清讲透带有方向性的主要推进措施和成套打法路数。**创建目标**，立足本地发展实际，科学设置创建期的创建指标和目标值，做到可量化、可考核、可实现。**建设模式**，立足不同资源禀赋、区域特点、经济条件发展类型，系统总结凝练县域农业现代化建设模式（1 000字左右），包括模式名称、内涵外延、主要特征、典型做法，示范引领同类地区农业现代化建设。

四、规划布局

围绕粮经饲、农牧渔、产加销、农文旅等方面，研究提出示范区总体布局和功能分区，明确每个功能分区的定位目标和发展方向并附示范区总体规划布局示意图。

五、创建任务

立足资源禀赋和区位条件。对标创建期发展目标，针对本区域农业现代化的短板弱项，系统提出推进农业设施化、园区化、融合化、绿色化、数字化发展的实施路径和具体任务，统筹谋划以农业现代化带动全面推进乡村振兴、加快农业农村现代化的工作措施任务举措，要坚持问题导向，聚焦短板弱项，突出可操作性。

六、重点工程项目

依据创建任务提出创建期示范区重点工程建设项目，明确建设内容、资金规模和资金来源、实施主体、建设地点等，并按年度细化任务，明确资金筹措方案。定性定量分析创建示范区对县域经济发展带来的经济效益、社会效益和生态效益。

七、支持政策

在符合国家统一政策规定的前提下，明确加强整合资源和集成政策的具体措施，提出已实施和创建期拟支持示范区建设的财政、用地、金融、科技、人才等方面政策措施。

八、保障措施

围绕组织领导、机制创新、考核激励、宣传推广等方面提出保障措施。

二、农业产业融合发展项目（国家现代农业产业园、优势特色产业集群、农业产业强镇）申报政策

（一）农业产业融合发展项目申报指南

时间： 每年7—8月，以当年文件公布时间为准

申报类型： 分为粮食产业示范区、优势特色产业示范区、都市农业示范区、智慧农业示范区、旱作农业示范区等类型

主管部门： 农业农村部发展规划司

申报主体： 县（市、区）级人民政府

激励政策： 择优给奖补资金；整县申报、其他优惠政策优先向其倾斜。

申报要求：（1）分区分类建设示范区。在黄淮海平原粮食主产区，创建一批以粮食产业为重点的示范区。特色农产品优势地区，创建一批以优势特色产业为重点的示范区。在大中城市郊区和东部沿海发达地区，创建一批以都市农业和智慧农业为重点的示范区。在脱贫地区，创建一批以“小而精”特色产业为重点的示范区。（2）创建条件。生产基础较好、装备水平较高、产业链基本健全、经营体系较为完备、农业环境较为友好、政策支持保障有力。

政策全文

农业农村部办公厅　财政部办公厅
关于做好2023年农业产业融合发展项目申报工作的通知

各省、自治区、直辖市农业农村（农牧）、畜牧兽医、渔业厅（局、委）、财政厅（局），新疆生产建设兵团农业农村局、财政局，广东省农垦总局、北大荒农垦集团有限公司：

贯彻落实党中央、国务院关于推进农村产业融合发展的决策部署，为更好发挥中央财政资金使用效益，引导和撬动更多资源要素向乡村汇聚，探索产业集聚发展模式，整体提升农业产业链供应链现代化水平，农业农村部、财政部2023年继续统筹推进农业产业融合发展工作。现将有关事宜通知如下。

一、总体目标

坚持以习近平新时代中国特色社会主义思想为指导，深入贯彻党的二十大精神和中央经济工作会议、中央农村工作会议精神，按照2023年中央1号文件部署，锚定建设农业强国目标，以促进乡村产业融合发展为重点，统筹国家现代农业产业园、优势特色产业集群、农业产业强镇政策任务资金，紧扣稳产保供重点任务，强化藏粮于地、藏粮于技，紧紧抓住耕地和种子两个要害，着力做好“土特产”文章，开发乡土资源，突出地域特点，推动乡村产业全链条升级。进一步优化产业布局，集聚要素发展，强龙头、补链条、兴业态、树品牌，完善联农带农利益联结机制，增强市场竞争力和可持续发展能力，为加快建设农业强国和实现乡村全面振兴、农业农村现代化提供有力支撑。

2023年，在对以前年度符合条件的项目给予延续支持的基础上，中央财政支持新创建50个国家现代农业产业园、40个优势特色产业集群、200个农业产业强镇，推动乡村产业布局更优化、结构更合理、链条更完整、业态更丰富，示范引领带动乡村产业高质量发展。

二、申报条件

2023年国家现代农业产业园、优势特色产业集群、农业产业强镇的建设内容和申报条件要求，总体上继续参照《农业农村部办公厅、财政部办公厅关于统筹做好2021年农业产业融合发展项目申报工作的通知》（农办计财〔2021〕9号）执行。同时，要进一步突出“抓主抓重”“联农带农”：一是重点围绕保障粮食和重要农产品稳定安全供给。聚焦稻谷、小麦、玉米、大豆、油菜、花生、牛羊、生猪、淡水养殖、天然橡胶、棉花、食糖、乳制品、种业、设施农业等关系国计民生的重要农产品

（简称“重点品种”），适当兼顾其他优势特色农产品。二是夯实农业产业发展基础。项目申报区域应已完成高标准农田建设任务，同时结合粮食生产功能区、重要农产品生产保护区、特色农产品优势区等规划以及本省份农产品发展规划布局，把握产业梯度转移的机遇，提高项目布局的前瞻性、科学性和耦合性。三是强化农业科技和装备支撑。发挥平台集聚效应，加快以种业为重点的农业科技创新，大力发展智慧农业，配套组装和推广应用现有先进技术和装备，探索科技成果熟化应用有效机制。四是统筹推进乡村产业高质量发展和农民增收。注重延长产业链条，大力发展农产品加工、仓储冷链物流、市场品牌销售等，遵循产业发展规律，细化实化完善联农带农利益联结机制的具体举措，统筹产业增效、就近就业[illegible]收，把全产业链增值收益更多留在农村、留给农民。

三、[illegible]

对[illegible]农业产业园、优势特色产业集群、农业产业[illegible]给予奖补支持。

[illegible]奖补资金主要支持规模种养、产业链供[illegible]台建设、智慧农业建设、农产品认证与品牌[illegible]。

[illegible]。奖补资金主要用于支持规模生产基地标[illegible]加工和物流设施设备、农业全产业链数字化[illegible]公共服务平台建设，以及经营主体和服务主体[illegible]项目区域要合理确定在集群中的功能定位，促[illegible]有效衔接，防止“小而全”或“各自为战”。

[illegible]镇。奖补资金主要支持主导产业关键领域、薄弱环节及[illegible]基地、加工物流等设施装备水平，培育壮大经营主体，促进主导产业转型升级、由大变强。

各地可结合实际创新完善联农带农机制，通过折股量化、收益分红等方式让农民直接受益，切实发挥产业融合发展项目带动农民增收作用。积极创新方式，引导和撬动金融资本和社会资本参与建设，提高产业发展的内在活力和竞争力。中央财政奖补资金不得“撒胡椒面”，不得搞平均分配；不得用于建设楼堂馆所、市政道路、农村公路，不得用于一般性支出、列支管理费和项目咨询、论证评审费，原则上不得用于购买生产资料、发展休闲农业；对挤占挪用中央财政奖补资金的，一经发现，以后年度不再安排资金支持，并予以通报。

四、工作要求

（一）加强组织领导。各省（自治区、直辖市）要高度重视、高位推动，建立由分管省领导亲自抓，省级农业农村、财政部门牵头，各相关部门共同参与的工作协调机制，统筹做好项目申报和建设管理，并做好产业融合发展项目中长期规划和项目库建设。各省级农业农村部门要相应建立健全工作机制，计划财务、发展规划、乡村产业及相关行业处室联合组成项目推进组，加强协同配合，形成工作合力。

（二）强化工作统筹。各省级农业农村部门要立足优势资源，优化产业融合发展项目布局，并逐步推动与农业现代化示范区所在县（市、区）相衔接。要依据申报指标统筹设计，明确主导产业、建设布局和投资安排，重点对申报条件、规划布局、建设内容、联农带农、投入政策、资金使用等方面进行充分研究论证，形成项目整体申报方案。要结合相关审计报告及舆情风险等问题，开展政策性合规性评估。经省级农业农村部门党组会或常务会研究并报省级政府审定同意后，联合省级财政部门统一行文上报农业农村部、财政部，并同步做好竞争性项目答辩评审的各项准备工作。

（三）按时报送材料。各省份应于2023年3月27日前报送农业产业融合发展项目申报材料（分别报农业农村部计划财务司、财政部农业农村司各1套，农业农村部发展规划司、乡村产业发展司各2套，并附电子文档光盘），超期不予受理。项目实施方案原则上应由各省份农业农村、财政部门结合实际、深入研究、自主编制。

农业农村部办公厅　财政部办公厅

2023年3月13日

（二）农业融合发展项目创建名单

政策全文

农业农村部办公厅　财政部办公厅
关于公布 2023 年农业产业融合发展项目创建名单的通知

为贯彻落实党中央、国务院关于推进农村产业融合发展的决策部署，按照《农业农村部办公厅、财政部办公厅关于做好 2023 年农业产业融合发展项目申报工作的通知》（农办计财〔2023〕5 号，以下简称《通知》）要求，经农业农村部和财政部评审并公示，现对 2023 年农业产业融合发展项目创建名单予以公布，包括 50 个国家现代农业产业园、40 个优势特色产业集群和 200 个农业产业强镇，具体名单见附件。现就有关事项通知如下。

一、强化统筹组织，扎实推进项目实施

省级农业农村、财政部门要进一步健全统筹推进农业产业融合发展项目实施的工作机制，压实工作责任，强化业务指导，上下衔接联动，完善扶持政策，加强用地保障，优化发展环境。国家现代农业产业园、优势特色产业集群和农业产业强镇建设主体单位要按照《通知》明确的建设内容及农业农村部、财政部评审意见，抓紧修改完善项目实施（建设）方案，进一步明确创建目标、重点任务和政策措施，着力做好“土特产”文章，开发乡土资源，突出地域特点，聚焦主导产业，补足短板弱项，推动乡村产业全链条升级，完善联农带农利益联结机制，提升建设水平和质量，按时保质保量完成建设工作。

二、规范使用资金，充分发挥资金效益

省级农业农村、财政部门要督促项目实施单位抓紧修改完善中央财政奖补资金使用方案，进一步突出中央财政奖补资金的公共属性，采取以奖代补、先建后补、贷款贴息、政府购买服务等方式，重点支持具有较强公益性、对产业发展具有引领示范作用、对农民带动能力强的环节和领域。要进一步细化实化利益联结机制，促进市场投资主体和农民合理分享产业发展红利。要合理控制对企业奖补的规模和比例，明确支持的环节和方式，中央财政奖补资金原则上不得直接支持企业生产设施投资，确有必要的，应当把对企业的奖补资金通过折股量化、收益分红等方式让村集体或农民直接受益。要通过引入金融专业力量，进一步细化完善项目投融资方案，充分发挥中央财政奖补资金撬动作用，引导金融和社会资本加大投入。项目建设过程中，要坚决防止耕地“非农化”问题。中央财政奖补资金不得“撒胡椒面”、搞平均分配，不得用于建设楼堂馆所、市政道路、农村公路，不得用于一般性支出、列支管理费和项目咨询、论证评审费，不得用于购买生产资料、发展休闲农业。对挤占挪用中央财政奖补资金的，一经发现，以后年度不再安排资金支持，并予以通报。

三、严格管理评估，确保项目取得实效

农业农村部、财政部将按照工作程序适时开展中期绩效评估，并将评估结果作为后续资金安排的重要依据，对建设任务完成进度慢、中央财政奖补资金拨付使用进度慢、项目实施效果差的，将进行通报批评、限期整改、扣减资金直至撤销资格。中央财政优化奖补资金拨付机制，结合项目建设实际进展、中期绩效评估、认定等情况，合理安排资金拨付周期，强化奖补资金与建设成效挂钩，进一步提升财政资金使用效益。省级财政、农业农村部门要严格按照农业产业发展资金管理办法，及时拨付中央财政奖补资金，加强资金使用全过程监督管理，不得挤占、挪用、截留，不得纳入整合资金范围，督促项目实施单位充分统筹资源向项目区域集聚。省级农业农村部门要利用农业农村部转移支付管理平台加强项目管理，定期调度资金使用、建设进展等情况，及时发现并协调解决项目建设过程中的问题，做好审计等反映问题的整改及相关舆情的妥善应对处理，并加强建设成效总结和宣传。请有关省份将修改完善的项目实施（建设）方案和中央财政奖补资金使用方案于2023年

5 月 20 日前报送农业农村部和财政部备案。同时，立足区域自然资源禀赋、农业产业基础和发展需求，聚焦重要农产品稳产保供、地方优势特色产业发展，扎实做好农业产业融合发展项目储备工作。

附件：1. 2023 年国家现代农业产业园创建名单

2. 2023 年优势特色产业集群建设名单

3. 2023 年农业产业强镇创建名单

农业农村部办公厅　财政部办公厅

2023 年 4 月 26 日

附件 1

2023 年国家现代农业产业园创建名单

1. 北京市顺义区现代农业产业园
2. 河北省辛集市现代农业产业园
3. 山西省翼城县现代农业产业园
4. 内蒙古自治区和林格尔县现代农业产业园
5. 内蒙古自治区莫力达瓦达斡尔族自治旗现代农业产业园
6. 内蒙古自治区杭锦后旗现代农业产业园
7. 辽宁省台安县现代农业产业园
8. 辽宁省大石桥市现代农业产业园
9. 吉林省榆树市现代农业产业园
10. 黑龙江省宝清县现代农业产业园
11. 黑龙江省讷河市现代农业产业园
12. 江苏省常州市金坛区现代农业产业园
13. 江苏省句容市现代农业产业园
14. 浙江省武义县现代农业产业园
15. 安徽省肥西县现代农业产业园
16. 福建省漳浦县现代农业产业园
17. 福建省福清市现代农业产业园
18. 江西省永修县现代农业产业园
19. 江西省南丰县现代农业产业园
20. 山东省平度市现代农业产业园

21. 山东省威海市文登区现代农业产业园
22. 河南省柘城县现代农业产业园
23. 河南省郸城县现代农业产业园
24. 湖北省襄阳市襄州区现代农业产业园
25. 湖北省沙洋县现代农业产业园
26. 湖南省衡阳县现代农业产业园
27. 湖南省湘阴县现代农业产业园
28. 广东省广州市增城区现代农业产业园
29. 广东省肇庆市高要区现代农业产业园
30. 广西壮族自治区东兴市现代农业产业园
31. 海南省海口市琼山区现代农业产业园
32. 重庆市合川区现代农业产业园
33. 重庆市永川区现代农业产业园
34. 四川省岳池县现代农业产业园
35. 四川省自贡市大安区现代农业产业园
36. 四川省南充市嘉陵区现代农业产业园
37. 贵州省威宁县现代农业产业园
38. 贵州省台江县现代农业产业园
39. 云南省鹤庆县现代农业产业园
40. 西藏自治区芒康县现代农业产业园
41. 陕西省富平县现代农业产业园
42. 陕西省西安市阎良区现代农业产业园
43. 甘肃省榆中县现代农业产业园
44. 甘肃省张掖市甘州区现代农业产业园
45. 青海省互助县现代农业产业园
46. 宁夏回族自治区西吉县现代农业产业园
47. 新疆维吾尔自治区伽师县现代农业产业园
48. 新疆维吾尔自治区阿瓦提县现代农业产业园
49. 新疆维吾尔自治区伊宁县现代农业产业园
50. 广东农垦茂名现代农业产业园

附件 2

2023 年优势特色产业集群建设名单

1. 天津市小站稻产业集群
2. 河北省花生产业集群

3. 河北省谷子产业集群
4. 山西省谷子产业集群
5. 内蒙古自治区马铃薯产业集群
6. 内蒙古自治区奶业产业集群
7. 辽宁省肉牛产业集群
8. 吉林省大豆产业集群
9. 黑龙江省鲜食玉米产业集群
10. 上海市奶业产业集群
11. 江苏省稻米产业集群
12. 浙江省蛋鸡产业集群
13. 安徽省皖北大豆产业集群
14. 安徽省沿淮糯稻产业集群
15. 福建省“福九味”中药材产业集群
16. 江西省油菜产业集群
17. 江西省麻鸡黄鸡产业集群
18. 山东省肉鸡产业集群
19. 河南省肉羊产业集群
20. 湖北省稻米产业集群
21. 湖南省蔬菜产业集群
22. 广东省金鲳鱼产业集群
23. 广西壮族自治区粉用稻米产业集群
24. 海南省冬季瓜菜产业集群
25. 重庆市麦制品产业集群
26. 重庆市蔬菜产业集群
27. 四川省设施蔬菜产业集群
28. 贵州省中药材产业集群
29. 云南省天然橡胶产业集群
30. 西藏自治区牦牛产业集群
31. 陕西省生猪产业集群
32. 陕西省蔬菜产业集群
33. 甘肃省马铃薯产业集群
34. 甘肃省苹果产业集群
35. 青海省青稞产业集群
36. 宁夏回族自治区葡萄及葡萄酒产业集群
37. 新疆维吾尔自治区肉羊产业集群
38. 新疆生产建设兵团生猪产业集群
39. 北大荒农垦集团稻米产业集群

40. 广东农垦糖蔗产业集群

附件 3

2023 年农业产业强镇创建名单

北京市：平谷区大华山镇

天津市：蓟州区上仓镇

河北省：威县赵村镇、石家庄市鹿泉区铜冶镇、怀来县土木镇、安平县西两洼乡、涞源县金家井乡、赵县范庄镇、迁西县白庙子镇、顺平县大悲乡

山西省：代县雁门关镇、应县臧寨乡、夏县南大里乡、大宁县三多乡

内蒙古自治区：达尔罕茂明安联合旗乌克忽洞镇、突泉县太平乡、科尔沁左翼后旗巴胡塔苏木、丰镇市隆盛庄镇、鄂托克前旗昂素镇、库伦旗白音花镇、扎兰屯市卧牛河镇、翁牛特旗毛山东乡

辽宁省：灯塔市柳河子镇、开原市中固镇、绥中县西甸子镇、营口市鲅鱼圈区熊岳镇、瓦房店市西杨乡

吉林省：桦甸市常山镇、通榆县十花道乡、龙井市东盛涌镇、永吉县西阳镇

黑龙江省：方正县天门乡、巴彦县松花江乡、鸡东县明德朝鲜族乡、友谊县庆丰乡、伊春市乌翠区翠峦镇、北安市二井镇、嫩江市长福镇、庆安县久胜镇

上海市：金山区吕巷镇

江苏省：丰县大沙河镇、盐城市盐都区大纵湖镇、淮安市淮阴区马头镇、苏州市吴江区震泽镇、靖江市生祠镇、无锡市惠山区洛社镇、宿迁市宿城区陈集镇

浙江省：杭州市临安区太阳镇、湖州市吴兴区织里镇、桐乡市石门镇、缙云县东方镇

安徽省：蒙城县小辛集乡、泗县墩集镇、阜南县新村镇、淮南市八公山区八公山镇、天长市大通镇、六安市裕安区徐集镇、宣城市宣州区杨柳镇、铜陵市义安区天门镇、桐城市金神镇、黄山市黄山区新华乡

福建省：连江县筱埕镇、漳州市芗城区天宝镇、安溪县感德镇、永安市青水畲族乡、顺昌县埔上镇、龙岩市永定区下洋镇、福鼎市贯岭镇

江西省：鄱阳县乐丰镇、进贤县李渡镇、南昌县幽兰镇、高安市上湖乡、彭泽县马当镇、兴国县社富乡、泰和县马市镇、贵溪市滨江镇、新余市渝水区姚圩镇

山东省：嘉祥县梁宝寺镇、商河县贾庄镇、青岛市黄岛区宝山镇、沂源县东里镇、枣庄市薛城区周营镇、利津县陈庄镇、海阳市二十里店镇、寿光市稻田镇、泰安市泰山区省庄镇、郯城县庙山镇、东明县沙窝镇

河南省：荥阳市王村镇、嵩县九皋镇、浚县新镇镇、濮阳市华龙区新习镇、沁阳市柏香镇、商丘市梁园区谢集镇、西平县谭店乡、信阳市浉河区浉河港镇、

固始县丰港乡、桐柏县固县镇、长葛市佛耳湖镇、商水县邓城镇

湖北省：荆门市掇刀区麻城镇、枣阳市吴店镇、石首市调关镇、十堰市郧阳区杨溪铺镇、当阳市两河镇、鄂州市华容区蒲团乡、红安县华家河镇、天门市蒋湖农场

湖南省：常德市鼎城区十美堂镇、长沙市望城区靖港镇、资兴市汤溪镇、汨罗市白水镇、衡南县三塘镇、永顺县颗砂乡、沅陵县官庄镇、安化县梅城镇、江永县粗石江镇、洞口县高沙镇

广东省：东源县柳城镇、海丰县城东镇、连山壮族瑶族自治县永和镇、中山市坦洲镇、梅州市梅县区畲江镇、吴川市长岐镇、惠来县靖海镇、开平市马冈镇、肇庆市鼎湖区沙浦镇

广西壮族自治区：灌阳县黄关镇、藤县和平镇、合浦县星岛湖镇、防城港市防城区扶隆镇、玉林市福绵区成均镇、钟山县公安镇、乐业县甘田镇、宁明县亭亮镇

海南省：琼中黎族苗族自治县红毛镇

重庆市：涪陵区珍溪镇、铜梁区大庙镇、綦江区安稳镇、石柱土家族自治县龙沙镇

四川省：崇州市街子镇、叙永县马岭镇、德阳市旌阳区德新镇、广元市朝天区中子镇、遂宁市安居区石洞镇、峨眉山市双福镇、广安市广安区大安镇、开江县普安镇、巴中市恩阳区双胜镇、炉霍县虾拉沱镇、会理市彰冠镇

贵州省：龙里县湾滩河镇、兴义市德卧镇、安顺市平坝区白云镇、六盘水市钟山区青林苗族彝族乡、修文县小箐镇、松桃苗族自治县黄板镇、黎平县肇兴镇

云南省：宜良县马街镇、元阳县牛角寨镇、禄丰市彩云镇、宁蒗彝族自治县新营盘乡、香格里拉市小中甸镇、大理市喜洲镇

西藏自治区：米林县羌纳乡、加查县加查镇、朗县朗镇、浪卡子县打隆镇、洛扎县扎日乡

陕西省：蓝田县洩湖镇、武功县武功镇、富平县淡村镇、宜川县云岩镇、清涧县折家坪镇、城固县龙头镇、紫阳县焕古镇、镇安县达仁镇

甘肃省：文县碧口镇、金塔县羊井子湾乡、金昌市金川区宁远堡镇、临夏市枹罕镇、古浪县西靖镇、合水县何家畔镇、合作市佐盖曼玛镇

青海省：湟源县日月藏族乡、海晏县金滩乡、尖扎县昂拉乡

宁夏回族自治区：平罗县头闸镇、固原市原州区头营镇、海原县三河镇

新疆维吾尔自治区：精河县托里镇、温泉县哈日布呼镇、麦盖提县库木库萨尔乡、察布查尔县种羊场、昭苏县乌尊布拉克镇、和静县乃门莫敦镇

新疆生产建设兵团：第九师一七〇团、第三师五十四团兴安镇

北大荒农垦集团：庆阳农场

广东省农垦总局：曙光农场

三、新版田园综合体建设试点政策

政策解读

2021年5月8日，财政部办公厅印发新田园综合体建设试点文件，文中明确了，支持在农业农村基础设施较为完备、农业生态资源条件较为优越、特色产业优势较为明显、农村基层组织和市场主体试点积极性较高、开发主体已自筹资金投入较大且自身有持续投入能力、农村综合改革工作基础较好的地区，以一定数量村庄构成的特色片区为开发单元，开展田园综合体建设试点，实现一二三产业深度融合、生产生活生态“三生同步”、产业教育文旅“三位一体”，促进农业高质高效、乡村宜居宜业、农民富裕富足。

时间：5—6月

主管部门：财政部农业农村司（国务院农村综改办）、国家农发办。

申报主体：县（市、区）人民政府

激励政策：以奖代补，三年每年6 000万～8 000万元政策支持

申报材料：需要报送试点三年规划及年度实施方案

申报要求：功能定位准确；基础条件较优；生态环境良好；政策措施有力；投融资机制明确；运行管理顺畅；带动作用显著。

政策全文

财政部办公厅
关于进一步做好国家级田园综合体建设试点工作的通知

有关省、直辖市财政厅（局）：

根据《中共中央　国务院关于深入推进农业供给侧结构性改革　加快培育农业农村发展新动能的若干意见》和《乡村振兴战略规划

(2018—2022年)》建设田园综合体的有关部署，按照《中共中央　国务院关于全面推进乡村振兴　加快农业农村现代化的意见》充分发挥农业产品供给、生态功能等有关要求，探索建立政府引导、市场主体积极参与、可持续的农业农村生态资源价值实现机制，加快培育农村经济高质量发展新动力，在总结2017年以来国家级田园综合体建设试点经验的基础上，继续支持有条件的地区开展国家级田园综合体建设试点。现将有关事项通知如下：

一、总体要求

以习近平新时代中国特色社会主义思想为指导，按照党中央、国务院关于全面推进乡村产业、人才、文化、生态、组织振兴的有关部署，贯彻创新、协调、绿色、开放、共享的新发展理念，坚持农业现代化与农村现代化一体设计和一并推进，支持有关地区立足资源禀赋优势，集智慧农业、创意农业、农事体验、科素教育为一体，贯通产供加销，融合农文教旅，建设生态优、环境美、产业兴、消费热、农民富、品牌响的乡村田园综合体，持续探索将绿水青山转化为金山银山的有效路径。

坚持以农为本。准确把握田园综合体发展定位和功能作用，坚持质量兴农，突出农业绿色化、优质化、特色化、品牌化。以“望得见山，看得见水，记得住乡愁”为基本要求，保持田园风光，尊重自然格局，推进农业农村生态功能产业化。

坚持市场运作。构建推动绿水青山转化为金山银山的体制机制，引导社会资本投入农业农村。充分发挥市场在农业农村生态资源配置中的决定性作用，推动生态资源价值有效转化，提高资源资产回报水平，形成可持续运行的田园综合体推广模式。

坚持促农增收。叠加旅游功能，形成独具特色的乡村旅游体验，促进城市人口下乡消费。完善田园综合体运营利益联结机制，通过就近就业、保底分红、股份合作等多种方式完善利益链，让农民合理分享新产业、新业态增值收益。增加农民财产性收入、经营性收入和工资性收入，促进共同富裕，不断提升农民的获得感、幸福感、安全感。

坚持探索创新。积极开展机制创新，探索形成推动乡村振兴的人才、土地、资金、产业政策体系，鼓励社会力量进入农村生活性服务业，引入有实力有经验的市场主体牵头建设，探索在政府引导下形成社会资本与村集体合作共赢模式。建立容错机制，鼓励大胆探索。及时总结推广典型案例和经验做法，以点带面形成乡村生态振兴示范效应。

二、重点任务

支持在农业农村基础设施较为完备、农业生态资源条件较为优越、特色产业优势较为明显、农村基层组织和市场主体试点积极性较高、开发主体已自筹资金投入较大且自身有持续投入能力、农村综合改革工作基础较好的地区，以一定数量村庄构成的特色片区为开发单元，开展田园综合体建设试点，实现一二三产业深度融合、生产生活生态“三生同步”、产业教育文旅“三位一体”，促进农业高质高效、乡村宜居宜业、农民富裕富足。

（一）促进农业高质高效。做大做强传统特色优势主导产业，深入推进农业绿色化、优质化、特色化、品牌化，结合田园综合体定位特征，大力培育农产品品牌，打造地理标志产品，形成1～2个田园综合体特色品牌，促进试点区域农产品提质增效。积极发展循环农业，充分利用农业生态环保生产新技术，提高农业资源利用效率和农业生产经济效益，促进生态环境友好型农业可持续发展。大力发展智慧农业，推进农业数字化转型，充分应用现代信息技术与农业生产集成融合的新成果，加快推动传统农业向现代农业生产方式转变。稳步发展创意农业，开展农事体验活动，创新农业生产过程、场景和农产品的展示形式，融合农业文明、园艺展示和人文价值、生活趣味等文化要素，结合科学素养教育、旅游休闲、展览演示等活动方式，引导社会大众特别是青少年参与农事体验活动，提高综合素养。

（二）促进乡村宜居宜业。突出乡土特色和地域特点，按照适度超前、综合配套、高效利用的原则，加强田园综合体区域内“田园＋农村”基础设施建设，建设“两宜四好”的美丽乡村，加快转变生产生活方式，让良好生态环境成为田园综合体的靓丽名片。结合实施乡村建设行动，继续通过原有相关支持渠道，加强试点区域道路桥梁、供电供水、信息通讯、清洁能源等公共基础设施建设，建设智慧绿色乡村。探索利用地方政府债券或PPP方式，支持符合条件的农村人居环境整治项目建设。在农村厕所革命、农村生活垃圾污水治理、畜禽粪污资源化利用的项目布局、资金安排等方面加强统筹衔接，形成政策合力。

（三）促进农民富裕富足。结合试点区域资源禀赋，加强农业优势特色产业集聚，盘活资源资产，建立新产业新业态培育机制；大力开发农业多种功能，延长产业链、提升价值链、完善利益链，通过“农业＋互联网”“农业＋科创”“农业＋综合素养教育”“农业＋文化”“农业＋旅游”“农业＋康养”等模式，发展乡村旅游、休闲农业、农耕文化体验、农村电子商务等新产业新业态，促进农村一二三产业深度融合发展。完善利益联结机制，尽可能让农民参与乡村产业发展，更多分享产业增值收益。

三、资金支持

坚持东、中、西部统筹兼顾，综合考虑各地发展建设基础、开展试点意愿、改革创新工作推进、试点代表性等因素，按照三年规划、分年实施的方式，2021年，在北京、吉林、黑龙江、浙江、福建、江西、山东、河南、湖北、湖南、广东、海南、云南等13个省份继续开展田园综合体建设试点。每个试点省份安排1个试点项目。中央财政通过农村综合改革转移支付，按照有关规定实施定额补助。各试点省份、县级财政部门要统筹运用现有各项涉农财政支持政策，创新财政资金使用方式，采取先建后补、以奖代补、政府与社会资本合作、政府引导基金等方式支持试点项目建设。财政部将在试点启动后的第二年、第三年，以适当方式对试点项目组织开展评价评估。对评价评估合格的项目，延续予以资金支持；对评价评估不合格的项目，不再安排资金支持，取消试点资格。

四、工作要求

（一）加强组织领导。试点省份要高度重视试点工作，建立健全省级财政部门牵头负责、相关部门积极参与的工作机制，协调发挥相关职能部门作用，细化任务、落实责任，形成工作合力。省级财政部门要抓好组织立项申报工作，结合前期试点开展情况，在自愿申报的基础上，加强审核把关，择优确定承担田园综合体建设试点任务的县（市、区）。承担试点任务的县（市、区）财政部门牵头组织申报；构建由县级人民政府主要负责同志牵头、财政、自然资源、水利（水务）、交通、农业农村、金融等部门参加的试点推进机制，统筹组织开展试点实施工作，对申报材料的真实性、完整性、有效性负责。

（二）认真组织实施。承担试点任务的县（市、区）应坚持因地制宜，结合本地资源禀赋条件，优先选择基础设施条件相对较好、集中连片、边界清晰、相对独立的农村生产生活生态空间作为田园综合体实施区域。相关县（市、区）应当按要求编报实施方案。实施方案应当包括田园综合体的基本情况、可行性论证情况、发展目标、功能定位、空间布局、建设内容和任务、预期成果，形成“任务清单”、“负面清单”，明确年度工作进度安排。实施方案应当明确田园综合体建设、管理主体，对投资估算与资金筹措方案、社会资本参与情况进行说明，对可持续运营机制进行论证。相关县（市、区）应将实施方案报送省级财政部门审核把关。省级财政部门在择优立项的基础上，于2021年5月25日前将审核通过的县（市、区）田园综合体实施方案报财政部。财政部将适时组织开展评议，及时将评议意见反馈试点省份。试点省份财政部门应根据评议意见，督促承担试点任务的县（市、区）完善实施方案，于10个工作日内（附电子文档光盘）报财政部备案。对明显不符合要求的实施方案不予备案，相应收回试点资金。

（三）强化政策支撑。承担试点任务的县（市、区）应统筹用好中央和地方财政资金，开展国家级田园综合体试点建设。坚持依法依规用地，坚持节约集约用地。落实农村一二三产业融合发展用地政策，支持国家级田园综合体建设。优化用地审批和规划许可流程，优先安排农村产业融合发展用地，支持符合要求的国家级田园综合体建设试点项目实施。探索实施点状供地、“农业+”混合用地等灵活供地新方式。保障设施农业发展用地，支持试点区域内的设施农业发展。落实农业设施用地政策，鼓励通过入股、租用等方式，将村集体闲置房屋、废弃厂房或经营性建设用地用于国家级田园综合体建设。大力盘活农村存量建设用地，推动国家级田园综合体发展智慧农业、循环农业、创意农业、农事体验等产业。推动人才下乡服务，促进相关人才投身田园综合体建设。

（四）严格试点管理。省级财政部门要会同有关部门完善管理制度，强化跟踪调度，加强调研指导，推动试点县（市、区）强化部门协同，加强政策衔接，提高协调推动试点项目建设的能力和效率，有效落实实施方案。试点县（市、区）要建立试点工作台账，按照包容、审慎的原则，推动试点地区先行先试，对出现的苗头性问题，及时给予指导纠偏，稳步推进试点项目建设。田园综合体建设试点必须符合土地管理使用相关法律法规，防止耕地“非粮化”和“非农化”，不得违背农民意愿搞大拆大建。试点过程中的重大事项，应及时向省级财政部门报告。省级财政部门要建立激励约束机制，按照试点实施方案，重点围绕项目推进、政策保障、机制探索、试点成效、资金使用的规范性和绩效管理等方面，及时开展年度评估，于后续年度3月底前将年度评估报告（附电子文档光盘）报送财政部。

财政部办公厅

2021年5月8日

四、“一村一品”示范村镇认定政策

政策全文

全国“一村一品”示范村镇认定监测管理办法（试行）

第一章　总　　则

第一条　为贯彻落实中央1号文件和《国务院关于促进乡村产业振

兴的指导意见》精神，根据《全国评比达标表彰工作协调小组办公室关于公布第二批全国创建示范活动保留项目目录的通告》规定，农业农村部负责开展全国“一村一品”示范村镇认定工作。

第二条 全国“一村一品”示范村镇是指由农业农村部认定，主导产业优势特色鲜明、质量效益显著、联农带农紧密，基本实现产村、产镇融合发展，有较强辐射带动作用的行政村和行政镇。

第三条 全国“一村一品”示范村镇的申报推荐、审核认定、标识管理、动态监测等适用于本办法。

第二章　申报要求

第四条 全国“一村一品”示范村镇申报主体为行政村、乡镇、有农业的社区或街道。

第五条 全国“一村一品”示范村镇申报主导产业应为当地的特色种植、特色养殖、特色食品加工、特色文化（包括传统手工技艺、民俗文化等）和新业态（包括休闲旅游、民宿、电子商务等）的具体品类。

第六条 全国“一村一品”示范村镇申报条件：

1. 主导产业基础好。村主导产业总产值超过1 000万元，占全村生产总值的50%以上。镇主导产业总产值超过5 000万元，占全镇农业生产总值的30%以上。

2. 融合发展程度深。主导产业生产、加工、流通、销售、服务等关键环节有机衔接，实现了链条化、一体化发展。电子商务、休闲体验、文化传承、生态涵养等农村一二三产业深度融合的新产业新业态已有初步发展。

3. 联农带农作用强。申报村成立有农民合作社，主导产业从业农户数量占村常住农户数的40%以上。申报镇发展有地市级以上龙头企业或规模以上企业，主导产业从业农户数量占镇常住农户数的20%以上。村（镇）主导产业从业人员人均可支配收入近3年增长率均超过8%。

4. 特色产品品牌响。申报村（镇）推行标准化生产，主要经营主体有注册商标，产品销售渠道畅通，主要产品在当地有一定知名度和美誉度。申报村（镇）所在县已获得主导产业地理标志登记保护认证，认证区域内的村（镇）可优先申报。对于民俗文化和新业态，注册商标属非必要条件。

第三章　申报程序

第七条　农业农村部综合考虑产业区域布局、各省（自治区、直辖市）农林牧渔业总产值、工作基础等因素，确定各省（自治区、直辖市）全国“一村一品”示范村镇的年度申报名额。

第八条　省级农业农村部门根据年度申报名额和各地市、县区实际情况，将申报名额下达地市或县区。

第九条　县级农业农村部门组织符合条件的村（镇）自愿申报，填写纸质《全国“一村一品”示范村镇申报书》（见附件1），并登录申报监测线上平台在线填报有关信息。

第十条　县级农业农村部门对村（镇）申报材料审核把关，加盖公章后报送地市级农业农村部门。同时，提供产值、人均可支配收入等证明材料。对村（镇）在线填报信息审核把关，提交地市级农业农村部门审核。

第十一条　地市级农业农村部门审核县级申报材料后，盖章推荐至省级农业农村部门，同时完成线上审核提交。

第十二条　省级农业农村部门汇总地市申报材料，根据分配名额，审核形成全国“一村一品”示范村镇推荐名单，并行文向农业农村部推荐。同时，完成线上审核推荐。

第四章　认定管理

第十三条　农业农村部乡村产业发展司组织专家对各省（自治区、直辖市）推荐的全国“一村一品”示范村镇申报材料进行审核，确定拟认定的全国“一村一品”示范村镇名单。

第十四条　拟认定的全国“一村一品”示范村镇名单在农业农村部官网公示5个工作日。公示无异议后，向社会正式公布，并颁发牌匾。

第十五条 农业农村部认定的全国“一村一品”示范村镇允许使用全国“一村一品”标识。样式见附件2。

第十六条 全国“一村一品”标识使用范围：

1. 全国“一村一品”示范村镇所申报认定的主导产业及相关产品；

2. 全国“一村一品”示范村镇内从事主导产业的生产、经营、服务主体；

3. 经农业农村部备案的生产、经营、服务主体。

第十七条 全国“一村一品”标识使用要求：

1. 全国“一村一品”示范村镇内的生产、经营、服务主体对外宣传印制全国“一村一品”标识，样式须符合附件2内容要求；

2. 全国“一村一品”示范村镇内的生产、经营、服务主体使用全国“一村一品”标识，须向县级农业农村部门申请备案，备案同意后即可使用。县级农业农村部门要将备案结果及时上传申报监测线上平台。备案内容包括主体名称、使用产品、使用范围、使用形式等；

3. 全国“一村一品”示范村镇以外的生产、经营、服务主体使用全国“一村一品”标识，须通过申报监测线上平台向农业农村部申请备案，备案同意后即可使用。备案内容同本条第2款要求；

4. 县级农业农村部门每年2月底前通过全国“一村一品”示范村镇信息监测平台向农业农村部报送上一年度全国“一村一品”标识使用情况。

第十八条 全国“一村一品”标识使用主体未按第十六条、第十七条要求使用标识的，农业农村部有权终止其使用资格。

第五章 动态监测

第十九条 农业农村部对已认定的全国“一村一品”示范村镇，通过申报监测线上平台进行动态监测。

第二十条 县级农业农村部门要组织县域内的示范村镇，通过申报监测线上平台更新本村镇的年度产业信息。上一年度产业信息应在第二年4月30日前完成更新。

第二十一条 县、地市、省级农业农村部门要对示范村镇更新的年度产业信息逐级审核。同时，对出现行政区划调整、主导产业变更、示范作用不强、连续两年不更新数据、发生严重侵犯农民利益、重大生态环境破坏、重大安全生产和质量安全事件等情况的，及时以书面形式向上一级农业农村部门报送。

第二十二条 农业农村部将对各省（自治区、直辖市）报送的信息变更、安全事件等情况进行核实。情况属实的，取消其全国“一村一品”示范村镇资格并发文通报。

第六章 附 则

第二十三条 本办法由农业农村部负责解释。

第二十四条 本办法自发布之日起试行。

五、农业生产发展项目补助资金政策

政策摘要

农业农村部 财政部 关于做好2022年农业生产发展等项目实施工作的通知

各省、自治区、直辖市及计划单列市农业农村（农牧）、畜牧兽医、渔业厅（局、委）、财政厅（局），新疆生产建设兵团农业农村局、财政局，北大荒农垦集团有限公司、广东省农垦总局，农业农村部有关直属单位：

为深入贯彻落实党的十九届六中全会以及中央经济工作会议、中央农村工作会议精神，按照中央1号文件部署要求，2022年中央财政安排农业生产发展资金、农业资源及生态保护补助资金、动物防疫等补助经费、渔业发展补助资金，支持深化农业供给侧结构性改革，加快农业农村现代化建设，全面推进乡村振兴。为指导各地做好项目实施工作，确保政策有效落实，现将有关事项通知如下。

一、总体思路

坚持以习近平新时代中国特色社会主义思想为指导，贯彻落实党中央、国务院关于“三农”工作重大决策部署，坚持稳字当头、稳中求进，按照保供固安全、振兴畅循环的工作定位，重点围绕粮食生产稳面积提产能、产业发展稳基础提效益、乡村建设稳步伐提质量、农民收入稳势头提后劲，调整优化存量、统筹安排增量，强化政策引导、改革完善实施方式，做到政策总体保持稳定、重点任务保障充分、重大试点落实有效，助力牢牢守住保障国家粮食安全和不发生规模性返贫两条底线，推动乡村振兴取得新进展、农业农村现代化迈出新步伐。项目资金安排突出三个导向：一是突出重点领域，着力支持提升粮食和大豆油料等重要农产品供给保障能力，强化现代农业基础支撑，促进乡村产业融合，推进农业绿色发展。二是突出统筹衔接，根据项目各自政策目标和功能属性，科学推进政策统筹、任务统筹、资金统筹，优化支出结构，促进衔接配套，提高资金效益，形成政策合力，集中资金办大事。三是突出创新引导，完善“大专项＋任务清单”管理方式，强化以绩效评价结果为导向的项目和资金安排机制，压实地方投入责任，撬动金融和社会资本投入，引导农民和新型农业经营主体主动参与，扩大农业农村有效投资。

二、重点任务

（一）全力保障粮食和油料等重要农产品有效供给。深入实施“藏粮于地、藏粮于技”战略，加大粮食、油料生产政策扶持力度，统筹推进小麦促壮稳产、水稻集中育秧，千方百计稳定粮食生产，多油并举提升油料产能。促进畜牧业稳定健康发展，推进渔业绿色发展，统筹抓好蔬菜、棉糖胶等生产。

（二）加强耕地保护、种业振兴、农机装备支撑保障。稳定实施耕地地力保护补贴政策，强化东北黑土地保护，扩大保护性耕作面积，推进耕地保护与质量提升。开展土壤普查试点。实施畜禽良种补贴，稳定支持国家级畜禽遗传资源保护，开展生产性能测定，持续提高品种选育水平，提升我国畜禽种业核心竞争力。加快推进农机装备补短板，推进农业用北斗终端及辅助驾驶系统的应用，开展农机研发制造推广应用一体化试点。

（三）大力推动农业产业融合发展和乡村人才振兴。聚焦稳产保供目标任务，统筹布局建设一批国家现代农业产业园、优势特色产业集群、农业产业强镇。统筹推进农业现代化示范区建设。培育高素质农民，实施乡村产业振兴带头人培育“头雁”项目，培育一批乡村产业振兴带头人，加快推进农业社会化服务，引领带动小农户发展。

（四）推进农业资源保护利用和绿色转型发展。深化落实以绿色生态为导向的农业补贴制度改革，推进农业绿色发展体制机制创新，切实保护耕地、草原和水生生物等资源。强化农业生态环境治理，提高地膜科学使用回收水平，促进农作物秸秆综合利用，稳步推进绿色种养循环农业试点。

（五）支持脱贫地区乡村特色产业发展壮大。贯彻落实党中央、国务院关于实现巩固拓展脱贫攻坚成果同乡村振兴有效衔接的决策部署，支持脱贫地区发展壮大特色优势富民产业，完善产业发展支撑保障和设施条件，提升全产业链发展水平，培育壮大新型农业经营主体，健全联农带农富农机制。相关资金项目继续向脱贫县倾斜。

三、强化政策落实与监督评价

（一）推进统筹使用。落实和完善“大专项＋任务清单”管理方式，切实提升政策的精准性、指向性和实效性。约束性任务补助资金不得统筹使用。各省（自治区、直辖市）在完成任务清单及绩效目标的基础上，可在大专项内部统筹安排指导性任务补助资金，但不得跨转移支付项目整合资金、不得超出任务清单范围安排资金、不得将中央财政资金切块用于省级及以下地方性政策任务。安排给832个脱贫县（原国家扶贫开发工作重点县和连片特困地区县）的资金，按照财政部等11部门《关于继续支持脱贫县统筹整合使用财政涉农资金工作的通知》（财农〔2021〕22号）执行。鼓励各地按规定利用现有资金渠道，强化政策衔接配合，推动相关项目在实施过程中统筹。

（二）细化实施方案。省级农业农村、财政部门要按要求抓紧组织编制省级实施方案，明确实施条件、补助对象、补助水平、实施要求和监管措施。要因地制宜研究确定补助方式，鼓励采取政府购买服务、先建后补、以奖代补等支持方式，积极探索适应不同主体、更加科学有效的支持模式。各省（自治区、直辖市）在编制实施方案过程中，要加强与农业农村部、财政部沟通，于2022年6月30日前正式印发并以省级农业农村、财政部门联合发文形式报农业农村部、财政部备案，同时，将农业生产发展等项目实施方案和资金安排情况按规定同步上报农业农村部转移支付管理平台。

（三）强化政策公开。省级农业农村、财政部门要及时将中央财政支农政策和省级实施方案向社会发布，督促指导基层农业农村、财政部门按规定程序加强涉农补贴申报信息公开，简化申报流程，公开申报指南，保障涉农主体知情权和选择权，有关信息公开渠道和查询方式报农业农村部、财政部备案。要做好拟补助对象、资金安排等信息公开公示工作，广泛接受社会监督。要通过多种渠道方式宣传解读政策，使广大农民群众、新型农业经营主体和基层干部准确理解掌握政策内容，积极营造有利于政策落实的良好氛围。

（四）严格过程管控。地方各级农业农村、财政部门要加强项目执行定期调度和督促指导，及时掌握项目执行和资金使用情况。省级农业农村、财政部门要加强日常监督管理，创新工作方式，及时妥善处理项目执行中的问题，重大事项要及时向农业农村部、财政部报告。各省（自治区、直辖市）自2022年7月起每月通过农业农村部转移支付管理平台上报资金执行情况，2023年1月31日前报送项目实施总结报告，按要求报送有关基础数据。各省（自治区、直辖市）要确保各项数据的真实性、准确性和完整性，有关数据材料报送情况纳入相关资金的绩效评价范围。

（五）加强资金监管。各省（自治区、直辖市）财政、农业农村部门要认真落实财政部等七部门联合印发的《关于进一步加强惠民惠农财政补贴资金“一卡通”管理的指导意见》，规范补贴资金代发金融机构，加强惠农财政补贴资金发放管理。各级财政、农业农村部门要切实加强资金监管，不得受理以中介机构名义直接代理申报的资金项目，上下级和同级政府相关部门之间的申报材料不得通过中介机构运转，不得将财政补助资金用于支付中介费用。

（六）深化绩效管理。省级财政、农业农村部门要按照《农业相关转移支付资金绩效管理办法》，进一步建立健全本区域项目绩效评价机制，将政策目标实现情况、任务清单完成情况、资金使用管理情况等纳入指标体系，严格奖惩措施，全面评估、考核政策落实情况。农业农村部和财政部将采取绩效监控与抽查复核相结合的方式，重点评价资金安排规范性、资金执行进度、信息报送以及地方财政投入、社会资本投入等情况，并组织对重点任务、重点地区进行绩效考评。对违反规定统筹中央财政资金用于地方性任务的，中央财政将在安排下年度资金时予以扣减。对由中介机构直接代理申报项目、将财政补助资金用于支付中介费用的，一经查实，项目支持对象列入黑名单，有关县（市、区）暂停安排实施该项目。

附件：1. 农业生产发展资金项目实施方案

2. 农业资源及生态保护补助资金项目实施方案

农业农村部　财政部

2022 年 5 月 9 日

附件 1

农业生产发展资金项目实施方案

中央财政农业生产发展资金主要用于对农民直接补贴，以及支持农业绿色发展与技术服务、农业经营方式创新、农业产业发展等方面工作。

一、稳定实施直接补贴政策

（一）稳定实施耕地地力保护补贴。认真执行《财政部、农业部关于全面推开农业“三项补贴”改革工作的通知》（财农〔2016〕26号）和《财政部办公厅、农业农村部办公厅关于进一步做好耕地地力保护补贴工作的通知》（财办农〔2021〕11号）要求，继续稳定实施耕地地力保护补贴政策。严格落实国家关于耕地用途管制的相关规定，加大耕地使用情况的核实力度，对已作为畜牧养殖场使用的耕地、林地、草地、成片粮田转为设施农业用地的耕地、非农业征（占）用耕地等已改变用途的耕地不得再给予补贴，对抛荒一年以上的，取消次年补贴资格。按照严格落实耕地利用优先序要求，进一步强化耕地地力保护补贴政策导向，建立健全耕地地力保护补贴发放与耕地执法监督检查联动机制，坚决遏制耕地“非农化”、基本农田“非粮化”。按照直达资金管理要求，加强部门协作，完善政策制度，优化工作流程，规范管理方式，做好政策宣传，确保政策稳定实施。做好直达资金监控系统标准化录入表格衔接工作，具备条件的地区做好“一卡通”系统与直达资金监控系统对接。用好直达资金监控系统，加强资金监管，逐步构建形成补贴大数据管理系统，提升补贴发放的规范性、精准性和时效性。严防补贴资金“跑冒滴漏”，对骗取、贪污、挤占、挪用或违规发放等行为，依法依规严肃处理。

（二）发放实际种粮农民一次性补贴。认真执行《财政部关于下达2022年实际种粮农民一次性补贴资金预算的通知》（财农〔2022〕16号）有关要求，尽快将补贴发放到实际种粮农民手中。各级财政、农业农村部门要进一步完善工作机制，明确责任分工，密切沟通协作，形成工作合力。完善管理制度，简化工作流程，加快拨付进度，不得以任何理由滞拨滞留资金。梳理资金拨付流程，建立定期调度制度，跟踪资金拨付进展情况，做好执行分析，发放情况及时上报转移支付管理平台。加强“一卡通”基础数据的维护与更新，及时向代发银行同步发送账户明细，确保补贴真正发放到实际种粮农民手中。对因基础信息有误而造成发放失败的，及时根据银行反馈数据更正信息，严禁以拨作支，在“一卡通”代发专户形成沉淀。

（三）实施农机购置与应用补贴政策。在落实《农业农村部办公厅、财政部办公厅关于印发〈2021—2023 年农机购置补贴实施指导意见〉的通知》（农办计财〔2021〕8 号）要求基础上，开展农机购置与应用补贴试点，探索创新以机具应用为前提的补贴资金兑付方式。开展农机研发制造推广应用一体化试点，加快大型高端智能农机、丘陵山区先进适用小型小众机械、打包采棉机等短板弱项机具创制与北斗智能监测终端及辅助驾驶系统集成应用，促进农机产业自主安全可控和高质量发展。着力推进补贴机具有进有出、优机优补、补短强弱、奖优罚劣，重点支持粮食烘干、履带式作业、玉米大豆带状复合种植、油菜收获等专用机具和丘陵山区小型适用机具，大力推广现代种养业和智慧农业发展急需的成套设施装备。逐步降低区域内保有量明显过多、技术相对落后机具品目（档次）的补贴额，或退出补贴范围，其中轮式拖拉机补贴额测算比例降低至 20%以下。支持将粮油作物生产机械化薄弱环节、玉米大豆带状复合种植所需创新产品和成套设施装备纳入补贴试点，按规定适当提高补贴标准，且相关机具不占用农机新产品试点的资金规模及品目指标，省域内提高补贴额测算比例机具累计不超过 10 个品目。深化农机产品认证证书在补贴机具资质采信中的运用，强化拖拉机、植保无人驾驶航空器、北斗终端等重点、新型补贴机具资质要求，并可采信认证证书和第三方检测报告作为投档依据，积极探索区域一体化投档资料形式审核和补贴额测算比例提高、实施地方累加补贴、新进补贴范围等重点监管机具现场演示评价，从严整治提供不实投档资料、虚开发票、虚构报补等较重及以上违规行为，引导企业规范参与补贴政策实施，切实提高产品质量和制造水平。抓实抓细高价值、高补贴额度和累加补贴机具的监督管理，严禁将补贴额与机具价格直接挂钩，强化风险评估和应急处置，大力推动二维码识别、手机 APP 申请、物联网监测等信息化措施落地见效。依法落实省级财政支出责任，共同保障补贴资金需求，对支出责任履行不到位的省份，将纳入绩效评价并相应扣减下年度中央财政资金。认真落实补贴申请审核、补贴资金兑付等限时办理规定，切实加快补贴资金兑付，保障农民合法权益。

二、持续推进农业绿色发展

（一）实施重点作物绿色高质高效行动。聚焦围绕粮食和大豆油料作物，推行种植品种、肥水管理、病虫防控、技术指导和机械作业“五统一”，集成推广新技术、新品种、新机具，打造一批优质强筋弱筋专用小麦、优质食味稻和专用加工早稻、高产优质玉米的粮食示范基地，同时集成示范推广高油高蛋白大豆、“双低”油菜、高油高油酸花生等优质品种和区域化、标准化高产栽培技术模式，打造一批大豆油料高产攻关田，示范带动大范围均衡增产。选择适宜地区开展盐碱地大豆高质高效种植示范，挖掘扩种潜力。适当兼顾蔬菜等经济作物，建设绿色高质高效样板田和品质提升基地。

（二）深化基层农技推广体系改革与建设。利用国家现代农业科技展示基地等平台载体，聚焦粮食稳产增产、大豆油料扩种、农产品有效供给等重点，根据不同区域自然条件和生产方式，示范推广重大引领性技术和农业主推技术，推动农业科技在县域层面转化应用。继续实施农业重大技术协同推广，激发各类推广主体活力，建立联动推广机制。继续实施农技推广特聘计划，通过政府购买服务等方式，从乡土专家、新型农业经营主体、种养能手中招募特聘农技（动物防疫）员。

三、发展壮大乡村产业

（一）加快推进农业产业融合发展。统筹布局建设一批国家现代农业产业园、优势特色产业集群和农业产业强镇。重点围绕保障国家粮食安全和重要农产品有效供给，聚焦稻谷、小麦、玉米、大豆、油菜、花生、牛羊、生猪、淡水养殖、天然橡胶、棉花、食糖、奶类、种业、设施蔬菜等重要农产品，适当兼顾其他特色农产品，构建以产业强镇为基础、产业园为引擎、产业集群为骨干，省县乡梯次布局、点线面协同推进的现代乡村产业体系，整体提升产业发展质量效益和竞争力。

（二）实施奶业振兴行动和畜禽健康养殖。一是整县推进奶业生产能力提升。择优支持奶业大县发展奶牛标准化规模养殖，推广应用先进智能设施装备，推进奶牛养殖和饲草料种植配套衔接，选择有条件的奶农、农民专业合作社依靠自有奶源开展养加一体化试点，示范带动奶业高质量发展。实施苜蓿发展行动，支持苜蓿种植、收获、运输、加工、储存等基础设施建设和装备提升，增强苜蓿等优质饲草料供给能力。二是实施粮改饲。以农牧交错带和黄淮海地区为重点，支持规模化草食家畜养殖场（户）、企业或农民专业合作社以及专业化饲草收储服务组织等主体，收储使用青贮玉米、苜蓿、饲用燕麦、黑麦草、饲用黑麦、饲用高粱等优质饲草，通过以养带种的方式加快推动种植结构调整和现代饲草产业发展。各地可根据当地养殖传统和资源情况，因地制宜将有饲用需求的区域特色饲草品种纳入范围。三是实施肉牛肉羊增量提质行动。进一步扩大项目实施范围，在吉林、山东、河南等19个省（自治区）选择产业基础相对较好的牛（羊）养殖大县，支持开展基础母牛扩群提质和种草养牛养羊全产业链发展。四是实施良种补贴。在主要草原牧区省份对项目区内使用良种精液开展人工授精的肉牛养殖场（户），以及购买优良种公畜进行繁殖的存栏能繁母羊30只以上、牦牛能繁母牛25头以上的养殖场（户）给予适当补助，支持牧区畜牧良种推广。在生猪大县对使用良种猪精液开展人工授精的生猪养殖场（户）给予适当补助，加快生猪品种改良。五是实施蜂业质量提升行动。支持蜜蜂遗传资源保护利用，改善养殖设施装备水平，支持蜂农开展防灾减灾，开展农作物高效蜂授粉试点。

（三）支持种业发展。鼓励地方探索以保促用、保用结合的资源保护利用方式，持续加强育种创新基础性工作，推动种业高质量发展。继续支持符合条件的国家畜禽遗传资源保种场、保护区和基因库等国家级畜禽遗传资源保护品种保护单位开展畜禽遗传资源保护，支持符合条件的国家畜禽核心育种场、种公畜站、奶牛生产性能测定中心等开展种畜禽和奶牛生产性能测定工作。

（四）推进地理标志农产品保护和发展。围绕生产标准化、产品特色化、身份标识化和全程数字化，完善相关标准和技术规范，支持开展地理标志农产品特色种质保存、特色品质保持和特征品质评价，推进全产业链生产标准化，挖掘农耕文化，加强宣传推介，强化质量安全监管和品牌打造，推动地理标志农产品产业发展。

四、大力培育新型农业经营主体

（一）提升新型农业经营主体技术应用和生产经营能力。支持县级及以上农民合作社示范社和示范家庭农场改善生产经营条件，规范财务核算，应用先进技术，推进社企对接，提升规模化、集约化、信息化生产能力。着力加大对从事粮食和大豆油料种植的家庭农场和农民专业合作社、联合社支持力度。鼓励各地加强新型农业经营主体辅导员队伍和服务中心建设，可通过政府购买服务方式，委托其为家庭农场和农民专业合作社提供技术指导、产业发展、财务管理、市场营销等服务。鼓励各地开展农民专业合作社质量提升整县推进。

（二）推广农业生产社会化服务。聚焦围绕粮食和大豆油料生产，支持符合条件的农民专业合作社、农村集体经济组织、专业服务公司和供销合作社等主体开展农业社会化服务，推动服务带动型规模经营发展。要根据资源禀赋、产业特点、劳动力转移程度、农业机械化水平和小农户生产需求等因素，因地制宜确定补助方式与标准，加强与其他农业生产支持政策的衔接配套，支持各类服务主体集中连片开展单环节、多环节、全程托管等服务，提高技术到位率、服务覆盖面和补贴精准性，推动节本增效和农民增收。推进北斗作业监测终端安装与应用，探索将监测数据作为作业补助面积核定、相关补贴资金发放等工作的重要参考依据。

（三）强化高素质农民培育。统筹推进新型农业经营主体能力提升、种养加能手技能培训、农村创新创业者培养、乡村治理及社会事业发展带头人培育。继续开展农村实用人才带头人和到村任职选调生培训。启动实施乡村产业振兴带头人培育“头雁”项目，打造一支与农业农村现代化相适应，能够引领一方、带动一片的乡村产业振兴带头人“头雁”队伍。

（四）稳步推进农产品产地冷藏保鲜设施建设。重点围绕蔬菜、水果等鲜活农产品，兼顾地方优势特色品种，合理布局建设农产品产地冷藏保鲜设施，加快补齐发展短板，提高设施运营效率。在实施区域上，在各省（自治区、直辖市）、新疆生产建设兵团实施，并择优支持蔬菜、水果等产业重点县开展整县推进。832 个脱贫县可充分用好涉农资金统筹整合试点政策，通过中央财政衔接推进乡村振兴补助资金支持产地冷藏保鲜设施建设。在建设内容上，重点支持建设通风贮藏设施、机械冷藏库、气调冷藏库，以及预冷设施设备和其他配套设施设备，具体由主体根据实际需要确定类型和建设规模。在实施主体上，依托县级及以上示范家庭农场和农民专业合作社示范社、已登记的农村集体经济组织实施。在补助标准上，按照不超过建设设施总造价的 30%进行补贴，单个主体补贴规模最高不超过 100 万元，具体补贴标准由地方制定。在操作方式上，采取“先建后补、以奖代补”的方式，各地利用农业农村部农产品产地冷藏保鲜设施建设项目管理系统进行管理，实行建设申请、审核、公示到补助发放全过程线上管理。

（五）推动全国农担体系健康可持续发展。坚持全国农担体系的政策性定位，优化完善补奖政策，健全“双控”和政策性任务确认机制，强化对“双控”业务量化考核，引导农担体系坚持聚焦主业，防范风险。加大对粮食和大豆油料生产、乡村产业发展等重点领域的支持力度，加强与政府部门、银行和其他担保机构的深度合作，助力农业经营主体信贷直通车常态化服务，提升数字化、信息化服务水平，加快发展首担、信用担。坚守底线思维，压实地方责任，探索通过标准风控模型、大数据预审等技术手段，加强项目管理，及时预警处置，在推动农担业务高质量发展中防范化解风险。

附件 2

农业资源及生态保护补助资金项目实施方案

中央财政农业资源及生态保护补助资金主要用于耕地质量提升、渔业资源保护、草原生态保护补助奖励、农业废弃物资源化利用等方面的支出。

一、支持耕地质量提升

（一）加强耕地保护与质量提升。一是开展第三次全国土壤普查试点。在各省、自治区、直辖市及计划单列市开展土壤普查试点，在滨海、东北松嫩平原、黄淮海平原和西北内陆开展盐碱地普查，主要支持外业调查采样、内业测试化验、技术培训、专家指导服务、数据分析等。二是开展退化耕地和生产障碍耕地治理。选择部分耕地酸化、盐碱化较严重区域，试点集成推广施用土壤调理剂、绿肥还田、耕作压盐、增施有机肥等治理措施。在西南、华南等地区，因地制宜采取品种替代、水肥调控、农业废弃物回收利用等环境友好型农业生产技术，加强生产障碍耕地治理，克服农产品产地环境障碍，提升农产品质量安全水平。继续做好补充耕地质量评价试点工作。三是开展化肥减量增效示范。继续做好肥料田间试验、施肥情况调查、肥料利用率测算等基础性工作，提高肥料配方科学性和针对性，更好指导农民科学施肥。加大施肥新产品新技术新机具集成推广力度，优化测土配方施肥技术推广机制，扩大推广应用面积，进一步提高覆盖率。鼓励以东北黑土区为重点，因地制宜、规范有序推广应用根瘤菌剂等微生物菌剂，为大豆油料产能提升工程提供支撑。通过施用草木灰、叶面喷施、绿肥种植、增施有机肥等替代部分化肥投入，降低农民用肥成本。

（二）开展耕地深松。以提高土壤蓄水保墒能力为目标，支持在适宜地区开展深松（深耕）整地作业，促进耕地质量改善和农业综合生产能力提升。深松（深耕）作业深度一般要求达到或超过 25 厘米，每亩作业补助原则上不超过 30 元，具体技术模式、补助标准和作业周期由各地因地制宜确定。充分利用北斗作业监测手段保证作业质量，提高监管工作效率，鼓励扩大作业监测范围。

（三）推进东北黑土地保护利用和保护性耕作。继续聚焦黑土地保护重点县，集中连片开展东北黑土地保护利用，重点推广秸秆还田与“深翻+有机肥还田”等综合技术模式，开展国家黑土地保护工程标准化示范推广。坚持“稳步扩面、质量为先”，针对玉米、大豆、小麦等旱作作物，支持推广应用秸秆覆盖免（少）耕播种等关键技术，持续优化定型技术模式，稳步扩大实施面积，鼓励整乡整村整建制推进，加快高标准示范应用基地建设。

（四）实施耕地轮作休耕试点。立足资源禀赋、突出生态保护、实行综合治理，进一步探索科学有效轮作模式。在东北、黄淮海等地区实施粮豆轮作，在西北、黄淮海、西南和长江中下游等适宜地区推广玉米大豆带状复合种植，在长江流域实施“一季稻+油菜”“一季稻+再生稻+油菜”轮作，在双季稻区实施“稻稻油”轮作，在北方农牧交错区和新疆次宜棉区推广棉花、玉米等与花生轮作或间套作，既通过豆科作物轮作倒茬，发挥固氮作用，提升耕地质量，提高养分利用效率，又通过不同作物间轮作，降低病虫害发生，减少农药使用量，加快构建绿色种植制度，促进资源永续利用。同时，继续在河北地下水漏斗区、新疆塔里木河流域地下水超采区实施休耕试点，休耕期间重点采取土壤改良、地力培肥等措施，促进耕地质量恢复提升。

二、加强渔业资源养护

在流域性大江大湖、界江界河、资源衰退严重海域等重点水域开展渔业增殖放流，恢复水生生物资源。突出增殖放流的生态功能，适当增加长江流域珍贵、濒危水生生物放流数量，在适宜区域继续增殖放流经济物种。科学确定适宜增殖放流的重点水域和物种，原则上仅支持《农业农村部关于做好“十四五”水生生物增殖放流工作的指导意见》确定的放流物种。中央财政补助资金主要用于补助购买苗种、暂养、运输、后期跟踪监测和效果评估等放流苗种支出，其中用于补贴购买苗种的支出不少于90%。

三、实施第三轮草原生态保护补助奖励政策

按照《财政部、农业农村部、国家林草局关于印发〈第三轮草原生

态保护补助奖励政策实施指导意见〉的通知》（财农〔2021〕82号），扎实实施好草原生态保护补助奖励政策。资金进行专账管理，分账核算，专款专用。对农牧民的补助奖励资金，要通过“一卡通”或“一折通”等方式及时足额发放给农牧民，并在卡折中明确政策项目名称；按要求继续实施“一揽子”政策的地区，对支持草牧业发展的资金要按照项目管理的相关规定使用。资金发放严格实行村级公示制，接受群众监督。

四、强化农业废弃物资源化利用

（一）推进地膜科学使用回收。在河北、内蒙古、辽宁、山东、河南、四川、云南、甘肃、新疆等9省（区）和新疆生产建设兵团、北大荒农垦集团有限公司，支持引导农户、种植大户、农民专业合作社及生产回收企业等实施主体，科学推进加厚高强度地膜使用，有序推广全生物降解地膜。推广地膜高效科学覆盖技术，降低使用强度。严格补贴地膜准入条件，禁止使用不达标地膜。加快构建废旧地膜污染治理长效机制，有效提高地膜科学使用回收水平。

（二）促进农作物秸秆综合利用。以秸秆资源量较大的县（市、区）为重点实施区域，培育壮大秸秆利用市场主体，完善收储运体系，加强资源台账建设，健全监测评价体系，强化科技服务保障，培育推介一批秸秆产业化利用典型模式，形成可推广、可持续的产业发展模式和高效利用机制，提升秸秆综合利用水平。

（三）开展绿色种养循环农业试点。继续在符合条件的试点县整县开展绿色种养循环农业试点，支持企业、专业化服务组织等市场主体提供粪肥收集、处理、施用服务，带动县域内畜禽粪污基本还田，打通种养循环堵点，推动化肥减量化。项目县要统筹考虑区域内种养实际，围绕试点目标任务，进一步完善粪肥还田组织运行模式，创新工作机制，抢抓关键农时，加快粪肥还田，推广适宜技术，促进畜禽粪污资源化利用和农业绿色发展。

六、中国特色农产品优势区申报政策

政策解读

特色农产品可分为特色粮经作物、特色园艺产品、特色畜产品、特色水产品、林特产品五大类。

特色农产品优势区（简称特优区），是指具有资源禀赋和比较优势，产出品质优良、特色鲜明的农产品，拥有较好产业基础和相对完善的产业链条、带动农民增收能力强的特色农产品产业聚集区。特优区主要在粮食生产功能区和重要农产品生产保护区（以下简称“两区”）之外创建，“两区”内个别具备传统优势、地理标志认证、较强市场竞争力和全国知名度的区域特色产品，也可创建特优区。

国家积极扶持特色农产品优势区的申报和创建工作，发布了《中国特色农产品优势区管理办法（试行）》进行申报创建的引领与指导。自2017年起，农业部、国家林草局牵头负责，协同财政部等一共九大部门（农业部、中央农村工作领导小组办公室、国家发展改革委、财政部、国家林草局、科技部、国土资源部、环境保护部、水利部），联合启动中国特色农产品优势区的创建工作，并于2018年1月份，认定了浙江省安吉县安吉白茶中国特色农产品优势区等62个地区，为第一批中国特色农产品优势区。

申报主体：原则上以县（市、区，林区，垦区）为单位申报。区域内特色主导品种相同、获得同一地理标志认证（登记）的地级市可单独申报，地级市区域内的部分县（场）也可联合申报。对“三区三州”地区认定标准适当放宽。

截至2021年年底，全国已经成功创建4批、共308个中国特色农产品优势区（第一批62个，第二批84个，第三批83个，第四批79个）。

政策全文

农业农村部办公厅　国家林业和草原局办公室　国家发展改革委办公厅　财政部办公厅　科技部办公厅　自然资源部办公厅　水利部办公厅关于印发《中国特色农产品优势区管理办法（试行）》的通知

农办市〔2020〕9号

根据《特色农产品优势区建设规划纲要》的要求，为推进中国特色农产品优势区规范化管理，农业农村部、国家林业和草原局、国家发展改革委、财政部、科技部、自然资源部、水利部研究制定了《中国特色农产品优势区管理办法（试行）》，现印发给你们，请贯彻执行。

农业农村部办公厅　国家林业和草原局办公室
国家发展改革委办公厅　财政部办公厅
科技部办公厅　自然资源部办公厅　水利部办公厅
2020年7月15日

中国特色农产品优势区管理办法（试行）

第一章　总　　则

第一条　为加强中国特色农产品优势区（以下简称“中国特优区”）管理，做大做强特色农业产业，塑强中国农业品牌，提升农业竞争力，促进农民增收致富，助力乡村振兴，根据《中共中央、国务院关于实施乡村振兴战略的意见》《乡村振兴战略规划（2018—2022年）》《特色农产品优势区建设规划纲要》等文件要求，制定本管理办法。

第二条　中国特优区立足区域资源禀赋，以经济效益为中心、农民增收为目的，坚持市场导向、标准引领、品牌号召、主体作为、地方主抓的原则，以发展特色鲜明、优势集聚、产业融合、市场竞争力强的农业产业为重点，打造“中国第一，世界有名”的特色农产品优势区。具备以下特征：

——比较优势明显，特色主导产业资源禀赋好、种养规模适度、市场化程度高，安全、绿色、品牌产品比例高；

——产业融合发展，特色主导农产品生产、加工、储运、销售集群式发展，全产业链开发水平较高；

——现代要素集聚，土地、资本、人才、科技、装备等要素集聚，劳动生产率、土地产出率、资源利用率较高；

——利益链条完整，企业、协会、农民合作社、农户形成紧密利益联结关系，合理分享产业发展收益；

——运行机制完善，形成政府引导、市场主导、主体多元、协会服务、农民参与的齐抓共建、协同推进的发展格局。

第三条 中国特优区所在地政府应加强组织领导，可将当地农业特色产业纳入本地经济建设重点，制定相应扶持政策。农业农村、林草等部门牵头负责做好规划建设。

第四条 鼓励农业产业化龙头企业、林业重点龙头企业、农民合作社和协会等主体积极参与，承担相关工作，推进特色产业高效发展，构建紧密型的利益联结机制，有效带动农民增收致富。

第五条 本办法适用于农业农村部、国家林草局、国家发展改革委会同有关部门组织认定的中国特优区，各省级特优区可参照执行。

第二章 申报与认定

第六条 原则上以县（市、区，林区，垦区）为单位申报。区域内特色主导品种相同、获得同一地理标志认证（登记）的地级市可单独申报，地级市区域内的部分县（场）也可联合申报。对“三区三州”地区认定标准适当放宽。

第七条 各地以《特色农产品优势区建设规划纲要》对重点品种（类）和区域布局的总体要求为指导，立足本地产业实际，充分挖掘资源优势，综合考虑市场需求，统筹兼顾粮经产品、园艺产品、畜产品、水产品和林特产品等五大类特色农产品，自主选择品种。

第八条 凡申报中国特优区应具备以下条件：

（一）产业竞争力突出。产业资源特色鲜明、品质优势明显、生产历史悠久，产品市场认可度高，特色主导产品在全国具有较强代表性和竞争力，产量或产值在全国同级地区位居前列，具备发展“中国第一，世界有名”的基础条件。

（二）市场建设有力。产加销、贸工农一体化协调推进，特色主导产品市场供销稳定，市场主体创新能力强，管理机制健全，拥有较高影响力的农（林）产品区域公用品牌。

（三）推进措施务实。地方人民政府高度重视特色产业发展，在产业扶持政策、土地保障、金融支持、人才引进、价格机制和品牌创设等方面措施有力，取得较好成效。

（四）示范作用明显。在特色产业生产基地、加工基地、仓储物流基地、科技支撑体系、品牌与营销体系、质量控制体系等方面示范作用明显，具有较强带动作用。

（五）符合相关法律法规和国家政策要求。特色农产品种养要符合农业、森林、草原、环境保护、耕地保护和永久基本农田保护等法律法规，以及国土空间规划、产业发展等方面的政策要求。

第九条 中国特优区按照“地方人民政府自愿申报，省级农业农村、林草、发展改革会同有关厅局组织推荐，农业农村部、国家林草局、国家发展改革委会同有关部门组织专家评估认定”的程序开展。申报主体和省级农业农村部门、林草部门按要求填写报送相关材料。

第十条 农业农村部、国家林草局会同有关部门成立中国特优区认定专家委员会，依据标准对各地申报材料进行评审，提出中国特优区认定建议名单。经农业农村部、国家林草局等部门同意后，公示中国特优区认定建议名单。公示无异议后，农业农村部、国家林草局、国家发展改革委会同有关部门发文认定。

第三章　组织与管理

第十一条　由农业农村部、国家林草局牵头负责中国特优区规划，制定有关政策。省级农业农村、林草部门牵头负责指导本省（区、市）中国特优区的建设，跟踪与监管运行情况。

第十二条　由农业农村部、国家林草局牵头负责中国特优区评价认定、组织管理及监测评估等工作。

第十三条　中国特优区认定专家委员会对中国特优区的创建、申报、认定、监测、评估等开展技术支撑和咨询论证。

第四章　监测和评估

第十四条　中国特优区实行"监测评估、动态管理"的管理机制。由农业农村部、国家林草局牵头负责中国特优区的监测和评估，省级农业农村、林草部门牵头负责跟踪与监管本地区中国特优区运行情况。

第十五条　建立中国特优区动态监测制度。中国特优区所在地人民政府组织农业农村、林草等相关部门，按照监测指标体系，采集、整理、报送有关数据，每年将中国特优区总结报告和监测数据于11月底前报送省级农业农村和林草部门。省级农业农村、林草部门于12月中旬前将审核后的总结报告及监测数据分别报送农业农村部、国家林草局。农业农村部、国家林草局牵头组织有关单位对中国特优区报送的数据和材料进行分析，发布发展报告。

第十六条　建立中国特优区综合评估制度，每四年评估一次。农业农村部、国家林草局牵头组织有关单位对中国特优区发展情况进行综合评估，对评估达标的中国特优区，继续保留资格。对评估不达标的中国特优区给予警示并限期整改，整改后仍不能达标的，撤销"中国特色农产品优势区"称号，并通过媒体予以公告。

第十七条　对特色主导产业非农化严重，特色品牌使用特别混乱，发生严重侵犯农民利益、重大生态环境破坏、重大生产安全和质量安全事件等情形的中国特优区，经农业农村部、国家林草局、国家发展改革委等部门联合研究，撤销已经认定的"中国特色农产品优势区"称号，且3年内不得再次申报。

第五章　附　　则

第十八条　中国特优区及申报中国特优区的地区应按要求如实提供有关材料，不得弄虚作假。如存在舞弊行为，一经查实，经农业农村部、国家林草局、国家发展改革委等部门联合研究，撤销已经认定的“中国特色农产品优势区”称号；未经认定的取消申报资格，3年内不得再行申报。

第十九条　本管理办法适用于中国特优区，各省、自治区、直辖市农业农村部门会同有关部门可根据本办法，制定省级特优区管理办法。

第二十条　本管理办法自公布之日起实施。

农业农村部　国家林业和草原局　国家发展改革委　财政部　科技部　自然资源部　水利部　关于组织开展第四批“中国特色农产品优势区”申报认定工作的通知

各省、自治区、直辖市农业农村（农牧）、畜牧兽医、农垦、渔业厅（局、委），林业和草原、发展改革、财政、科技、自然资源、水利主管部门，新疆生产建设兵团农业农村局，黑龙江省农垦总局、广东省农垦总局，内蒙古、吉林、龙江、大兴安岭、长白山森工（林业）集团公司：

根据《农业部、中央农村工作领导小组办公室、国家发展改革委、财政部、国家林业局、科技部、国土资源部、环境保护部、水利部关于开展特色农产品优势区创建工作的通知》（农市发〔2017〕3号）和《特色农产品优势区建设规划纲要》的要求，在各地争创特色农产品优势区的基础上，经农业农村部、国家林草局、国家发展改革委、财政部、科技部、自然资源部、水利部研究决定，组织开展2020年“中国特色农产品优势区”（以下简称“中国特优区”）申报认定工作。现将有关事项通知如下。

一、申报条件

（一）主导品种选择。各地要以《特色农产品优势区建设规划纲要》对重点品种（类）和区域布局的总体要求为指导，立足本地产业发展实际，充分挖掘资源文化优势，综合考虑市场消费需求，统筹兼顾粮经产品、园艺产品、畜产品、水产品和林特产品等五大类特色农产品，自主选择特色主导品种，科学合理申报特色鲜明、优势集聚、产业融合、市场竞争力强的中国特优区。

（二）创建主体明确。原则上以县（市、区，林区，垦区）为单位申报。区域内特色主导品种相同、获得同一地理标志认证（登记）的地级市可单独申报，地级市区域内的部分县（场）也可联合申报。联合申报的地区须加强规划引导，按照相关规定，有效整合区域内财政、土地、环境、水利、金融、科技等方面的相关政策，构建起完善的利益分配机制，统筹好中国特优区内产业链条建设，实现产业持续均衡发展。优先支持符合条件的贫困县申报创建，对“三区三州”地区所属贫困县创建条件和认定标准可以适当放宽。

（三）申报基本要求。拟申报的中国特优区，应符合《中国特色农产品优势区创建认定标准》（农市发〔2017〕8号）中的创建条件，并达到以下要求。一是特色农业产业优势明显。资源特色鲜明、产业规模适度、生产历史悠久、绿色生态发展，拥有较好产业基础和相对完善的产业链条，是当地前三大特色农林主导产业之一，在国内外具有较强的代表性和竞争力。二是市场培育和品牌建设有力。特色农业产业融合发展程度高，特色主导产品市场供销稳定，产品品质优良，市场主体创新能力强，市场管理机制健全，拥有一定影响力的农（林）产品区域公用品牌以及知名度高、美誉度好、影响力广的产品品牌。三是推进措施扎实有效。地方政府高度重视特色产业发展，在产业扶持政策、土地保障、金融支持、人才引进、价格机制和品牌创设等方面措施有力，取得较好成效。四是引领产业高质量发展效果显著。在特色产业生产基地、加工基地、仓储物流基地、科技支撑体系、品牌建设与营销体系、质量控制体系、现代管理体系等方面引领示范作用明显，对特色产业高质量发展具有较强的带动作用。五是符合相关法律法规和产业发展政策要求。特色农产品种养要符合农业、森林、环境保护、耕地保护和永久基本农田保护等法律法规，以及产业发展等方面的政策要求。

二、申报安排

（一）申报数量。根据中国特优区的重点品种（类）和区域布局，此次申报数量为126个。在充分考虑各地农业综合区划、种养传统、生产规模、产业基础及发展潜力等因素基础上，确定了分省申报控制数。

（二）申报程序。省级特优区创建工作领导小组负责本省中国特优区申报工作的统筹安排和组织协调，省级农业农村、林业和草原部门牵头，会同发展改革、财政等部门负责具体实施工作。地方政府自愿申报，省级特优区创建工作领导小组审核遴选，经省政府同意后统一上报。计划单列市计入本省指标，由所在省统筹安排上报。黑龙江省农垦总局、广东省农垦总局，内蒙古、吉林、龙江、大兴安岭、长白山森工（林业）集团公司纳入有关省指标，直接报送农业农村部、国家林草局。

（三）申报材料。中国特优区申报主体需填写《中国特色农产品优势区申报书》，并提供创建工作方案及证明材料。省级特优区创建工作领导小组负责填写《中国特色农产品优势区申报信息汇总表》，明确推荐顺序，并将纸质材料一式四份（加盖公章，农业农村部3份，国家林草局1份）及电子版于2020年7月20日前报至农业农村部、国家林草局。

三、认定管理

（一）专家委员会。农业农村部、国家林草局、国家发展改革委、财政部、科技部、自然资源部、水利部将组织成立中国特优区认定专家委员会，开展中国特优区的评价认定、指导咨询以及绩效考核等工作。

（二）认定标准。围绕中国特优区的内涵与主要特征，从资源环境、生产传统、产业发展、市场品牌、保障措施五个方面，制定定量与定性相结合的中国特优区认定标准。

（三）评审公示。为确保评审结果公开、公平、公正，中国特优区认定专家委员会根据中国特优区认定标准，对各地申报材料进行评审，提出中国特优区认定建议名单，并在中国农业信息网、中国林业网公示，公示期为5个工作日。

（四）发布反馈。公示无异议后，农业农村部、国家林草局、国家发展改革委、财政部、科技部、自然资源部、水利部联合发文予以认定。

四、有关要求

（一）加强组织领导。本次申请后，中国特优区将稳定在300个左右，并进一步强化规范管理、推动高效发展。各省级特优区创建工作领导小组及相关单位要高度重视，加强组织领导，明确任务分工，坚持公开公平公正和自愿原则，组织好申报工作。

（二）严把材料质量。各省级特优区创建工作领导小组要严格按照国家建设重点，择优选择品种和区域，严格审核申报材料，确保申报材料的完整性、真实性和准确性。针对前三批特优区认定过程中出现的错报、漏报、虚报等问题，2020年特优区认定要严格按照条件进行遴选，认真组织好申报书、工作方案、基础数据表审核等工作。

（三）按时报送材料。各省及垦区、林区要迅速组织开展申报工作，严格按照申报控制数确定推荐名单，在规定时间内完成报送。对于数据不实、材料不全或滞后报送的将不纳入本次申报认定范围。

（四）加强监测评估。根据《特色农产品优势区建设规划纲要》的要求，农业农村部会同有关部门制定了特优区管理办法，从申报程序、管理内容、监测评估等方面，加强对特优区建设的指导与评估。今年将对2017年度首批认定的中国特优区进行监测评估，请各省及垦区、林区组织做好监测评估工作，于2021年1月14日前登录特优区监测系统（http：//www.iotcaas.cn/teyouqu）将有关数据和总结材料报送农业农村部、国家林草局。对评估达标的中国特优区，继续保留资格。对评估不达标的特优区，红牌警示并整改，整改后仍不能达标的，撤销“中国特色农产品优势区”称号，并通过媒体予以公告。

（五）深入开展调研。各地要切实加强特优区调查研究，推动出台特色农业产业支持政策。要聚焦关键领域和薄弱环节，按照政策规定整合相关涉农资金，集中力量支持特优区建设，特别是要结合好农产品仓储保鲜冷链物流工程、“互联网+”农产品出村进城工程的实施，加强市场流通环节的建设，加快中国特优区的高质量发展。

农业农村部　国家林业和草原局　国家发展改革委

财政部　科技部　自然资源部　水利部

2020年5月18日

七、“农产品精深加工”申报政策

政策文件

农业农村部等15部门关于促进农产品精深加工高质量发展若干政策措施的通知

农产品精深加工是在粗加工、初加工基础上，将其营养成分、功能成分、活性物质和副产物等进行再次加工，实现精加工、深加工等多次增值的加工过程，是延长农业产业链、提升价值链、优化供应链、构建利益链的关键环节，是推进农业供给侧结构性改革、加快农业农村现代化的重要支撑力量。促进农产品精深加工高质量发展，对于农业提质增效、农民就业增收和农村一二三产业融合发展，推动农产品加工技术装备提升，实施乡村振兴战略，保持国民经济平稳较快增长，都具有十分重要的意义。

近年来，我国农产品精深加工发展迅速，有效推动了农产品加工转化增值，但总体上由于发展时间短，创新发展能力不足，政策扶持不到位，工作机制不完善，产业链条短，上下游环节不匹配，增值空间有限，迫切需要提高政策的指向性、精准性和可操作性，促进农产品精深加工增品种、提质量、创品牌，加快转型升级发展，提高质量效益和竞争力。为深入贯彻落实党的十九大精神，实施乡村振兴战略，根据2018年中央1号文件提出的“实施农产品加工业提升行动”要求和国务院领导批示精神，现就促进农产品精深加工高质量发展若干政策措施，通知如下。

一、优化产业结构

统筹推动农产品精深加工与初加工、综合利用加工协调发展，与专用原料生产、仓储物流（含冷链物流）、市场消费等上下游产业有机衔接，与营养健康、休闲旅游、教育文化、健康养生和电子商务等农村产业有机结合、深度融合。定期监测分析大宗农产品精深加工和综合利用产能布局，引导过剩产能化解转移和短缺产能加快建设，优化产业链布局。提升玉米加工特别是东北地区玉米加工产品附加值，加快发展秸秆、玉米芯等综合加工利用。引导水稻、小麦等口粮适度加工，减少因过度加工造成的资源浪费和营养流失。加大果品、蔬菜、茶叶、菌类、中药材、畜产品和水产品等营养功能成分提取开发力度，以满足需求为导向，不断增加营养均衡、养生保健、食药同源的加工食品和质优价廉、物美实用的非食用加工产品的市场供应。探索多主体参与、多层次联动的农产品和加工产品市场化收购制度，建立健全农产品市场化收购调运、仓储物流和应急供应体系。

二、加快布局调整

农产品精深加工产能要向粮食生产功能区、重要农产品生产保护区、特色农产品优势区、现代农业示范区和现代农业产业园布局，推动农产品就地就近转化增值；要向大中城市郊区、加工园区、产业集聚区和物流节点发展，实现节能减排和节本降耗，提高精深加工产品市场竞争力。依托现有加工园区、物流园区、产业集聚区等，建设一批产业发展规模大、科技创新能力强、精深加工程度深、示范带动机制好、政策保障环境优的全国农产品精深加工示范基地，遴选推介一批农产品精深加工发展典型企业和综合利用典型模式，引导其对接国际市场，打造国际化品牌，形成国家竞争力。要通过PPP等方式，撬动更多社会资本加大加工园区、聚集区基础设施和公共服务体系建设的投资力度。依托大数据、云计算等信息化手段，加快形成品种专用、生产定制、产销对路的精深加工引领生产发展的新模式。

三、积极培育精深加工企业

把培育精深加工企业作为一项重要措施，支持加工企业加快技术改造、装备升级和模式创新，向产业链中高端延伸，向研发设计和品牌营销这两端延伸，不断提升企业加工转化增值能力，实现新兴加工业“腾笼换鸟”、传统加工业“凤凰涅槃”，促进加工企业由小到大、加工层次由粗（初）到精（深）、加工业态由少到多、加工布局由散到聚。引导加工企业依靠科学技术，牢固树立质量、诚信、品牌发展理念，建设全程质量控制、清洁生产和可追溯体系，生产开发安全优质、营养健康、绿色生态的各类食品及加工品，促进资源循环高值梯次利用。支持龙头企业采取兼并重组、股份合作、资产转让等形式，建立大型企业集团或利益联结机制，带动中小微企业发展，提升企业引领行业发展能力。鼓励一批在经济规模、科技含量和社会影响力方面具有引领优势的加工企业突出主业，适度延伸产业链条，增强核心竞争能力和辐射带动能力，形成一批领军企业和平台型企业。支持企业牵头成立科技创新联盟，推动“产学研推用”一体化发展。引导企业弘扬精益求精、追求卓越、争创一流的“工匠”精神。引导加工企业与农民合作社和农民构建紧密的利益联结机制，着力扶持一批农村一二三产业融合发展利益共同体，让农民更多地分享精深加工带来的增值收益，促进就地就近就业增收。

四、提升技术装备水平

实施科技创新驱动战略，加快建设一批农产品精深加工装备研发机构和生产创制企业，推动高等学校设立农产品加工装备相关专业，提升我国农产品精深加工技术装备研发能力。深入实施农产品精深加工提升行动，加大生物、工程、环保、信息等技术集成应用力度，加快新型非热加工、新型杀菌、高效分离、节能干燥、清洁生产等技术升级，开展精深加工技术和信息化、智能化、工程化装备研发，攻克一批农产品精深加工关键共性技术难题，取得一批行业急需的科技创新成果，提高关键装备国产化水平。采取先进的提取、分离与制备技术，加快推进秸秆、稻壳米糠、麦麸、油料饼粕、果蔬皮渣、畜禽皮毛骨血、水产品皮骨内脏等副产物综合利用，开发新能源、新材料、新产品等。建立精深加工和综合利用加工技术装备目录，支持和鼓励企业和单位攻破关键核心技术。

五、加强人才培养

组织实施好全国农产品加工业人才培训行动。农产品加工学科群重点实验室、技术集成科研基地、技术体系加工岗位科学家所在实验室等科技创新基地，应建立企业人员参与研究的相关机制（如设立流动岗位等），建立吸引企业研发人员到实验室开展联合攻关、开展新技术、新产品研发等工作；建立健全科研人员校企、院企共建双聘机制，引导科研人员到企业挂职或兼职，将与企业开展合作、解决企业实际问题等指标纳入科研项目申报的前提条件。国家重点研发计划等科研项目立项、评估、考核、验收等环节，适当增加企业人员比例，把解决企业现实问题纳入考核指标。以科技创新与推广、经营管理、企业家和职业技能人才为重点开展专题培训。推动国家农产品加工技术研发体系、农产品加工科技创新联盟和农产品加工科技成果转化服务平台建设。逐步建立涉农专业毕业生到农业企业、合作社等新型经营主体实习的培养制度，缓解毕业生实践能力不足和企业用工难等问题。

六、加大财政支持力度

鼓励地方加强对相关资金统筹整合力度，围绕农产品产后商品化处理、初加工、精深加工、综合利用加工等关键环节，以及农村一二三产业融合发展需要，加快提升精深加工产能，将农产品及其加工副产物收集再利用、节能环保等设施设备纳入支持范围。国家重点研发计划、技术创新引导专项等科研项目，适当扩大农产品精深加工技术装备科研工作的支持力度，建立数字化加工车间，推动互联网、大数据、人工智能和农产品精深加工深度融合。鼓励各地综合运用贴息、奖补等政策，按规定统筹相关资金支持精深加工企业发展。逐步将农业企业、合作社等新型经营主体纳入培训机构范围，依托其开展农业技术、经营管理等培训，既满足培训学员的实际操作需求，也能补贴新型经营主体，拓宽其经营范围。落实农产品加工企业可以凭收购发票按规定抵扣增值税政策。

七、强化金融服务

鼓励金融机构综合考虑自身发展战略、企业状况和市场定位等因素，加大对重点精深加工企业、综合利用加工短缺产能和重要特色农产品原料收购的信贷支持力度，合理提高授信额度，允许符合条件的企业流动资金贷款周转使用，满足企业对差异化金融服务的有效需求。不断创新产品和服务，加大对农业产业化龙头企业的信贷支持，引导担保机构在企业贷款、发行债券等进行担保增信，建立多层次风险缓释措施和风险分担机制。建立偿还意外风险保障制度，拓宽精深加工企业融资渠道。支持符合条件的农产品精深加工企业申请发行农村产业融合发展专项债券，申请上市、新三板等挂牌融资。

八、落实用地政策

各地应细化用地用途分类，增加农产品精深加工、综合利用加工和仓储流通设施用地规划空间。对农产品精深加工、综合利用加工和仓储流通设施建设用地，在年度新增建设用地计划指标安排上予以倾斜支持。优先考虑现代农业示范区、现代农业产业园、农产品精深加工示范基地、加工园区、产业集聚区建设用地，引导加工企业入驻加工园区、产业集聚区集中发展。支持农村集体经济组织依法办理审批手续后，以集体建设用地使用权入股、联营等形式与其他单位、个人共同兴办农产品精深加工企业。支持精深加工企业将企业总部和加工产能向县城和中心镇转移。城乡建设用地增减挂钩节余的用地指标要重点支持农产品精深加工发展。市、县农业农村和自然资源等部门应加强在农产品精深加工、综合利用加工用地落实方面的沟通协作，切实做好用地保障。

九、建立工作机制

各级农业农村部门要按照《国务院办公厅关于进一步促进农产品加工业发展的意见》要求，发挥牵头作用，履行规划、指导、管理、服务等职能，督促各项政策措施落实。有关部门要各司其职，密切配合，形成合力。各地要将加工产值与其农业产值的比值纳入经济社会发展绩效考核指标体系，支持科研院所、高等院校、现代农业产业技术体系、农业各类产业联盟、行业组织加强科普宣传，引导广大消费者科学消费、健康消费，共同推动农产品精深加工发展，为实施乡村振兴战略、促进农业农村现代化提供强有力的支撑。

农业农村部　国家发展改革委　教育部　科技部
工业和信息化部　财政部　人力资源社会保障部
自然资源部　人民银行　税务总局　市场监管总局
统计局　银保监会　证监会　粮食和物资储备局
2018年12月25日

八、冷链物流和烘干设施建设

政策全文

冷链物流和烘干设施建设专项实施方案（2023—2030年）

一、总体要求

（一）发展思路

以打通设施农业产后的痛点堵点为导向，以建设提升产地仓储保鲜冷链物流设施和粮食减损绿色烘干设施为重点，加快谋划实施一批重点项目，全面补齐设施农业产业链配套设施装备短板，有效减少粮食和“菜篮子”产品的产后损失和流通环节浪费，为构建双循环新格局提供有力支撑。

（二）目标任务

到2025年，重点建设3.5万座仓储保鲜设施、250座产地冷链集配中心，实现新增产地冷链物流设施库容1 000万吨以上，补上粮食产地烘干设施装备短板，粮食产地烘干能力达到65%。

到2030年，累计建成6万座仓储保鲜设施、500座产地冷链集配中心，持续完成一批老旧粮食烘干中心（点）改造提升，带动全国累计新增产地冷链物流设施库容4 400万吨以上，鲜活农产品产后损失率显著降低。

二、建设重点

（一）建设提升产地仓储保鲜设施

1. 建设目标。在重点镇和中心村，按照经济适用、规模适度、节能环保的要求，布局建设6万座产地仓储保鲜设施，新增产地仓储保鲜库容约2 100万吨，实现生鲜农产品择期销售、减损增效。

2. 重点建设任务。聚焦农产品产地“最先一公里”冷链物流设施短板，结合实际需要在田间地头建设一批具备保鲜、预冷等功能的小型、移动式仓储设施。

——预冷冷却设施设备。建设强制通风预冷、差压预冷和真空预冷等果蔬预冷设施设备，降低田间热和呼吸热；建设预冷库、冰水预冷机等肉类冷却设施设备，降低畜禽胴体温度。

——冻结设施设备。建设速冻库，配置速冻设备，将产品中心温度迅速降至−18℃或以下，保持农产品营养品质。

——机械冷藏库。采用土建式或装配式建筑结构，配备机械制冷设备，建设高温冷库、低温冷库，增强贮藏能力，提高农产品供应质量。

——气调冷藏库。建设调节控制温度、湿度以及氧气、二氧化碳、乙烯等气体的气调冷藏库，配置相关气调设备，实现温湿度和气体成分精准有效控制。

——其他配套设施设备。建设商品化处理设施配备必要的称量、清洗、分级、分切、输送、检测以及供配电等设备提升农产品产地商品化处理能力。

3. 建设布局。主要布局在设施农业优势产区，其中东北地区建设产地仓储保鲜设施 5 900 个、黄淮海地区建设 25 000 个、长江中下游地区建设 7 700 个、西南地区建设 7 000 个、西北地区建设 7 400 个、华南地区建设 7 000 个。

（二）建设产地冷链集配中心

1. 建设目标。在县域重要流通节点，按照区位优势突出、服务功能衔接的要求，布局建设 500 个产地冷链集配中心，增强产地冷链物流综合服务能力。

2. 重点建设任务。建设一批集集货、预冷、分选、加工、冷藏、发货、检测、收储、信息等功能于一体的产地冷链集配中心，提高农产品产后集散和商品化处理效率。

——主体依托型产地冷链集配中心。主要依托农业社会化服务组织、龙头企业、国有农场、流通企业等主体，重点强化仓储保鲜、集散分销及商品化处理等服务能力，建设规模适中的产地冷链集配中心。

——园区依托型产地冷链集配中心。主要依托现代农业产业园、加工物流园、电商孵化园等产地园区和农业现代化示范区，重点改造公共冷库设施条件，完善数字化产地仓等设施功能，拓展园区冷链物流服务内容，建设具有平台功能的产地冷链集配中心。

——渠道依托型产地冷链集配中心。主要依托供销合作社、邮政快递、生鲜电商等渠道，发挥规模、运营、品牌、技术、网络等优势，共建共享共用一批产地冷链集配中心。

3. 建设布局。主要布局在设施农业优势产区的县域重要物流节点，其中东北地区建设产地冷链集配中心 50 个、黄淮海地区建设 180 个、长江中下游地区建设 80 个、西南地区建设 60 个、西北地区建设 50 个、华南地区建设 80 个。

同时，加强与相关部门协调配合，以提高跨区域流通效率为目标，积极推动建设具有引领产业、辐射城乡和设施农产品应急保供等能力的农产品骨干冷链物流基地，形成链接城乡农产品流通的关键枢纽，助力产地冷链物流规模化、通道化、网络化运行。

（三）实施粮食减损绿色烘干设施提升项目

1. 建设目标。推进粮食产地烘干能力建设，全面补上粮食产地烘干设施装备短板，持续推进老旧烘干设施装备更新换代、智能化升级、清洁能源改造等，全国粮食产地烘干能力达到65%，烘干能力基本满足全国粮食产地烘干需求。

2. 重点建设任务。各地结合实际，构建烘干点与烘干中心相结合的粮食产地烘干体系。烘干点主要完成单一烘干作业；烘干中心除烘干作业外，还应具备一定的产地仓储能力。

——建设标准化的粮食烘干中心（点）。烘干点建设内容包括粮食烘干机和配套的清选机、皮带输送机、提升机、除尘系统以及烘干厂区房等，主要以南方稻谷为烘干对象，配备批次处理量50吨以下的单套循环式烘干机。烘干中心建设内容包括粮食烘干机和配套的清选机、烘前仓、烘后仓、皮带输送机、提升机、除尘系统、仓储设施以及烘干厂区房等，其中，配备组合式循环式烘干机的，批次处理量应50吨以上；配备连续式烘干机的，日处理量应100吨以上。

——分品种、分区域、分规模选择适配的粮食烘干设施。东北地区：以烘干中心为主，玉米、大豆产区烘干中心按服务面积10 000亩、20 000亩、50 000亩以上三种规模布局；水稻产区烘干中心按服务面积5 000～8 000亩布局。玉米、小麦和大豆重点推广连续式烘干机；水稻以连续式烘干机为主、循环式烘干机为辅，适度发展烘储一体化储粮仓。黄淮海地区：玉米、小麦和大豆产区以烘干中心为主，按服务面积2 000～3 000亩、5 000亩以上两种规模布局；稻麦区烘干点按服务面积300～500亩布局，烘干中心按服务面积600～1 000亩和2 000亩以上两种规模布局。玉米、小麦和大豆以连续式烘干机为主、循环式烘干机为辅，适度发展烘储一体化储粮仓；小麦与水稻轮作区域重点发展循环式烘干机。长江中下游地区：烘干点按服务面积300～500亩布局，烘干中心按服务 1 500～2 000 亩和 5 000 亩以上两种规模布局。水稻和小麦重点发展循环式烘干机。西南地区：烘干点按服务面积 100～200 亩、300～500 亩两种规模布局，烘干中心按服务面积 1 000 亩以上布局。水稻重点发展循环式烘干机；小麦和玉米以循环式烘干机为主，连续式烘干机为辅；丘陵山区发展小型循环式烘干机和多功能箱式烘干机。西北地区：以烘干中心为主，按服务面积 2 000～3 000 亩和 5 000 亩以上两种规模布局。小麦和玉米以连续式烘干机为主，鼓励发展烘储一体化烘储仓。华南地区：烘干点按服务面积 300～500 亩布局，烘干中心按服务面积 1 500～2 000 亩和 5 000 亩以上两种规模布局。水稻重点发展循环式烘干机，丘陵山区发展小型循环式烘干机和多功能箱式烘干机。

针对粮食产地储藏时间短的特点，北方地区储藏以钢板仓为主、简易房式仓为辅，南方地区以房式仓为主、钢板仓为辅。

——强化节能、高效、低碳烘干设施装备推广应用。加快现有粮食烘干机环保节能升级改造，因地制宜采用热泵、电加热、生物质燃料、天然气和太阳能等热源，开发创新利用自然空气、太阳能的新型粮食烘储一体化技术，降低烘干作业成本，提高设备使用率和粮食储藏增值能力。加快与烘干仓储设施设备配套的环保型清理、输送、除尘设备和多功能粮情测控装置的研发推广应用，促进粮食烘干仓储适配技术绿色发展。

三、保障措施

（一）加大投入保障

用好现有支持政策，加强粮食烘干能力建设。按规定按程序将粮食烘干成套设施装备纳入农机新产品补贴试点范围，提升烘干能力。拓展冷链物流与烘干设施建设投融资渠道，鼓励银行业金融机构等对符合条件的企业加大融资支持力度，完善配套金融服务。按规定对新型农业经营主体投资建设冷链物流与烘干设施予以信贷担保支持。

（二）完善配套政策

在严格落实耕地和永久基本农田、生态保护红线、城镇开发边界三条控制线基础上，统筹做好烘干与冷链物流设施布局建设与国土空间等相关规划衔接，保障合理用地需求。物流企业冷库仓储用地符合条件的，按规定享受城镇土地使用税优惠政策。严格落实鲜活农产品运输“绿色通道”政策。完善烘干中心（点）环保评估，允许其在应急救灾烘干作业时使用清洁燃煤、生物质等固体燃料。

（三）强化项目管理

制定农产品产地仓储保鲜与烘干设施建设管理办法，严格规范项目管理，提高财政资金使用效率。严格执行相关建设标准和规范，确保工程建设质量。加强产地冷链物流与烘干设施建后管护，鼓励各类市场主体开展冷链物流与烘干社会化管护服务，探索物业化“管”、产业化“用”。对项目建设和运行适时开展科学评价，及时发现和解决存在的问题。

九、“全国农业农村信息化示范基地”申报政策

政策全文

农业农村部办公厅
关于申报2023年度全国农业农村信息化示范基地的通知

各省、自治区、直辖市农业农村（农牧）厅（局、委），新疆生产建设兵团农业农村局，各有关单位：

为贯彻落实党的二十大和中央农村工作会议关于全面推进乡村振兴、加快建设农业强国的决策部署，按照《数字乡村发展战略纲要》、《数字乡村发展行动计划（2022—2025年）》关于推进农业数字化转型，提升乡村治理和公共服务数字化水平的部署要求，根据《全国农业农村信息化示范基地认定办法（修订）》（农市发〔2021〕3号，以下简称《认定办法》），我部决定启动2023年度农业农村信息化示范基地（以下简称“示范基地”）认定工作。现将有关事项通知如下。

一、申报认定重点

按照建设内容及所起作用，示范基地按生产型、经营型、管理型、服务型四种类型申报。申报主体应为农业农村信息化领域具有独立法人资格的企业、高校、科研机构等各类社会主体，重点向市场主体倾斜。在《认定办法》要求的基础上，本次认定工作将按照保供固安全、振兴畅循环的工作定位，以全面推进乡村振兴、加快建设农业强国为目标，以产业急需为导向，遴选认定运用互联网理念和信息技术在保障粮食和重要农产品稳定安全供给、促进现代种业和耕地保护建设、提升全产业链现代化水平等方面取得明显成效的示范典型，以及掌握并应用农业信息化关键核心技术、装备的创新研发主体。侧重认定一批体现智慧农业建设水平的生产型示范基地，申报其他类型的主体也应在服务数字乡村及智慧农业方面取得突出成效，各类型示范基地按照生产型不低于55%、经营型不高于20%、服务型不高于15%、管理型不高于10%进行遴选认定。

二、申报认定程序

2023年度农业农村信息化示范基地申报认定工作严格按照《认定办法》执行，申报认定程序如下。

（一）各省份农业农村（农牧）厅（局、委）按属地管理原则，受理各类主体提出的申请，统一组织专家初审，形成推荐名单（含推荐排序）报送农业农村部市场与信息化司。

（二）每个省份推荐数量原则上不超过6个，超出数量限制的，按推荐名单排序自动核减。中央管理企业、国家级科研院所（含农业农村部部属三院）、中央直属垦区每家可向属地省级农业农村部门申报本系统或本单位内具有独立法人资格的主体不超过1个；高校作为申报主体时，具体申报内容可依托校内二级机构，数量不超过1个；以上申报数量均不占所在省份推荐名额，但须由属地省级农业农村部门统一推荐报送。

（三）农业农村部组织专家根据申报材料、评分标准科学严谨开展评审，提出拟认定名单，经农业农村部官网公示无异议后，按程序报批，最终由农业农村部发布2023年度农业农村信息化示范基地认定名单并授牌。

三、申报材料

申报主体须向省级农业农村部门提交《农业农村信息化示范基地申报书》、《农业农村信息化示范基地基本情况表（分类型）》及相应辅证材料。省级农业农村部门推荐材料应包括正式报送文件、经审核的示范基地申报书、基本情况表及辅证材料、省级专家组初审推荐名单（含推荐排序）及专家组成员名单。省级农业农村部门须报送纸质版及电子光盘版推荐材料各1套，并同步发送电子版推荐材料至nyncbxxzx@agri. gov. cn。

四、有关要求

（一）强化思想认识，加强组织协调。开展农业农村信息化示范基地认定工作，是贯彻落实党中央、国务院关于全面推进乡村振兴、加快建设农业强国的决策部署，建设数字乡村、发展智慧农业的重要举措。各级农业农村部门要高度重视，加强组织领导，做好相关主体的申报组织和初审推荐工作。为加强沟通，提高工作效率，请各省级农业农村部门尽快确定本年度认定工作联系人，并于2023年2月14日17：00前将信息表发至nyncbxxzx@agri. gov. cn。

（二）坚持自愿原则，做好竞争性推选。示范基地认定工作应坚持“总量控制、优中选优”原则。申报主体自愿申报，认真对照《认定办法》要求，聚焦自身核心优势，明确一种申报类型，不得一主体、一模式申报多类型或在不同属地重复申报，如实提供有关材料，不得弄虚作假。各省级农业农村部门要切实负起责任，按属地管理原则广泛征集，视需要自行采取实地考察、现场或网络答辩、材料评审等方式做好初审推荐工作，真正推荐出基础条件好、应用水平高、创新措施实、示范效果好的农业农村信息化研发应用主体。

（三）严格工作纪律，按时报送材料。示范基地推荐、认定工作坚持公开公平公正，不得收取任何费用。请各省级农业农村部门抓紧组织开展相关工作，务必于2023年3月20日17：00前按照《认定办法》

和申报要求，将推荐材料报送农业农村部市场与信息化司。

附件 1：

2023 年度农业农村信息化示范基地拟认定名单
（排名不分先后）

一、生产型示范单位（65 个）

北京市农林科学院智能装备技术研究中心
上高县茶衫禽业有限公司
上海孙桥溢佳农业技术股份有限公司
湘丰茶业集团有限公司
安徽有机良庄农业科技股份有限公司
江苏沃田集团股份有限公司
广西扬翔猪基因科技有限公司
贵州省三穗县兴绿洲农业发展有限公司
广西参皇养殖集团有限公司
上海松林食品（集团）有限公司
浙江青莲食品股份有限公司
凯盛浩丰农业有限公司
铁力市金新农生态农牧有限公司
京山绿丰家庭农场有限公司
呼伦贝尔农垦集团有限公司
甘肃前进牧业科技有限责任公司
内蒙古正大食品有限公司
泰州市苏中园艺有限公司
山东凤祥股份有限公司
安徽安欣（涡阳）牧业发展有限公司
浙江一鸣食品股份有限公司
河南云飞科技发展有限公司
天津市东信花卉有限公司
河南益民控股有限责任公司
北大荒农垦集团有限公司红兴隆分公司
东营绿创生态农业科技有限公司
通海锦海农业科技发展有限公司
昭通超越农业有限公司
新泰市天信农牧发展有限公司
大同市牧同科技股份有限公司
玖兴农牧（涞源）有限公司
宁夏晓鸣农牧股份有限公司
上海清美农业科技有限公司
福建万辰生物科技股份有限公司
河南田中禾食品有限公司
湖南瑶珍粮油有限公司
南通天成现代农业科技有限公司
大连韩伟养鸡有限公司
宁南县南丝路集团有限公司
沈阳秋实农业科技发展有限公司
新疆天润乳业股份有限公司
青海晟锦农牧科技有限公司

新疆赛湖渔业科技开发有限公司
安徽牧翔禽业有限公司
新疆天莱牧业集团有限责任公司
微山县南四湖渔业有限公司
常德哲武农牧科技有限公司
北京优帝鸽业有限公司
上海绿椰农业种植专业合作社
广西港河生态农业有限公司
山西凯永养殖有限公司
中农发牡丹江军马场有限公司
普盛海洋科技有限公司
贵州凤和祥农业发展有限公司
吉林省吉运农牧业股份有限公司
江苏润果农业发展有限公司
芜湖东源新农村开发股份有限公司
湖北硕隆生态农业开发有限公司
大理春沐源农业科技有限公司
陕西金西生物科技发展有限公司
新疆金丰源种植有限公司
安徽省砀山县园艺场
辽宁三友农业生物科技集团有限公司
吉林省恒通生态农业科技开发有限公司
张家口弘基农业科技开发有限责任公司

二、经营型示范单位（11个）

梧州市天誉茶业有限公司
品源（随州）现代农业发展有限公司
甘肃祁连牧歌实业有限公司
汇链通产业供应链数字科技（厦门）有限公司
九江谷稼米业有限公司
太原市鸿新农产品有限公司
湖南蔬益园食品有限公司
宁夏盐池县鑫海食品有限公司
福建八马茶业有限公司
重庆市赤甲旅游文化创意开发集团
贵州卓豪农业科技股份有限公司

三、管理型示范单位（6个）

杭州市农业科学研究院
北京金宇恒科技有限公司
中国联通网络通信有限公司铁岭市分公司
沈阳农业大学
门源县现代农业发展有限公司
贵州东彩供应链科技有限公司

四、服务型示范单位（12 个）

江苏省农业科学院
乐亭投资集团有限公司
广州极飞科技股份有限公司
广州市健坤网络科技发展有限公司
上海左岸芯慧电子科技有限公司
中化现代农业河北有限公司
中国水产科学研究院东海水产研究所
山东思远农业开发有限公司
福建农林大学
内蒙古小草数字生态产业有限公司
浙江省农业科学院
贵州交投农业产业发展有限公司

十、“数字农业”奖励政策

政策解读

国家大力推进数字农业基地项目、农村电子商务综合示范建设，中央财政资金实行“鼓励发展＋负面清单”管理模式，重点支持以下方向：

- 县乡村三级物流配送体系
- 农产品进城公共服务体系
- 工业品下乡流通服务体系
- 农村电子商务培训体系

政策全文

农业农村部计划财务司

关于做好 2021 年数字农业应用推广基地建设项目前期工作的通知

农计财便函〔2020〕326 号

有关省、自治区、直辖市农业农村（农牧）、畜牧兽医、渔业厅（委、局）：

7月20日和7月31日，我司分别以农计财便函〔2020〕230号和农计财便函〔2020〕264号对中央预算内投资部分农业建设项目前期工作进行了部署。请各地在落实好上述通知有关要求的基础上，做好2021年数字农业应用推广基地建设项目前期工作。

一、抓紧组织项目储备工作

请各省、自治区、直辖市农业农村部门按照项目储备指南有关要求，在前期工作基础上，抓紧指导项目建设单位通过农业建设项目管理平台（https：/lacpmp. agri. cn）按流程逐级开展项目储备工作，将符合条件的项目纳入省级储备库。开展储备的项目，必须在“全国投资项目在线审批监管平台”取得项目代码（http：//www. tzxm. gov. cn/index. html）。

项目储备工作要坚持自愿、公平、公开的原则。开展储备的项目应符合有关规划（方案）要求，基本具备实施条件。

项目储备过程中，要积极推进规划、用地、环评等项目建设有关前置条件完善落实。各省以前承担过我部相同专项建设项目至今尚未完成竣工验收的建设单位，不得列入本批项目储备范围。列入失信惩戒对象名单的主体，不得申报项目。

二、严格项目评估审核工作

对于已纳入省级项目储备库，符合规划要求且建设条件成熟、前期工作到位的地方项目，要抓紧按程序开展项目评估、审批或审核工作。核定的建设内容、中央投资比例等要符合项目储备指南要求，并依据《国家发展改革委关于规范中央预算内投资资金安排方式及项目管理的通知》（发改投资规〔2020〕518号），逐一明确中央投资支持方式（主要包括直接投资和投资补助两种方式）。

直接投资项目应批复项目可行性研究报告，投资补助项目应批复项目实施方案，可研报告、实施方案应达到相应的深度规定要求。通过批复并拟申请2021年中央预算内投资的地方项目，应及时通过农业建设项目管理平台将项目由省级储备库推送到农业农村部相关司局投资库，项目批复文件应同步上传。未上传批复文件的项目或不符合相关规划和储备指南的项目，我部将按程序予以退回。未纳入农业农村部相关司局投资库的地方项目，不得申请2021年投资计划。

三、有关要求

（一）强化沟通衔接。各级农业农村部门要积极主动加强与同级发展改革部门协调衔接，共同做好相关项目的储备工作，确保前期工作尽快到位，项目建设条件基本成熟，提升储备项目质量。

（二）按时完成任务。各省请于10月30日前将符合条件的储备项目推送至农业建设项目管理平台省级项目储备库。同时尽快完成已纳入规划布局、前期工作完备的储备项目的审核、审批工作，为2021年中央预算内投资计划编报做好准备。

农业农村部计划财务司

2020年9月27日

十一、农业生产“三品一标”提升政策

政策解读

从2021年开始，启动实施农业生产“三品一标”（品种培优、品质提升、品牌打造、标准化生产）提升行动。

到2025年，建设绿色标准化农产品生产基地800个、畜禽养殖标准化示范场500个，打造国家级农产品区域公用品牌300个、企业品牌500个、农产品品牌1 000个，绿色食品、有机农产品、地理标志农产品数量达到6万个以上，食用农产品达标合格证制度试行取得积极成效。

主要建设内容包括六大方面：一是加快推进品种培优。二是加快推进品质提升。三是加快推进标准化生产。四是加快推进农业品牌建设。五是持续强化农产品质量监管。六是深入推进安全绿色优质农产品发展。

政策文件

农业农村部办公厅
关于印发《农业生产“三品一标”提升行动实施方案》的通知

农办规〔2021〕1号

各省、自治区、直辖市农业农村（农牧）厅（局、委），新疆生产建设兵团农业农村局，部机关各司局、各直属单位：

为深入贯彻落实中央农村工作会议、2021年中央1号文件精神，我部决定实施农业生产“三品一标”提升行动，推进品种培优、品质提升、品牌打造和标准化生产，引领农业绿色发展，提升农业质量效益和竞争力。现将《农业生产“三品一标”提升行动实施方案》印发你们，请结合实际，抓好落实。

各级农业农村部门要高度重视农业生产“三品一标”工作，纳入全面推进乡村振兴、加快农业农村现代化的重要内容，采取有力措施，确保取得实效。要细化方案抓落实，根据本地资源优势和生产实际，制定具体实施方案，引导资源要素向实施区域集聚，有序推进。聚焦重点抓落实，在项目区和品牌基地率先实施，以点带面，加力推进。聚合力量抓落实，相关单位要密切配合，心往一处想，劲往一处使，合力推进。

农业农村部办公厅

2021年3月15日

农业生产“三品一标”提升行动实施方案

推进农业绿色发展是农业发展观的一场深刻革命。近年来，绿色发展理念逐步深入人心，农业绿色发展加快推进，绿色优质农产品供给能力不断提升。但农业发展方式仍然粗放、农产品供给还不完全适应消费升级需求，需要加强引导、加大投入，提高农业供给的适应性，促进农业高质量发展。为贯彻落实中央农村工作会议和中央1号文件精神，从2021年开始，启动实施农业生产“三品一标”（品种培优、品质提升、品牌打造和标准化生产）提升行动，更高层次、更深领域推进农业绿色发展，特制定如下实施方案。

一、重要意义

保障粮食等重要农产品有效供给，既要保数量，也要保多样、保质量。推进品种培优、品质提升、品牌打造和标准化生产，是重要途径，也是重要任务。

深入推进农业绿色发展的需要。总体看，当前我国农业资源利用强度依然较高，农业投入品利用率偏低，农业面源污染仍然突出。实施农业生产“三品一标”提升行动，可以推动农业绿色发展向全要素保护、全区域修复、全链条供给、全方位支撑转变，实现农业投入品减量化、生产清洁化、废弃物资源化、产业模式生态化。

提高农业质量效益和竞争力的需要。当前，我国农业规模小、产业链条短，质量效益仍然偏低，市场竞争力不强。实施农业生产“三品一标”提升行动，可以加快选育推广高产优质多抗新品种，提高农产品品质，创建农业品牌，全产业链拓展增值空间，提升农业质量效益和竞争力。

适应消费结构不断升级的需要。经济快速发展，城乡居民收入大幅增加，消费结构加快升级，农产品消费需求呈现个性化、多样化特点。实施农业生产“三品一标”提升行动，可以优化农业生产结构和产品结构，提升农产品绿色化、优质化、特色化、品牌化水平。

二、总体要求

（一）指导思想

以习近平新时代中国特色社会主义思想为指导，深入贯彻党的十九大和十九届二中、三中、四中、五中全会精神，全面落实中央经济工作会议、中央农村工作会议精神，立足新发展阶段、贯彻新发展理念、构建新发展格局，以高质量发展为主题，以农业供给侧结构性改革为主线，坚持质量兴农、绿色兴农、品牌强农，强化标准引领，推进科技创新，突出品牌打造，选育一批突破性农作物品种和畜禽水产良种，建设一批绿色标准化农产品生产基地，培育一批带动性强的农业企业集团，打造一批有影响力的农业知名品牌，加快推进农业转型升级，更好满足消费者需求，为全面推进乡村振兴、加快农业农村现代化提供有力支撑。

（二）基本原则

坚持质量第一。落实"产出来"与"管出来"要求，推进标准化生产，实施全过程质量监管，提高农产品品质和效益。

坚持绿色发展。践行"绿水青山就是金山银山"理念，推行绿色生产方式，推进投入品减量增效，净化农业产地环境，把绿色发展导向贯穿农业生产全过程。

坚持创新驱动。把科技创新作为第一动力，推进育种创新，加强投入品使用、产品生产、加工储运等全产业链技术创新和标准制修订。

坚持市场主导。充分发挥市场在资源配置中的决定性作用，激活要素、激活市场、激活主体，引导资源要素向品种选优、品质提升、品牌打造集聚。

（三）目标任务

到2025年，育种创新取得重要进展，农产品品质明显提升，农业品牌建设取得较大突破，农业质量效益和竞争力持续提高。培育一批有自主知识产权的核心种源和节水高抗新品种，建设绿色标准化农产品生产基地800个、畜禽养殖标准化示范场500个，打造国家级农产品区域公用品牌300个、企业品牌500个、农产品品牌1 000个，绿色食品、有机农产品、地理标志农产品数量达到6万个以上，食用农产品达标合格证制度试行取得积极成效。

三、重点任务

（一）加快推进品种培优

实施打好种业翻身仗行动方案，加快选育一批新品种。重点是"四个一批”：发掘一批优异种质资源，开展全国农业种质资源调查，抢救性收集一批珍稀、濒危、特有资源和特色地方品种，对现有农作物种质资源、畜禽水产种质资源开展鉴定评价，遴选优异育种材料。加强农业种质资源库（场、区、圃）建设。提纯复壮一批地方特色品种，针对当前地方正在推广应用的大豆、小麦、生猪等农作物与畜禽良种，采取品种选择、比较试验、原种繁殖等技术措施，加快提纯复壮一批品种。选育一批高产优质突破性品种，启动重点种源关键核心技术攻关和农业生物育种重大科技项目，实施新一轮畜禽水产遗传改良计划，自主培育一批突破性品种。加强育种领域知识产权保护。建设一批良种繁育基地，推进西北国家杂交玉米种子生产基地和西南国家杂交水稻种子生产基地建设，在适宜地区建设一批区域性果菜茶等园艺作物良种苗木和畜禽水产良种繁育基地。

（二）加快推进品质提升

推广优良品种，推广一批强筋弱筋优质小麦、高蛋白高油玉米、优质粳稻籼稻、高油高蛋白大豆等品种，推广一批优质晚熟柑橘、特色茶叶、优质蔬菜、道地药材等品种，推广一批禽类、生猪、奶牛、水产等良种。集成推广技术模式，研发创制高端农机装备和适宜丘陵山区、果菜茶生产、畜禽水产养殖的农机装备，集成创新一批土壤改良培肥、节水灌溉、精准施肥用药、废弃物循环利用、农产品收储运和加工等绿色生产技术模式。净化农业产地环境，针对不同区域土壤退化或污染现状，制定完善南方土壤酸化、北方土壤盐渍化、东北黑土退化、耕地土壤重金属污染治理方案，加快治理修复，提高土壤地力，以清洁的产地环境生产优质的农产品。推广绿色投入品，加快推广生物有机肥、缓释肥料、水溶性肥料、高效叶面肥、高效低毒低残留农药、生物农药等绿色投入品，推广粘虫板、杀虫灯、性诱剂等病虫绿色防控技术产品。推广安全绿色兽药，规范使用饲料添加剂。构建农产品品质核心指标体系，分行业、分品种筛选农产品品质核心指标，建立品质评价方法标准，推动农产品分等分级和包装标识。

（三）加快推进标准化生产

推动现代农业全产业链标准化，按照“有标采标、无标创标、全程贯标”的要求，加快产地环境、投入品管控、农兽药残留、产品加工、储运保鲜、品牌打造、分等分级关键环节标准的制修订，推动建立现代农业全产业链标准体系，开展30个产品全产业链标准化试点，建设300个现代农业全产业链标准集成应用基地，培育一批农业企业标准“领跑者”。培育新型农业经营主体带动，培育一批家庭农场和农民合作社，扩大农民合作社质量提升整县推进试点，推进农业生产规模化、标准化。加快培育农业产业化龙头企业，扶持一批农业产业化龙头企业牵头、家庭农场和农民合作社跟进、广大小农户参与的农业产业化联合体，带动大规模标准化生产。健全社会化服务体系推动，培育一批多元化专业化农业社会化服务组织，开展生资配送、代耕代种、统防统治、烘干收储等生产托管服务，推动农业生产专业化、标准化、集约化。提升农产品加工业拉动，拓展农产品初加工，建设产地仓储保鲜冷链物流设施，延长供应时间，保证产品质量。发展农产品精深加工，推进农产品标准化、清洁化、智能化生产。重点区域先行示范促动，在农业现代化示范区、农业绿色发展先行区、农产品质量安全县，以及国家现代农业产业园、优势特色产业集群、农业产业强镇、“一村一品”示范村镇等，全域推行农业生产“三品一标”，打造一批示范典型。

（四）加快推进农业品牌建设

培育知名品牌，建立农业品牌标准，鼓励地方政府、行业协会等，打造一批地域特色突出、产品特性鲜明的区域公用品牌。结合粮食生产功能区、重要农产品生产保护区和特色农产品优势区建设，培育一批“大而优”“小而美”、有影响力的农产品品牌，鼓励龙头企业加强自主创新、打造一批竞争力强的企业品牌。加强品牌管理，制定农业品牌工作管理办法，深入推进中国农业品牌目录制度建设，发布品牌目录与消费索引。建立农业品牌评价体系，发布公益性农业品牌评价与发展指数，完善评价和退出机制。强化农业品牌监管，实行农业品牌动态管理，加大对冒牌、套牌和滥用品牌的惩处力度。促进品牌营销，挖掘和丰富品牌内涵，培育品牌文化，利用农业展会、产销对接会、电商等平台促进品牌营销，引导1 000个国内优秀农业品牌参加国际知名展会，支持建立境外展示展销中心，提升品牌影响力。

（五）持续强化农产品质量监管

严格农业投入品使用，依法实施农业投入品登记许可，加强生产经营管理和使用指导，建立农药、兽用处方药等农业投入品生产经营购销台账。推进兽用抗菌药使用减量，严格执行兽用处方药制度和休药期制度。推行农产品质量全程可追溯管理，实施农产品质量安全保障工程，强化农产品质量安全风险监测预警，深化国家农产品质量安全县创建。建设农产品质量全程追溯体系，加强信息技术应用，探索“阳光农安”智慧监管模式，推进生产标准化、监管智慧化、特征标识化、产品身份化。强化质量安全监管执法，开展“治违禁促提升”行动，严厉查处禁限用农药、食品动物禁止使用的药品和其他化合物使用及超标问题。完善生产主体名录，强化日常巡查检查，增加重点监管对象检查频次，严格落实“双随机”要求，扎实开展监督抽查、飞行检查。

（六）深入推进安全绿色优质农产品发展

积极发展绿色食品、有机农产品、地理标志农产品生产，推行食用农产品达标合格证制度。强化农产品认证和监管，完善绿色食品、有机农产品、地理标志农产品认证审核流程和技术规范，规范标志使用，加强相关风险监测和证后监管，稳步扩大认证规模，严格淘汰退出机制。打造一批绿色食品原料标准化生产基地和有机农产品生产基地。深入实施地理标志农产品保护工程，建设一批特色品种繁育基地和核心生产基地，挖掘保护传统农耕文化，推动地理标志农产品生产标准化、产品特色化、身份标识化、全程数字化发展。推行食用农产品达标合格证制度，推动有条件的地方实施信息化管理。指导生产者在自控自检的基础上规范开具合格证，提升合格证含金量，提高带证农产品的市场认可度。实现合格证制度与已有监管措施的融合推进，探索开证主体信用评价机制。

四、保障措施

（一）加强组织领导

强化统筹协调，构建上下联动、多方协同的工作格局。农业农村部成立农业生产“三品一标”提升行动推进指导组，加强统筹协调，强化指导服务，推动措施落实。省级农业农村部门应成立相应的协调指导组，细化实施方案，统筹项目资金，强化责任落实，有力推进工作。重点区域先行示范的所在县（市）应成立由政府主要负责同志任组长的推进小组，加强协调，聚合力量，推进落实。

（二）创新推进机制

制定任务清单，按照“三品一标”的要求和重点任务，细化到相关司局，落实到重点区域，逐项逐区落实。发挥主体作用，引导和支持家庭农场、农民合作社、农业产业化龙头企业等新型农业经营主体，主动推行农业生产“三品一标”。完善考核制度，将农业生产“三品一标”纳入实施乡村振兴战略实绩考核范围。

（三）强化政策支持

完善财政扶持政策，农业绿色发展、乡村产业发展、新型农业经营主体培育、种养业良种繁育、农产品质量安全监管等方面的项目资金，可结合实际向农业生产“三品一标”的实施区域倾斜。强化金融扶持政策，引导金融机构支持农业生产“三品一标”，扩大信贷规模。发挥融资担保体系作用，强化担保融资功能。

（四）强化科技支撑

支持科研单位开展育种联合攻关，加快选育一批突破性品种，提升种业核心竞争力。推进科企深度融合，支持种业龙头企业进入商业化育种体系。指导县（市）成立农业生产“三品一标”专家顾问团，加强技术指导，开展技术培训。

（五）强化法治保障

在标准化生产、产地环境保护、质量安全监管、农业品牌建设等方面，加快推动相关法律法规制修订。联合市场监管、生态环境等部门，加大执法监管力度，依法打击使用禁用投入品、生产销售不合格农产品、破坏农业资源环境等违法违规行为。

（六）强化宣传引导

运用广播电视、报纸、网站、新媒体等各类媒体媒介，广泛开展宣传引导。利用中国国际农产品交易会等平台，扩大展示推介，提升农产品知名度。各地及时总结、发现典型，加大宣传，营造良好氛围。

十二、“国家农业科技示范展示基地”申报政策

政策解读

建设国家农业科技示范展示基地，引领农业高质量发展。

政策文件

农业农村部办公厅
关于开展国家农业科技示范展示基地建设的通知

农办科〔2020〕6号

各省、自治区、直辖市农业农村（农牧）厅（局、委），有关单位：

为贯彻党的十九大和十九届二中、三中、四中全会和中央农村工作会议精神，深入实施创新驱动发展战略和乡村振兴战略，加快推进农业农村现代化，推动农业转型升级和绿色发展，促进农业科技成果转化落地和先进技术进村入户到企，充分展示部分地区先进农业技术生产模式和发展经验，我部在全国遴选了一批国家现代农业科技示范展示基地（以下简称“基地”），现将有关事项通知如下。

一、发挥基地引领农业高质量发展的重要作用

基地是加快农业科技成果转化，开展先进技术集成示范推广，推动

先进农业技术传播，引领农业高质量发展的重要示范展示平台。建设主体要按照有一定面积规模、有综合引领性配套技术、有稳定科技支撑团队、有可持续发展机制的“四有”要求持续深入开展建设，构建科技成果转化的先行区域，打造优质品种和绿色技术的展示窗口，搭建农技推广服务和农民及新型经营主体观摩学习的优质载体。要进一步强化突出科技对基地的转型升级、绿色发展、提质增效的重要支撑，体现现代农业技术的先进性、集成性、综合性，发挥好基地引领农业高质量发展的示范带动作用。

二、落实好基地建设运行各项任务

省级农业农村部门要把基地当作引领当地农业发展的高标准样板，推进成果转化、技术推广、农民培训在基地融合贯通，组织基地建设主体编制工作方案、协调科技合作、指导开展建设并给予积极支持。建设主体根据基地主导产业，加强与科技支撑单位的对接协作，提升自身技术应用和转化能力，确定示范展示的先进技术模式，在基地开展技术集成和试验示范展示，推进先进适用技术在基地转化应用并加强推广。建设主体要编制先进技术示范、新型经营主体、农技人员及农民学习观摩工作方案，每年示范展示2～3项具有集成性引领性区域主推技术，组织不少于2场现场示范观摩活动，新型经营主体、基层农技人员和小农户每年到基地观摩学习不少于1 000人次。

三、不断完善基地可持续发展运行机制

各基地要立足现有优势确定主导产业，进一步完善市场导向的产业发展带动机制和利益共赢的可持续发展机制，通过市场机制增强基地建设的活力和发展后劲。加强与科技支撑单位的合作，双方可通过互派人员、签订协议等方式不断完善合作机制，鼓励科研人员在基地创新创业，激发各方参与基地建设运营的活力和积极性。进一步强化参与基地建设各方的利益联结，通过利益共享、联合创业、技术入股等方式，引导科研院所、高等院校及其他经营主体的成果、人才、信息等资源向基地集聚，不断完善有内在吸引力的各方投入机制，逐步形成有市场竞争

力的优质产品技术开发模式。

四、形成可借鉴的现代农业产业发展模式

加强基地带动周边新型经营主体和农户共同发展的重要作用，逐步形成企业或新型经营主体带动、科研院校支撑、特色产品引领等科技助力产业发展提质增效路径，完善建设主体带动农户合理分享效益增值做法模式。探索建立农业科技成果在基地转化应用收益合理分配做法，提高建设运营主体和科技支撑单位开展成果转化和技术应用的积极性。不断总结与相关市场主体合作推广新成果、新技术、新模式的做法与经验，形成可复制可推广的建设运行机制和模式，打造可供其他地区观摩学习的样板。

五、有关工作要求

（一）各省（区、市）农业农村部门要高度重视基地发展，将基地作为推广先进技术、探索协作机制、实践先进理念的有效载体，不断强化基地发展高标准要求，通过基层农技推广体系改革与建设补助等项目予以支持。

（二）基地示范展示任务要落到实处，我部将根据基地运行情况、示范效果和科技支撑情况等进行综合评估和周期性动态调整，确保基地发挥示范展示和引领实效。工作计划方案请于5月22日前报我部科教司技术推广处（邮寄地址：北京市朝阳区麦子店街20号楼710室，电子信箱：tixi2@agri. gov. cn）。

（三）加强基地建设成效和对区域农业发展带动作用的引导宣传，通过各类媒体、各种形式报道基地发展成效和经验，不断扩大基地推动现代农业发展的影响力和带动力。

（四）基地实行统一规范标牌标识，建设运营主体须在基地醒目位置竖立“国家现代农业科技示范展示基地”标牌，标明示范技术、建设主体等内容。

农业农村部办公厅

2020年4月20日

十三、高标准农田申报政策

政策解读

到2022年，建成10亿亩高标准农田，以此稳定保障1万亿斤以上粮食产能；到2035年，通过持续改造提升，全国高标准农田保有量进一步提高，不断夯实国家粮食安全保障基础。

政策文件

国务院办公厅
关于切实加强高标准农田建设、提升国家粮食安全保障能力的意见

国办发〔2019〕50号

各省、自治区、直辖市人民政府，国务院各部委、各直属机构：

确保重要农产品特别是粮食供给，是实施乡村振兴战略的首要任务。建设高标准农田，是巩固和提高粮食生产能力、保障国家粮食安全的关键举措。近年来，各地各有关部门认真贯彻党中央、国务院决策部署，大力推进高标准农田建设，取得了明显成效。但我国农业基础设施薄弱、防灾抗灾减灾能力不强的状况尚未根本改变，粮食安全基础仍不稳固。为切实加强高标准农田建设，提升国家粮食安全保障能力，经国务院同意，现提出以下意见。

一、总体要求

（一）指导思想。以习近平新时代中国特色社会主义思想为指导，全面贯彻党的十九大和十九届二中、三中、四中全会精神，紧紧围绕实施乡村振兴战略，按照农业高质量发展要求，推动藏粮于地、藏粮于技，以提升粮食产能为首要目标，聚焦重点区域，统筹整合资金，加大投入力度，完善建设内容，加强建设管理，突出抓好耕地保护、地力提

升和高效节水灌溉，大力推进高标准农田建设，加快补齐农业基础设施短板，提高水土资源利用效率，切实增强农田防灾抗灾减灾能力，为保障国家粮食安全提供坚实基础。

（二）基本原则。夯实基础，确保产能。突出粮食和重要农产品优势区，着力完善农田基础设施，提升耕地质量，持续改善农业生产条件，稳步提高粮食生产能力，确保谷物基本自给、口粮绝对安全。因地制宜，综合治理。严守生态保护红线，依据自然资源禀赋和国土空间、水资源利用等规划，根据各地农业生产特征，科学确定高标准农田建设布局、标准和内容，推进田水林路电综合配套。依法严管，良田粮用。稳定农村土地承包关系，强化用途管控，实行最严格的保护措施，完善管护机制，确保长期发挥效益。建立健全激励和约束机制，支持高标准农田主要用于粮食生产。政府主导，多元参与。切实落实地方政府责任，持续加大资金投入，积极引导社会力量开展农田建设。鼓励农民和农村集体经济组织自主筹资投劳，参与农田建设和运营管理。

（三）目标任务。到2020年，全国建成8亿亩集中连片、旱涝保收、节水高效、稳产高产、生态友好的高标准农田；到2022年，建成10亿亩高标准农田，以此稳定保障1万亿斤以上粮食产能；到2035年，通过持续改造提升，全国高标准农田保有量进一步提高，不断夯实国家粮食安全保障基础。

二、构建集中统一高效的管理新体制

（四）统一规划布局。开展高标准农田建设专项清查，全面摸清各地高标准农田数量、质量、分布和利用状况。结合国土空间、水资源利用等相关规划，修编全国高标准农田建设规划，形成国家、省、市、县四级农田建设规划体系，找准潜力区域，明确目标任务和建设布局，确定重大工程、重点项目和时序安排。把高效节水灌溉作为高标准农田建设重要内容，统筹规划，同步实施。在永久基本农田保护区、粮食生产功能区、重要农产品生产保护区，集中力量建设高标准农田。粮食主产区要立足打造粮食生产核心区，加快区域化整体推进高标准农田建设。

粮食主销区和产销平衡区要加快建设一批高标准农田，保持粮食自给率。优先支持革命老区、贫困地区以及工作基础好的地区建设高标准农田。（农业农村部、国家发展改革委、财政部、自然资源部、水利部和地方各级人民政府按职责分工负责。以下均需地方各级人民政府负责，不再列出）

（五）统一建设标准。加快修订高标准农田建设通则，研究制定分区域、分类型的高标准农田建设标准及定额，健全耕地质量监测评价标准，构建农田建设标准体系。各省（区、市）可依据国家标准编制地方标准，因地制宜开展农田建设。完善高标准农田建设内容，统一规范工程建设、科技服务和建后管护等要求。综合考虑农业农村发展要求、市场价格变化等因素，适时调整建设内容和投资标准。在确保完成新增高标准农田建设任务的基础上，鼓励地方结合实际，对已建项目区进行改造提升。（农业农村部、国家发展改革委、财政部、水利部、国家标准委按职责分工负责）

（六）统一组织实施。及时分解落实高标准农田年度建设任务，同步发展高效节水灌溉。统筹整合各渠道农田建设资金，提升资金使用效益。规范开展项目前期准备、申报审批、招标投标、工程施工和监理、竣工验收、监督检查、移交管护等工作，实现农田建设项目集中统一高效管理。严格执行建设标准，确保建设质量。充分发挥农民主体作用，调动农民参与高标准农田建设积极性，尊重农民意愿，维护好农民权益。积极支持新型农业经营主体建设高标准农田，规范有序推进农业适度规模经营。（农业农村部、国家发展改革委、财政部、水利部按职责分工负责）

（七）统一验收考核。建立健全“定期调度、分析研判、通报约谈、奖优罚劣”的任务落实机制，确保年度建设任务如期保质保量完成。按照粮食安全省长责任制考核要求，进一步完善高标准农田建设评价制度。强化评价结果运用，对完成任务好的予以倾斜支持，对未完成任务的进行约谈处罚。严格按程序开展农田建设项目竣工验收和评价，向社

会统一公示公告，接受社会和群众监督。（农业农村部、国家发展改革委、财政部、国家粮食和储备局按职责分工负责）

（八）统一上图入库。运用遥感监控等技术，建立农田管理大数据平台，以土地利用现状图为底图，全面承接高标准农田建设历史数据，统一标准规范、统一数据要求，把各级农田建设项目立项、实施、验收、使用等各阶段相关信息上图入库，建成全国农田建设“一张图”和监管系统，实现有据可查、全程监控、精准管理、资源共享。各地要加快完成高标准农田上图入库工作，有关部门要做好相关数据共享和对接移交等工作。（农业农村部牵头，国家发展改革委、财政部、自然资源部、水利部按职责分工负责）

三、强化资金投入和机制创新

（九）加强财政投入保障。建立健全农田建设投入稳定增长机制。各地要优化财政支出结构，将农田建设作为重点事项，根据高标准农田建设任务、标准和成本变化，合理保障财政资金投入。加大土地出让收入对高标准农田建设的支持力度。各地要按规定及时落实地方支出责任，省级财政应承担地方财政投入的主要支出责任。鼓励有条件的地区在国家确定的投资标准基础上，进一步加大地方财政投入，提高项目投资标准。（财政部、国家发展改革委、农业农村部按职责分工负责）

（十）创新投融资模式。发挥政府投入引导和撬动作用，采取投资补助、以奖代补、财政贴息等多种方式支持高标准农田建设。鼓励地方政府有序引导金融和社会资本投入高标准农田建设。在严格规范政府债务管理的同时，鼓励开发性、政策性金融机构结合职能定位和业务范围支持高标准农田建设，引导商业金融机构加大信贷投放力度。完善政银担合作机制，加强与信贷担保等政策衔接。鼓励地方政府在债务限额内发行债券支持符合条件的高标准农田建设。有条件的地方在债券发行完成前，对预算已安排债券资金的项目可先行调度库款开展建设，债券发行后及时归垫。加强国际合作与交流，探索利用国外贷款开展高标准农田建设。（财政部、中国人民银行、中国银保监会、农业农村部按职责

分工负责）

（十一）完善新增耕地指标调剂收益使用机制。优化高标准农田建设新增耕地和新增产能的核定流程、核定办法。高标准农田建设新增耕地指标经核定后，及时纳入补充耕地指标库，在满足本区域耕地占补平衡需求的情况下，可用于跨区域耕地占补平衡调剂。加强新增耕地指标跨区域调剂统筹和收益调节分配，拓展高标准农田建设资金投入渠道。土地指标跨省域调剂收益要按规定用于增加高标准农田建设投入。各地要将省域内高标准农田建设新增耕地指标调剂收益优先用于农田建设再投入和债券偿还、贴息等。（财政部、自然资源部、农业农村部按职责分工负责）

（十二）加强示范引领。开展绿色农田建设示范，推动耕地质量保护提升、生态涵养、农业面源污染防治和田园生态改善有机融合，提升农田生态功能。选取一批土壤盐碱化、酸化、退化和工程性缺水等区域，针对农业生产存在的主要障碍因素，采取专项工程措施开展高标准农田建设，为相同类型区域高标准农田建设进行试验示范。在潜力大、基础条件好、积极性高的地区，推进高标准农田建设整县示范。（农业农村部、生态环境部按职责分工负责）

（十三）健全工程管护机制。结合农村集体产权制度和农业水价综合改革，建立健全高标准农田管护机制，明确管护主体，落实管护责任。各地要建立农田建设项目管护经费合理保障机制，调动受益主体管护积极性，确保建成的工程设施正常运行。将建后管护落实情况纳入年度高标准农田建设评价范围。（农业农村部、国家发展改革委、财政部、自然资源部、水利部按职责分工负责）

四、保障措施

（十四）加强组织领导。农田建设实行中央统筹、省负总责、市县抓落实、群众参与的工作机制。强化省级政府一把手负总责、分管领导直接负责的责任制，抓好规划实施、任务落实、资金保障、监督评价和运营管护等工作。农业农村部门要全面履行好农田建设集中统一管理职责，发展改革、财政、自然资源、水利、人民银行、银保监等相关部门按照职责分工，密切配合，做好规划指导、资金投入、新增耕地核定、水资源利用和管理、金融支持等工作，协同推进高标准农田建设。及时总结和推广好经验好做法，营造农田建设良好氛围。（农业农村部牵头，国家发展改革委、财政部、自然资源部、水利部、中国人民银行、中国银保监会按职责分工负责）

（十五）加大基础支撑。推进农田建设法规制度建设，制定完善项目管理、资金管理、监督评估和监测评价等办法。加强农田建设管理和技术服务体系队伍建设，重点配强县乡两级工作力量，与当地高标准农田建设任务相适应。围绕农田建设关键技术问题，开展科学研究，组织科技攻关。大力引进推广高标准农田建设先进实用技术，加强工程建设与农机农艺技术的集成和应用，推动科技创新与成果转化。加强农田建设行业管理服务，加大相关技术培训力度，提升农田建设管理技术水平。（农业农村部、国家发展改革委、科技部、财政部、水利部按职责分工负责）

（十六）严格保护利用。对建成的高标准农田，要划为永久基本农田，实行特殊保护，防止“非农化”，任何单位和个人不得损毁、擅自占用或改变用途。严格耕地占用审批，经依法批准占用高标准农田的，要及时补充，确保高标准农田数量不减少、质量不降低。对水毁等自然损毁的高标准农田，要纳入年度建设任务，及时进行修复或补充。完善粮食主产区利益补偿机制和种粮激励政策，引导高标准农田集中用于重要农产品特别是粮食生产。探索合理耕作制度，实行用地养地相结合，加强后续培肥，防止地力下降。严禁将不达标污水排入农田，严禁将生活垃圾、工业废弃物等倾倒、排放、堆存到农田。（农业农村部、自然资源部、国家发展改革委、财政部、生态环境部按职责分工负责）

（十七）加强风险防控。树立良好作风，强化廉政建设，严肃工作纪律，切实防范农田建设管理风险。加强对农田建设资金全过程绩效管理，科学设定绩效目标，做好绩效运行监控和评价，强化结果应用。加强工作指导，对发现的问题及时督促整改。严格跟踪问责，对履职不力、监管不严、失职渎职的，依法依规追究有关人员责任。（农业农村部、国家发展改革委、财政部按职责分工负责）

国务院办公厅

2019 年 11 月 13 日

十四、"田长制"耕地保护政策

政策解读

自然资源部首次推出"田长制"，落实耕地保护属地监管责任。

政策文件

自然资源部办公厅

关于完善早发现早制止严查处工作机制的意见

自然资办发〔2021〕33 号

各省、自治区、直辖市自然资源主管部门，新疆生产建设兵团自然资源局，部有关直属单位，各派驻地方的国家自然资源督察局，部机关有关司局：

为贯彻落实党中央、国务院关于严格保护耕地的决策部署，完善早发现、早制止、严查处的工作机制，采取"长牙齿"的硬措施，落实最严格的耕地保护制度，坚决遏制新增违法占用耕地问题，提出以下意见。

一、深刻认识严格保护耕地的重要意义，把思想统一到党中央、国务院决策部署上来

党中央、国务院始终高度重视耕地保护问题。习近平总书记多次对耕地"非农化""非粮化"问题作出重要指示批示，指出耕地是粮食生产的命根子，要扎实抓好耕地“非农化”“非粮化”问题，保中华民族的“铁饭碗”，强调严守耕地红线不能搞形式主义，不能搞变通，十八亿亩耕地红线要稳住，出了问题要问责。

自然资源系统要坚决贯彻落实习近平总书记重要指示批示精神，从增强“四个意识”、坚定“四个自信”、做到“两个维护”的高度，深刻认识严格保护耕地的极端重要性，切实把思想和行动统一到党中央、国务院决策部署上来，按照党的十九大和十九届二中、三中、四中、五中全会精神和中央经济工作会议、农村工作会议精神以及部党组“严起来”的要求，进一步增强责任感、使命感，严格保护耕地。

二、多措并举，压实耕地保护属地监管责任

地方各级自然资源主管部门要向党委和政府主要负责人汇报，采取多种措施，压实耕地保护属地监管责任。推动建立“田长制”，实行县、乡、村三级联动全覆盖的耕地保护网格化监管；推动建立耕地保护责任落实与基层干部绩效评价挂钩的奖惩机制；对辖区内耕地保护不力的单位和个人，要予以通报批评；对违法占用耕地问题较为突出的地区，要提请其上级党委和政府领导进行约谈；对符合《党政领导干部生态环境损害责任追究办法（试行）》和《违反土地管理规定行为处分办法》等问责规定的地区，尤其是新增乱占耕地建房问题突出的，要作为问题线索移交纪检监察机关处理。

三、加强内部协同，形成耕地保护监管合力

严格落实《国务院关于加强和规范事中事后监管的指导意见》，对耕地保护职责进行全流程梳理。自然资源主管部门负责审批或指导实施的行政许可事项，各内设机构要对照职责清单依法依规担负起事中事后监管责任。国家自然资源督察机构发现的重大违法线索，及时提供给执法机构；执法机构立案查处情况，定期通报督察机构和有关单位。执法机构定期对各省、自治区、直辖市以及相关重点地区违法类型、趋势、成因等进行梳理分析并提出建议，及时提供督察机构。通过全过程联动监管，形成耕地保护合力。

各地要加强自然资源调查监测成果共享，建立自然资源系统内的信息互通机制。要充分发挥国土调查成果在耕地保护管理方面的重要作用，在国家正式公布第三次全国国土调查成果后，把本地的耕地红线落实到具体地块。

省级自然资源主管部门要加强对市县耕地保护与利用情况的动态监测监管。对违法占用耕地的，要限期拆除复耕、消除违法状态；年度内未能消除违法状态的，按数量、质量相当的原则，扣除该地区储备补充耕地指标，涉及永久基本农田的必须限期补划。

四、严格执法，加强保障，落实落细各项执法制度

各级自然资源主管部门要进一步加大对违法行为的查处力度，重点打击违法违规占用耕地特别是永久基本农田问题，以直接立案、联合立案、挂牌督办等方式严肃查处，提高震慑力。

建立健全执法全过程记录制度、执法公示制度和重大案件会审制度。严格落实报告制度，对重大、突发、可能造成严重后果的违法行为，以及在制止、查处过程中受到阻力或干扰的违法行为，要按规定及时报告本级人民政府和上级自然资源主管部门。严格落实错案责任追究制度，坚决纠正错案并追究过错责任。探索建立领导干部、机关内部人员或特殊关系人等干预执法活动、插手具体案件处理的记录、通报和责任追究制度。推动基层自然资源执法队伍建设，加强对执法查处工作的监督检查，强化制度建设和业务指导，提高执法人员依法履职能力，增强执法保障。

五、加强部门协调联动，严肃惩处违法占用耕地行为

各级自然资源主管部门要按照有关规定，积极推进建立违法用地行政执法与刑事司法衔接机制，加强部门之间的协作配合，协同推进公益诉讼、行政非诉执行监督工作。积极协调公安、检察、法院、纪委监委，对发现的违法行为，该拆除的必须拆除，该没收的必须没收，不得以罚款、补办手续取代，该追究责任的必须追究责任。按照全面依法治国的总体要求，总结实践中行之有效的做法，推动建立“法院裁定准予执行、政府组织实施、法院到场监督”的拆除违法用地地上建筑物强制执行机制。

六、强化科技支撑，创新和完善监管方式

改进土地卫片执法工作，进一步提升时效性、精确性和系统性，完善工作制度、加强工作协同、压实各级责任，第一时间向基层推送最新遥感影像及变化图斑等疑似违法线索，加强对地方上报结果的审查、抽查，督促做好卫片执法发现问题整改和问责落实。在全国季度卫片执法的基础上，综合利用卫星遥感、无人机、视频监控等技术手段，探索按月度或实时对辖区内违法占地、耕地保护等情况进行监测监管。

提升执法信息化水平，依托国土空间基础信息平台和国土空间规划“一张图”加强耕地保护信息化建设，对耕地现状、耕地开发复垦、耕地占补、增减挂钩、违法占用及整改落实等情况进行全程在线监督管理。充分发挥自然资源执法综合监管平台作用，持续升级完善平台功能，强化执法工作全链条管理，努力构建智能、高效、规范、协同的立体化监管格局。

七、优化用地服务，从前端避免发生违法行为

各地要统筹安排新增建设用地计划指标和城乡建设用地增减挂钩，积极保障真实有效项目用地需求。落实好《关于保障农村村民住宅建设合理用地的通知》《关于规范农村宅基地审批管理的通知》，制定保障和规范农村一二三产业融合发展用地的实施细则，推动政策有效落实；优化用地服务，依法依规充分保障农村村民建房合理用地需求，从源头上减少违法占地建房行为的发生。尚未完成国土空间规划编制的地区，要在坚守生态保护红线、永久基本农田红线的前提下，保障农村村民住宅建设合理用地，编制村庄规划时要兼顾历史存量农村宅基地建设情况，妥善处理农村村民建房合理用地需求和红线的关系。

八、加大对省督察工作力度

对新增违法违规占用耕地问题突出的地区，以及地方政府不作为、乱作为等导致违法占用耕地行为屡禁不止的地区，国家自然资源督察机构采取向相关省级人民政府发督察意见书、约谈地方政府负责人等方式，压实地方政府耕地保护主体责任，督促依法依规落实整改要求。

针对督察发现、媒体曝光的新增违法违规占用耕地问题，以及重点督办的重大典型问题，国家自然资源督察机构依法依规督促地方进行整改、查处，发现地方政府及有关部门查处不力、监管不到位等问题突出的，依法依规提出督察意见，涉及失职渎职情节严重的，依据自然资源行政监督与纪检监察监督贯通协调工作机制相关规定，移送纪检监察机关处理。

九、加强法律法规宣传和实施

加强土地管理法律法规的宣传并严格实施，通过以案释法、典型案例剖析等方式，使社会各界理解耕地保护的重大意义，了解法律法规相关规定，促进自觉遵法守法。完善耕地保护的配套制度，建立健全规范性文件清理机制，加强与农业农村部门执法工作的协调联动，明确农村村民违法占地建住宅的查处职责分工。

各地要将党中央、国务院关于严格保护耕地的决策部署、农村乱占耕地建房“八不准”的要求和保障农村村民合理建房用地需求的政策措施等，普及到基层干部和普通群众，进一步强化全社会保护耕地的意识，坚决遏制耕地“非农化”、防止耕地“非粮化”。

自然资源部办公厅

2021 年 4 月 1 日

十五、“文化产业赋能乡村振兴”申报政策

政策解读

文件提出，到 2025 年，要基本建立文化产业赋能乡村振兴的有效机制。基本原则是文化引领、产业带动；农民主体、多方参与；政府引导、市场运作；科学规划、特色发展。

政策摘要

文化和旅游部　教育部　自然资源部　农业农村部　国家乡村振兴局　国家开发银行　关于推动文化产业赋能乡村振兴的意见

为全面贯彻乡村振兴战略，落实《中共中央　国务院关于做好2022年全面推进乡村振兴重点工作的意见》提出的“启动实施文化产业赋能乡村振兴计划”，以文化产业赋能乡村经济社会发展，制定本意见。

一、总体要求

（一）指导思想

以习近平新时代中国特色社会主义思想为指导，全面系统学习贯彻习近平总书记关于“三农”工作的重要论述，全面贯彻党的十九大和十九届历次全会精神，准确把握乡村振兴战略的科学内涵，围绕立足新发展阶段、贯彻新发展理念、构建新发展格局、推动高质量发展，实现巩固拓展脱贫攻坚成果同乡村振兴有效衔接，促进共同富裕，牢牢守住保障国家粮食安全和不发生规模性返贫两条底线，强化以城带乡、城乡互促，以文化产业赋能乡村人文资源和自然资源保护利用，促进一二三产业融合发展，贯通产加销、融合农文旅，传承发展农耕文明，激发优秀传统乡土文化活力，助力实现乡村产业兴旺、生态宜居、乡风文明、治理有效、生活富裕，为全面推进乡村振兴、加快农业农村现代化作出积极贡献。

（二）基本原则

文化引领、产业带动。以社会主义核心价值观为引领，统筹优秀传统乡土文化保护传承和创新发展，充分发挥文化赋能作用，推动文化产业人才、资金、项目、消费下乡，促进创意、设计、音乐、美术、动漫、科技等融入乡村经济社会发展，挖掘提升乡村人文价值，增强乡村审美韵味，丰富农民精神文化生活，推动人的全面发展，焕发乡村文明新气象，培育乡村发展新动能。

农民主体、多方参与。充分尊重农民意愿，切实调动农民的积极性主动性创造性，把维护农民根本利益、促进农民共同富裕作为出发点和落脚点，鼓励各方力量广泛参与，加强对乡村本土文化人才的培育和支持，建立有效利益联结机制，不断提升农民的获得感和幸福感。

政府引导、市场运作。强化政府引导、扶持和服务职能，制定有效政策措施，充分发挥市场机制作用，调动市场主体积极性，以重点产业项目为载体，促进资源要素更多向乡村流动，增强农业农村发展活力。

科学规划、特色发展。立足各地资源禀赋和区域功能定位，因地制宜、有序推进，提升规划水平、设计品质、建设标准，防止盲目投入和低水平、同质化建设，避免大拆大建、拆真建假，保护好村落传统风貌，推动乡村经济社会更高质量、更可持续发展。

（三）发展目标

到 2025 年，文化产业赋能乡村振兴的有效机制基本建立，汇聚和培育一批积极参与文化产业赋能乡村振兴的企业、机构和人才，推动实施一批具有较强带动作用的文化产业赋能乡村振兴重点项目，形成一批具有市场竞争力的特色文化产业品牌，建成一批特色鲜明、优势突出的文化产业特色乡镇、特色村落，推出若干具有国际影响力的文化产业赋能乡村振兴典型范例。优秀传统乡土文化得到有效激活，乡村文化业态丰富发展，乡村人文资源和自然资源得到有效保护和利用，乡村一二三产业有机融合，文化产业对乡村经济社会发展的综合带动作用更加显著，对乡村文化振兴的支撑作用更加突出。

二、重点领域

（一）创意设计赋能

引导创意设计企业、平台、工作室及设计师向乡村拓展业务、落地经营，为乡村集体经济组织和各类企业、农民合作社、农户等提供创意设计服务。鼓励创意设计、规划建筑、园林景观等单位积极参与乡村建设，建设各具特色的美丽乡村、美丽庭院，创造宜业宜居宜乐宜游的良好环境。鼓励高校艺术、设计类专业结合教学、科研和社会实践，为乡村建设提供创意设计支持。大力发展创意农业，加强农产品包装、设计和营销，提升农业品牌知名度和农产品文化附加值。鼓励发展特色农业，挖掘特色种植业、林业、畜牧业等文化内涵。

（二）演出产业赋能

依托演出企业、演出团体、艺术院校等机构，充分挖掘地方特色资源，帮助和指导乡村开发演出项目，培养乡村文艺演出队伍，发展提升乡村舞蹈、戏剧、曲艺、游艺、杂技等业态。鼓励依托乡村传统演出团体及其骨干人员，积极开发武术、舞龙、舞狮、锣鼓等特色民俗表演项目。因地制宜发展中小型、主题性、特色类旅游演出项目。

（三）音乐产业赋能

鼓励音乐工作者、音乐企业、音乐院校、音乐类行业组织等深入乡村采风、展演和对接帮扶，加强对乡村传统音乐的创编、提升，创作一批形式多样、内容健康的音乐作品。加强民族民间传统音乐的收集整理和活化利用。提升乐器制造业专业化、品牌化水平，推动乐器生产向乐器文化拓展，鼓励发展音乐培训、互动体验等复合型业态。鼓励有条件的地方发展音乐节、音乐会、音乐园区（基地）等特色项目，打造音乐主题特色文化乡村。

（四）美术产业赋能

发挥美术工作者引领带动作用，支持有条件的地方依托乡土文化传统，突出地方特色，发展壮大、巩固提升美术产业。鼓励各级美术院校、画院、美术馆在具备条件的乡村设立写生创作和展示基地，支持打造乡村摄影基地，提升乡村地区美术产业专业化水平。加大人才培训和扶持力度，把引进外来人才和培养本地人才结合起来，提升农民画师、雕塑师等人才的创作水平。加强乡村美学普及和教育，提升审美水平和人文素养，让欣赏美、追求美、塑造美成为乡村文明新风尚。推动更多美术元素、艺术元素应用到乡村规划建设，鼓励兴办特色书店、剧场、博物馆、美术馆、图书馆、文创馆。

（五）手工艺赋能

实施中国传统工艺振兴计划，推动传统工艺在现代生活中广泛应用。鼓励非物质文化遗产传承人、设计师、艺术家等参与乡村手工艺创作生产，加强各民族优秀传统手工艺保护和传承，促进合理利用，带动农民结合实际开展手工艺创作生产，推动纺染织绣、金属锻造、传统建筑营造等传统工艺实现创造性转化和创新性发展。推动手工艺特色化、品牌化发展，培育形成具有民族、地域特色的传统工艺产品和品牌，鼓励多渠道、多形式进行品牌合作，提升经济附加值。充分运用现代创意设计、科技手段和时尚元素提升手工艺发展水平，推动手工艺创意产品开发。

（六）数字文化赋能

鼓励数字文化企业发挥平台和技术优势，创作传播展现乡村特色文化、民间技艺、乡土风貌、田园风光、生产生活等方面的数字文化产品，规划开发线下沉浸式体验项目，带动乡村文化传播、展示和消费。充分运用动漫、游戏、数字艺术、知识服务、网络文学、网络表演、网络视频等产业形态，挖掘活化乡村优秀传统文化资源，打造独具当地特色的主题形象，带动地域宣传推广、文创产品开发、农产品品牌形象塑造。推广社交电商、直播卖货等销售模式，促进特色农产品销售。

（七）其他文化产业赋能

鼓励各地结合文化资源禀赋和文化产业发展特点，培育打造地方特色鲜明、文化内涵突出、一二三产业有机融合的文化业态。支持特色产业发展，传承弘扬茶、中医药、美食等特色文化，开发适合大众康养、休闲、体验的文化和旅游产品。推进特色文化制造业发展，积极开发传统文化节日用品、特色文化产品。鼓励各地发掘乡村传统节庆、赛事和农事节气，结合中国农民丰收节、“村晚”、“乡村文化周”、“非遗购物节”等活动，因地制宜培育地方特色节庆会展活动。研究推动优秀农业文化展示区建设，鼓励和支持文化工作者深入中国重要农业文化遗产地，挖掘农耕文化中蕴含的优秀思想观念、人文精神、道德规范，不断深化优秀农耕文化的传承、保护和利用。鼓励有条件的地方引入艺术机构，以市场化方式运营具有乡土文化特色的艺术节展。

（八）文旅融合赋能

坚持以文塑旅、以旅彰文，推动创意设计、演出、节庆会展等业态与乡村旅游深度融合，促进文化消费与旅游消费有机结合，培育文旅融合新业态新模式。实施乡村旅游艺术提升计划行动，设计开发具有文化特色的乡村旅游产品，提升乡村旅游体验性和互动性。推动非物质文化遗产融入乡村旅游各环节，支持利用非遗工坊、传承体验中心等场所，培育一批乡村非物质文化遗产旅游体验基地。支持有条件的中国重要农业文化遗产地建设农耕文化体验场所，弘扬优秀农耕文化。鼓励各地加强“中国民间文化艺术之乡”建设，塑造“一乡一品”“一乡一艺”“一乡一景”特色品牌，形成具有区域影响力的乡村文化名片，提升乡村文化建设品质，充分开发民间文化艺术研学游、体验游等产品和线路。全面推进“创意下乡”，有效提升旅游商品开发水平和市场价值。

三、政策举措

（一）培育壮大市场主体

支持各地培育和引进骨干文化企业，扶持乡村小微文化企业和工作室、个体创作者等发展，鼓励其他行业企业和民间资本通过多种形式投资乡村文化产业。推广“公司＋农户”经营模式，鼓励各类农民合作社、协作体和产业联盟在整合资源、搭建平台等方面发挥积极作用。推动建立完善农民入股、保底收益、按股分红等多种利益联结机制，通过“资源变资产、资金变股金、农民变股东”，让农民更多分享产业增值收益。建立文化产业赋能乡村振兴企业库。支持积极参与文化产业赋能乡村振兴的企业申报国家文化产业示范基地。

（二）建立汇聚各方人才的有效机制

各级文化和旅游行政部门要制定政策举措，建立有效机制，引导文化产业从业人员、企业家、文化工作者、文化志愿者、开办艺术类专业的院校师生等深入乡村对接帮扶和投资兴业，带动文化下乡、资本下乡、产业下乡。鼓励各地结合实际，探索实施文化产业特派员制度，建设文化产业赋能乡村振兴人才库。实施文化和旅游创客行动，营造良好创新创业环境，支持文化和旅游从业者、相关院校毕业生、返乡创业人员、乡土人才等创新创业。注重发挥乡村文化和旅游能人、产业带头人、非物质文化遗产代表性传承人、工艺美术师、民间艺人等领头作用，挖掘培养乡土文化人才，培育新型职业农民队伍。鼓励普通高等学校、职业学校、研究机构在乡村设立文化和旅游类实习实践实训基地。

（三）加强项目建设和金融支持

按照自愿申报、动态管理、重点扶持的原则，遴选一批文化产业赋能乡村振兴重点项目，加大支持和服务力度，促进项目落地实施。国家开发银行在符合国家政策法规、信贷政策并遵循市场化运作的前提下，按照“保本微利”的原则，对乡村文化和旅游项目提供包括长周期、低成本资金在内的综合性优质金融服务支持。鼓励金融机构因地制宜、创新产品，通过上门签约、灵活担保、主动让利等多种方式，为乡村文化和旅游经营主体提供信贷支持。引导各类投资机构投资乡村文化和旅游项目。鼓励保险机构开展针对乡村文化和旅游项目的保险业务。

（四）统筹规划发展和资源保护利用

统筹县域城镇和村庄规划建设，通盘考虑土地利用、历史文化传承、产业发展、人居环境整治和生态保护，严禁违规占用耕地和违背自然规律绿化造林、挖湖造景，严格限制林区耕地湿地等占用和过度开发，加强自然环境、传统格局、建筑风貌等方面管控，注重生态优先、有序开发，合理规划布局乡村文化和旅游发展空间。在有效保护的基础上，探索乡村文化遗产资源合理利用的有效机制。将非物质文化遗产保护与美丽乡村建设、农耕文化保护相结合，充分发挥非物质文化遗产代表性项目和代表性传承人作用，合理利用非物质文化遗产资源。鼓励有条件的地方将文化和旅游用地纳入国土空间规划和年度用地计划，在完善审批程序、严格用途管理的前提下，加大对文化产业赋能乡村振兴相关重点设施、项目的用地支持。鼓励通过开展城乡建设用地增减挂钩和工矿废弃地再利用的方式建设文化产业赋能乡村振兴项目。文化和旅游项目中，属于永久性设施建设用地的，依法按建设用地管理；属于自然景观用地及农牧渔业种植、养殖用地的，不改变原用地用途的，不征收（收回）、不转用。结合文化产业赋能乡村振兴项目的业态特点，探索农村一二三产业融合发展用地新方式，依法办理农用地转用和土地征收手续。在村庄建设边界外，办理用地审批手续时，除依法应当以招标拍卖挂牌等方式公开出让的土地外，可将建设用地批准和规划许可手续合并办理，核发规划许可证书，并申请办理不动产登记。按照国家统一部署，探索支持企业和个人通过农村集体经营性建设用地入市的渠道，以出让、出租等方式使用集体建设用地从事文化和旅游经营活动。鼓励乡村文化和旅游项目经营实行长期租赁或先租后让。在符合国土空间规划前提下，鼓励对依法登记的宅基地等农村建设用地进行复合利用，发展乡村民宿、民俗体验、文化创意等业态。

文化和旅游部　教育部　自然资源部

农业农村部　国家乡村振兴局　国家开发银行

2022 年 3 月 21 日

十六、“农业国际贸易高质量发展基地”申报政策

政策解读

农业国际贸易高质量发展基地的建设将围绕提升出口农产品品质和国际化、标准化、组织化、品牌化水平，着力补短板、强弱项，重点推进国际认证认可、国际标准应用、自主品牌培育、出口产业链价值链提升和贸易促进公共服务等方面展开。

政策摘要

农业农村部办公厅
关于开展2023年农业国际贸易高质量发展基地建设的通知（节选）

二、建设重点

根据《农业农村部办公厅关于开展农业国际贸易高质量发展基地建设的通知》（农办外〔2023〕1号）中明确的建设方向，围绕提升出口农产品品质和国际化、标准化、组织化、品牌化水平，着力补短板、强弱项，重点推进国际认证认可、国际标准应用、自主品牌培育、出口产业链价值链提升和贸易促进公共服务。对各级各地机构在推动前两批国贸基地建设中获得普遍认可、取得明显成效的支持措施和公共服务项目实现机制化常态化。

三、申报主体和申报条件

（一）申报主体。一是市场主体自主建设的基地；二是政府主导的跨村跨镇跨县的区域性基地。国贸基地包括生产型、加工型、贸易型和服务贸易型四类。生产型基地：以种植、养殖原料为主的出口农产品生产、初加工基地。加工型基地：以收购、进口、采捕原料加工为主要业务的基地。贸易型基地：以向农产品出口企业提供综合性贸易服务为主的基地。服务贸易型基地：从事跨境农牧渔业生产性服务或对外提供种业、农资、农机、培训等涉农服务业务的基地。鼓励包含其中两种类型以上的复合型基地申报，申报主体可结合自身突出优势，明确主要类型。

（二）申报条件。一是应具备较强创新能力、品牌影响力、市场竞争力及较成熟的经营模式。申报生产型、加工型、贸易型基地的市场主体，近3年（2020—2022年）年均出口额原则上应达到500万美元以上。对脱贫地区组织申报的出口特色鲜明、联农带农作用显著的基地，可适当放宽标准。申报服务贸易型基地的市场主体，应有在境外开展或向境外提供农业生产服务的业务，原则上近3年（2020—2022年）年均营业收入不低于1亿元人民币或者农业服务出口额（或境外农业服务营业额）不低于100万美元。二是出口农产品生产加工基地已在海关部门注册备案（产品无备案要求的除外）；在境外开展农业生产服务业务且有投资实体的，应按照规定已在有关主管部门完成对外投资备案；鼓励农业对外开放合作试验区内市场主体积极申报。三是近5年（2018—2022年）未发生质量安全事故、重大动植物疫情疫病、环保和安全生产事故，未因失信等原因受到行政处罚。

十七、文旅部等6部委《关于推动文化产业赋能乡村振兴的意见》

政策摘要

文化和旅游部　教育部　自然资源部　农业农村部　国家乡村振兴局　国家开发银行　关于推动文化产业赋能乡村振兴的意见

为全面贯彻乡村振兴战略，落实《中共中央　国务院关于做好2022年全面推进乡村振兴重点工作的意见》提出的“启动实施文化产业赋能乡村振兴计划”，以文化产业赋能乡村经济社会发展，制定本意见。

一、总体要求

（一）指导思想

以习近平新时代中国特色社会主义思想为指导，全面系统学习贯彻习近平总书记关于“三农”工作的重要论述，全面贯彻党的十九大和十九届历次全会精神，准确把握乡村振兴战略的科学内涵，围绕立足新发展阶段、贯彻新发展理念、构建新发展格局、推动高质量发展，实现巩固拓展脱贫攻坚成果同乡村振兴有效衔接，促进共同富裕，牢牢守住保障国家粮食安全和不发生规模性返贫两条底线，强化以城带乡、城乡互促，以文化产业赋能乡村人文资源和自然资源保护利用，促进一二三产业融合发展，贯通产加销、融合农文旅，传承发展农耕文明，激发优秀传统乡土文化活力，助力实现乡村产业兴旺、生态宜居、乡风文明、治理有效、生活富裕，为全面推进乡村振兴、加快农业农村现代化作出积极贡献。

（二）基本原则

文化引领、产业带动。以社会主义核心价值观为引领，统筹优秀传统乡土文化保护传承和创新发展，充分发挥文化赋能作用，推动文化产业人才、资金、项目、消费下乡，促进创意、设计、音乐、美术、动漫、科技等融入乡村经济社会发展，挖掘提升乡村人文价值，增强乡村审美韵味，丰富农民精神文化生活，推动人的全面发展，焕发乡村文明新气象，培育乡村发展新动能。

农民主体、多方参与。充分尊重农民意愿，切实调动农民的积极性主动性创造性，把维护农民根本利益、促进农民共同富裕作为出发点和落脚点，鼓励各方力量广泛参与，加强对乡村本土文化人才的培育和支持，建立有效利益联结机制，不断提升农民的获得感和幸福感。

政府引导、市场运作。强化政府引导、扶持和服务职能，制定有效政策措施，充分发挥市场机制作用，调动市场主体积极性，以重点产业项目为载体，促进资源要素更多向乡村流动，增强农业农村发展活力。

科学规划、特色发展。立足各地资源禀赋和区域功能定位，因地制宜、有序推进，提升规划水平、设计品质、建设标准，防止盲目投入和低水平、同质化建设，避免大拆大建、拆真建假，保护好村落传统风貌，推动乡村经济社会更高质量、更可持续发展。

（三）发展目标

到 2025 年，文化产业赋能乡村振兴的有效机制基本建立，汇聚和培育一批积极参与文化产业赋能乡村振兴的企业、机构和人才，推动实施一批具有较强带动作用的文化产业赋能乡村振兴重点项目，形成一批具有市场竞争力的特色文化产业品牌，建成一批特色鲜明、优势突出的文化产业特色乡镇、特色村落，推出若干具有国际影响力的文化产业赋能乡村振兴典型范例。优秀传统乡土文化得到有效激活，乡村文化业态丰富发展，乡村人文资源和自然资源得到有效保护和利用，乡村一二三产业有机融合，文化产业对乡村经济社会发展的综合带动作用更加显著，对乡村文化振兴的支撑作用更加突出。

二、重点领域

（一）创意设计赋能

引导创意设计企业、平台、工作室及设计师向乡村拓展业务、落地经营，为乡村集体经济组织和各类企业、农民合作社、农户等提供创意设计服务。鼓励创意设计、规划建筑、园林景观等单位积极参与乡村建设，建设各具特色的美丽乡村、美丽庭院，创造宜业宜居宜乐宜游的良好环境。鼓励高校艺术、设计类专业结合教学、科研和社会实践，为乡村建设提供创意设计支持。大力发展创意农业，加强农产品包装、设计和营销，提升农业品牌知名度和农产品文化附加值。鼓励发展特色农业，挖掘特色种植业、林业、畜牧业等文化内涵。

（二）演出产业赋能

依托演出企业、演出团体、艺术院校等机构，充分挖掘地方特色资源，帮助和指导乡村开发演出项目，培养乡村文艺演出队伍，发展提升乡村舞蹈、戏剧、曲艺、游艺、杂技等业态。鼓励依托乡村传统演出团体及其骨干人员，积极开发武术、舞龙、舞狮、锣鼓等特色民俗表演项目。因地制宜发展中小型、主题性、特色类旅游演出项目。

（三）音乐产业赋能

鼓励音乐工作者、音乐企业、音乐院校、音乐类行业组织等深入乡村采风、展演和对接帮扶，加强对乡村传统音乐的创编、提升，创作一批形式多样、内容健康的音乐作品。加强民族民间传统音乐的收集整理和活化利用。提升乐器制造业专业化、品牌化水平，推动乐器生产向乐器文化拓展，鼓励发展音乐培训、互动体验等复合型业态。鼓励有条件的地方发展音乐节、音乐会、音乐园区（基地）等特色项目，打造音乐主题特色文化乡村。

（四）美术产业赋能

发挥美术工作者引领带动作用，支持有条件的地方依托乡土文化传统，突出地方特色，发展壮大、巩固提升美术产业。鼓励各级美术院校、画院、美术馆在具备条件的乡村设立写生创作和展示基地，支持打造乡村摄影基地，提升乡村地区美术产业专业化水平。加大人才培训和扶持力度，把引进外来人才和培养本地人才结合起来，提升农民画师、雕塑师等人才的创作水平。加强乡村美学普及和教育，提升审美水平和人文素养，让欣赏美、追求美、塑造美成为乡村文明新风尚。推动更多美术元素、艺术元素应用到乡村规划建设，鼓励兴办特色书店、剧场、博物馆、美术馆、图书馆、文创馆。

（五）手工艺赋能

实施中国传统工艺振兴计划，推动传统工艺在现代生活中广泛应用。鼓励非物质文化遗产传承人、设计师、艺术家等参与乡村手工艺创作生产，加强各民族优秀传统手工艺保护和传承，促进合理利用，带动农民结合实际开展手工艺创作生产，推动纺染织绣、金属锻造、传统建筑营造等传统工艺实现创造性转化和创新性发展。推动手工艺特色化、品牌化发展，培育形成具有民族、地域特色的传统工艺产品和品牌，鼓励多渠道、多形式进行品牌合作，提升经济附加值。充分运用现代创意设计、科技手段和时尚元素提升手工艺发展水平，推动手工艺创意产品开发。

（六）数字文化赋能

鼓励数字文化企业发挥平台和技术优势，创作传播展现乡村特色文化、民间技艺、乡土风貌、田园风光、生产生活等方面的数字文化产品，规划开发线下沉浸式体验项目，带动乡村文化传播、展示和消费。充分运用动漫、游戏、数字艺术、知识服务、网络文学、网络表演、网络视频等产业形态，挖掘活化乡村优秀传统文化资源，打造独具当地特色的主题形象，带动地域宣传推广、文创产品开发、农产品品牌形象塑造。推广社交电商、直播卖货等销售模式，促进特色农产品销售。

（七）其他文化产业赋能

鼓励各地结合文化资源禀赋和文化产业发展特点，培育打造地方特色鲜明、文化内涵突出、一二三产业有机融合的文化业态。支持特色产业发展，传承弘扬茶、中医药、美食等特色文化，开发适合大众康养、休闲、体验的文化和旅游产品。推进特色文化制造业发展，积极开发传统文化节日用品、特色文化产品。鼓励各地发掘乡村传统节庆、赛事和农事节气，结合中国农民丰收节、“村晚”、“乡村文化周”、“非遗购物节”等活动，因地制宜培育地方特色节庆会展活动。研究推动优秀农业文化展示区建设，鼓励和支持文化工作者深入中国重要农业文化遗产地，挖掘农耕文化中蕴含的优秀思想观念、人文精神、道德规范，不断深化优秀农耕文化的传承、保护和利用。鼓励有条件的地方引入艺术机构，以市场化方式运营具有乡土文化特色的艺术节展。

（八）文旅融合赋能

坚持以文塑旅、以旅彰文，推动创意设计、演出、节庆会展等业态与乡村旅游深度融合，促进文化消费与旅游消费有机结合，培育文旅融合新业态新模式。实施乡村旅游艺术提升计划行动，设计开发具有文化特色的乡村旅游产品，提升乡村旅游体验性和互动性。推动非物质文化遗产融入乡村旅游各环节，支持利用非遗工坊、传承体验中心等场所，培育一批乡村非物质文化遗产旅游体验基地。支持有条件的中国重要农业文化遗产地建设农耕文化体验场所，弘扬优秀农耕文化。鼓励各地加强“中国民间文化艺术之乡”建设，塑造“一乡一品”“一乡一艺”“一乡一景”特色品牌，形成具有区域影响力的乡村文化名片，提升乡村文化建设品质，充分开发民间文化艺术研学游、体验游等产品和线路。全面推进“创意下乡”，有效提升旅游商品开发水平和市场价值。

三、政策举措

（一）培育壮大市场主体

支持各地培育和引进骨干文化企业，扶持乡村小微文化企业和工作室、个体创作者等发展，鼓励其他行业企业和民间资本通过多种形式投资乡村文化产业。推广“公司+农户”经营模式，鼓励各类农民合作社、协作体和产业联盟在整合资源、搭建平台等方面发挥积极作用。推动建立完善农民入股、保底收益、按股分红等多种利益联结机制，通过“资源变资产、资金变股金、农民变股东”，让农民更多分享产业增值收益。建立文化产业赋能乡村振兴企业库。支持积极参与文化产业赋能乡村振兴的企业申报国家文化产业示范基地。

（二）建立汇聚各方人才的有效机制

各级文化和旅游行政部门要制定政策举措，建立有效机制，引导文化产业从业人员、企业家、文化工作者、文化志愿者、开办艺术类专业的院校师生等深入乡村对接帮扶和投资兴业，带动文化下乡、资本下乡、产业下乡。鼓励各地结合实际，探索实施文化产业特派员制度，建设文化产业赋能乡村振兴人才库。实施文化和旅游创客行动，营造良好创新创业环境，支持文化和旅游从业者、相关院校毕业生、返乡创业人员、乡土人才等创新创业。注重发挥乡村文化和旅游能人、产业带头人、非物质文化遗产代表性传承人、工艺美术师、民间艺人等领头作用，挖掘培养乡土文化人才，培育新型职业农民队伍。鼓励普通高等学校、职业学校、研究机构在乡村设立文化和旅游类实习实践实训基地。

（三）加强项目建设和金融支持

按照自愿申报、动态管理、重点扶持的原则，遴选一批文化产业赋能乡村振兴重点项目，加大支持和服务力度，促进项目落地实施。国家开发银行在符合国家政策法规、信贷政策并遵循市场化运作的前提下，按照“保本微利”的原则，对乡村文化和旅游项目提供包括长周期、低成本资金在内的综合性优质金融服务支持。鼓励金融机构因地制宜、创新产品，通过上门签约、灵活担保、主动让利等多种方式，为乡村文化和旅游经营主体提供信贷支持。引导各类投资机构投资乡村文化和旅游项目。鼓励保险机构开展针对乡村文化和旅游项目的保险业务。

（四）统筹规划发展和资源保护利用

统筹县域城镇和村庄规划建设，通盘考虑土地利用、历史文化传承、产业发展、人居环境整治和生态保护，严禁违规占用耕地和违背自然规律绿化造林、挖湖造景，严格限制林区耕地湿地等占用和过度开发，加强自然环境、传统格局、建筑风貌等方面管控，注重生态优先、有序开发，合理规划布局乡村文化和旅游发展空间。在有效保护的基础上，探索乡村文化遗产资源合理利用的有效机制。将非物质文化遗产保护与美丽乡村建设、农耕文化保护相结合，充分发挥非物质文化遗产代表性项目和代表性传承人作用，合理利用非物质文化遗产资源。鼓励有条件的地方将文化和旅游用地纳入国土空间规划和年度用地计划，在完善审批程序、严格用途管理的前提下，加大对文化产业赋能乡村振兴相关重点设施、项目的用地支持。鼓励通过开展城乡建设用地增减挂钩和工矿废弃地再利用的方式建设文化产业赋能乡村振兴项目。文化和旅游项目中，属于永久性设施建设用地的，依法按建设用地管理；属于自然景观用地及农牧渔业种植、养殖用地的，不改变原用地用途的，不征收（收回）、不转用。结合文化产业赋能乡村振兴项目的业态特点，探索农村一二三产业融合发展用地新方式，依法办理农用地转用和土地征收手续。在村庄建设边界外，办理用地审批手续时，除依法应当以招标拍卖挂牌等方式公开出让的土地外，可将建设用地批准和规划许可手续合并办理，核发规划许可证书，并申请办理不动产登记。按照国家统一部署，探索支持企业和个人通过农村集体经营性建设用地入市的渠道，以出让、出租等方式使用集体建设用地从事文化和旅游经营活动。鼓励乡村文化和旅游项目经营实行长期租赁或先租后让。在符合国土空间规划前提下，鼓励对依法登记的宅基地等农村建设用地进行复合利用，发展乡村民宿、民俗体验、文化创意等业态。

文化和旅游部　教育部　自然资源部
农业农村部　国家乡村振兴局　国家开发银行
2022 年 3 月 21 日

十八、国家生态农场申报

政策解读

2022年农业农村部发布关于国家生态农场建设的政策文件，意在推进乡村振兴生态文明建设。

主管部门：农业农村部科教司。

申报时间：3—5月。

申报主体：申请主体须为具有独立法人资格的家庭农场、农民专业合作社、农业企业等新型经营主体，或为从事农产品生产经营的其他类型独立法人。

激励政策：资金、土地、科技、人才等政策倾斜。

项目要求

1. 基本要求：申请主体登记注册5年以上，无不良信用、违法记录，边界应清晰，土地应集中连片，面积不小于2公顷，要有合法的土地使用权和经营权，具备相应证明文件。2. 环境要求：与污染源的距离应大于2 000米，要位于非农产品禁止生产区，且近5年内未发生过污染事故或生态环境破坏事件。农场生态用地面积应占农场总生产面积的5%～15%。养殖区与人居敏感区应符合卫生防护距离要求。3. 种植要求：生态农场宜使用本农场或本地的有机废弃物进行堆肥，氮肥用量（折合纯氮）比当季作物高产推荐化肥氮用量减少10%以上；氮肥用量应有25%以上来自有机肥料。应采取合理措施培肥和改良土壤，稳定或提高土壤有机质含量。应采用综合防控措施处理病、虫、草害及外来入侵物种等。4. 养殖要求（略）。5. 水产养殖要求（略）。6. 种养结合要求：畜禽养殖数量与种植土地面积的配比应符合规定。稻渔综合种养应符合规定。同时种植要求和养殖要求应符合上文提到的相关规定。7. 产品要求：应以农产品生产为主，即农产品生产、加工和销售收入占总销售收入的50%以上，拥有自主品牌，农产品质量应符合食品安全国家标准的规定。如有绿色农产品认证、有机农产品认证和其他认证等应提供认证报告。8. 过程记录要求：应对农业投入品的购买和使用，以及农事操作进行详细记录，初步建立农场质量管理体系和追溯体系。宜配备相关记录人员进行信息记录，并配备监管人员对信息记录进行监管审核。

政策全文

农业农村部办公厅
关于印发《推进生态农场建设的指导意见》的通知

各省、自治区、直辖市农业农村（农牧）厅（局、委），新疆生产建设兵团农业农村局：

为贯彻落实国务院《“十四五”推进农业农村现代化规划》决策部署，按照农业农村部等六部门《“十四五”全国农业绿色发展规划》有关要求，加快推进生态农场建设，促进农业绿色低碳转型，我们制定了《推进生态农场建设的指导意见》，现印发给你们，请结合实际认真执行。

农业农村部办公厅

2022 年 1 月 28 日

推进生态农场建设的指导意见

一、重要意义

生态农场是依据生态学原理，遵循整体、协调、循环、再生、多样原则，通过整体设计和合理建设，获得最大可持续产量，同时实现资源匹配、环境友好、食品安全的农业生产经营主体。当前，三农工作重心已历史性转向全面推进乡村振兴，推进生态农场建设意义重大。

（一）推进生态农场建设，是贯彻习近平生态文明思想的重要举措

农业是个生态产业，农村是生态系统的重要一环。加强农村生态文

明建设，要保持战略定力，制定更具体、更有操作性的举措，以钉钉子的精神精准推进。生态农场作为市场主体，是农业生产经营活动的具体实施者，具有生产决策权和要素使用权。推进生态农场建设，能够精准推广生态农业技术，精准落实生态补偿政策，精准发展生态循环农业，是推进农村生态文明建设的重要举措。

（二）推进生态农场建设，是探索农业现代化的有效路径

实现农业现代化，必须走产出高效、产品安全、资源节约、环境友好的发展道路。生态农场是将生态农业技术、现代先进装备、绿色低碳理念等引入农业发展的实践主体。推进生态农场建设，既能够保障国家粮食安全和重要农产品有效供给，又能够有效减轻生态环境压力，是推进品种培优、品质提升、品牌打造和标准化生产措施落地的有效载体，是提高农业质量效益和竞争力的有效实践。

（三）推进生态农场建设，是推进农业绿色发展的有力抓手

加快农业绿色转型，必须建立绿色低碳循环的农业产业体系，构建绿色发展支撑体系和生产方式。生态农场是农业绿色发展、污染防治、减排固碳的基本单元。推进生态农场建设，能够在生产实践中有效推行投入品减量化、生产清洁化、废弃物资源化、产业模式生态化，能够有效拓展农业多种功能、提升农村多元价值，能够实现减污降碳协同增效、加快推进农业全面绿色转型升级。

二、总体要求

（一）指导思想

以习近平新时代中国特色社会主义思想为指导，全面贯彻落实党的十九大和十九届历次全会精神，立足新发展阶段、贯彻新发展理念、构建新发展格局、推动高质量发展，牢固树立绿水青山就是金山银山理念，坚持绿色循环低碳发展方向，在全国建设一批产地绿色、产品优质、产出高效的生态农场，推广生态农业技术，培育生态农业市场主体，生产绿色生态农产品，探索构建农业生态补偿机制，为加快农业绿色转型、乡村生态振兴和农业农村减排固碳做出更大贡献。

（二）基本原则

坚持现代农业发展方向。加快新技术新产品新装备推广应用，用现代生产要素改造传统农业，推进质量兴农、绿色兴农、品牌强农，全面提高农业质量效益和竞争力。

坚持绿色循环低碳发展。突出农业绿色特点，坚持生态优先、绿色发展，走资源节约、环境友好的可持续发展道路，形成绿色生产方式，促进生产生活生态相协调。

坚持市场主导、政府引导。充分发挥龙头企业、合作社、家庭农场等市场主体在生态农场建设中的主导作用，积极发挥政府在规划指导、政策支持、市场监督、技术服务等方面的引导作用。

坚持因地制宜、突出特色。立足各地不同的资源禀赋和功能定位，因地制宜探索生态农场建设模式和路径，形成各具特色的生态农业建设企业品牌、产品品牌。

（三）建设目标

到 2025 年，通过科学评价、跟踪监测和指导服务，在全国建设 1 000家国家级生态农场，带动各省建设 10 000 家地方生态农场，遴选培育一批现代高效生态农业市场主体，总结推广一批生态农业建设技术模式，探索构建一套生态农业发展扶持政策，持续增加绿色优质农产品供给，不断提高农业质量效益和竞争力，让生态农场建设成为推动农业生产“三品一标”的重要平台和有力抓手。

三、重点任务

（一）培育一批生态农业市场主体

组织龙头企业、合作社、家庭农场等自愿申报，通过专家评估、现场评审等方式进行综合评价，遴选一批生态农业市场主体。引导入选主体发挥自身优势，全程推广应用标准化生态农业技术，提高产地环境质量，推行绿色低碳循环生产，打造绿色生态品牌，使其成为落实农业生产“三品一标”的排头兵、推进生态农业建设的领头羊、加快农业发展绿色转型的典型样板。

（二）推广一批生态农业技术模式

鼓励以生态农场为主体，推广应用耕地质量保护与提升、污染修复等产地保育技术，化肥农药减量、有机肥替代、生物防控等技术，生态田埂、生态沟渠、生态廊道等田园生态系统建设技术，农作物秸秆、畜禽粪污、废旧地膜等农业废弃物资源化利用技术，农产品清洁加工、节能贮存、低碳运输等绿色收储运技术，健全完善生态农场技术规范，形成一批生态循环农业发展技术模式。

（三）探索一套生态农业扶持政策

以生态农场为重点对象，探索秸秆还田、有机肥施用、深松整地为重点的地力补偿政策，化学农药减量增效、畜禽粪污减排降污、农膜回收利用为重点的环境补偿政策，稻田甲烷、农用地氧化亚氮、动物肠道甲烷、畜禽粪便管理甲烷和氧化亚氮减少排放为重点的低碳补偿政策，以及技术优先推广、专家优先服务、金融优先支持、用地优先保障、产品优质优价等配套扶持政策。

（四）构建一套生态农业监测体系

督促生态农场建立台账，如实记录生产经营全过程情况，作为生态农业技术应用和实施效果评估的重要依据。及时对生态农场的化肥农药减量、秸秆综合利用、畜禽粪污资源化利用、地膜回收利用等台账进行查核，对生态农场的水环境、土壤环境、农产品质量等进行采样检测，对生态农场的投入产出效益、可持续发展能力、企业社会责任履行等进行综合分析，加强生态农场跟踪评价，及时反馈评价信息，建立激励约束机制。

四、保障措施

（一）加强组织领导

强化生态农场建设统筹协调，构建上下联动、多方协同的工作格局。农业农村部科技教育司成立生态农场建设专家指导组，设在农业农村部农业生态与资源保护总站，负责关键技术攻关和集成推广，总结遴选生态农业技术模式，指导各省开展规划方案编制、扶持政策创设、生产技术应用和实施效果评价，督促各地扎实开展建设工作。各省（自治区、直辖市）农业农村部门应成立相应的协调指导组，细化实施方案，强化责任落实，建立长效机制，高质量推进生态农场建设。

（二）创新推进机制

建立政府引导、市场主导、社会参与的协同推进机制。强化政府引导作用，把生态农场建设作为推动农业生产“三品一标”的重要抓手，将财政支持、金融服务、生态补偿等扶持政策在生态农场落实落地。发挥市场主导作用，强化生态农场在生态农业发展中的主体地位，发挥其在产地环境治理、生产过程控制、产品质量提升、市场营销服务等方面的主体作用。提升社会参与度，把生态农场建设作为社会公众参与绿色低碳农业建设的切入点，搭建科研合作、成果推广、社会实践、互利共享的服务平台，打造各具特色的生态农业建设品牌。

（三）强化科技支撑

加强生态农业技术联合攻关，依托现代农业产业技术体系、科技创新联盟等支撑力量，抓紧突破关键核心技术和重要设施装备。加强生态农业技术集成推广，推进单项技术、产品、设备集成配套熟化，形成一批适合不同区域、不同领域的全链条综合解决方案。加快物联网、大数据、智能装备等在生态农场的应用，提升智能化、数字化、网络化水平。加强生态农业技术科普培训，组织编写生态农业科普出版物，举办科普专题讲座，组织专家进村入户开展培训宣传，提高市场主体和广大农民环保意识。

（四）注重宣传引导

深入总结各地在生态农场建设资金投入、政策支持、机制创新、技术服务、人才培养等方面的经验做法，遴选一批可看、可复制、可推广的典型案例。运用广播、电视、报纸、杂志、网站、新媒体等各类媒体，加大典型宣传力度，讲好生态农场故事。广泛宣传生态农场在农业绿色发展、乡村生态振兴、农业农村减排固碳等工作中的重要作用，营造生态农场建设良好氛围。

政策摘要

关于开展2023年度国家级生态农场评价工作的通知

一、工作目标

2023年，预期建设300家左右国家级生态农场，带动各省建设3 000家以上地方生态农场，总结推广一批生态农业建设技术模式，宣传推介一批绿色优质农产品，构建生态农场跟踪监测机制，积极探索生态农业扶持政策，提高农业质量效益和竞争力，让生态农场建设成为支撑农业绿色转型和生态低碳农业发展的重要平台和有力抓手。

二、申报条件

（一）合法诚信经营

主体须为具有独立法人资格的家庭农场、农民专业合作社、企业等主体，登记注册5年以上。生产边界清晰，有合法的土地使用权，证明文件齐全。无不良信用、严重违法记录，近5年未发生过环境污染、生态破坏、危害食品安全等事件。

（二）生产基础良好

农场具备一定规模，产业布局合理，功能分区清晰，循环链条顺畅，土壤、灌溉水、养殖用水、投入品等符合相关标准要求。以农业生产经营为主，农产品生产、加工和销售收入占总收入50%以上。品牌影响力强，质量管理体系完善。

（三）生态低碳发展

主体参与生态低碳农业建设积极性高。高效利用耕地、水、生物等自然资源，实现资源节约；降低农业生产对生态环境的影响，实现环境友好；促进农业资源多途径、多层级充分利用，实现循环利用；减少农业生产经营过程碳排放，增强固碳能力，推进清洁能源替代，实现低碳排放。

（四）地方重视支持

地方政府能够践行绿色发展理念，重视生态低碳农业建设，积极探索生态农业扶持政策，在规划指导、生态补偿、绿色金融等方面出台相关配套措施。优先支持国家农业绿色发展先行区、农业现代化示范区内主体申报。构建良好工作机制，组建专家队伍，督促主体建立生产经营台账，及时总结推广生态农业技术模式与典型建设模式。

三、申报程序

（一）申报渠道

可通过单位推荐和专家推荐两种方式进行申报。

1. 单位推荐。由各省（自治区、直辖市）农业环保、农村能源站（办、中心），新疆生产建设兵团农业技术推广总站组织，年度推荐数量限额见附件 1。

2. 专家推荐。由环保协会组织，环保协会常务理事推荐数量不超过 2 家，理事推荐数量不超过 1 家。

（二）材料报送

主体通过线上系统填写申报信息，并上传相关辅证材料（网址：http：//eco－farm. com. cn/apply）。

四、建设管理

通过技术指导、跟踪监测、政策扶持、品牌培育等多措并举，引导推动生态农场因地制宜探索建设模式和发展路径。

（一）强化生态农业技术指导

指导生态农场因地制宜推广应用产地保育、投入品减量、田园生态系统构建、农业废弃物资源化利用、清洁加工及绿色收储运等生态农业技术，形成一批技术模式。总结推广不同区域不同类型生态农场建设典型模式，定期开展实践交流、技术培训等。

（二）构建生态农业监测体系

督促生态农场建立台账，如实记录生产经营过程情况。加强跟踪评价，对生态农场化肥农药减量、秸秆综合利用、畜禽粪污资源化利用、地膜回收利用等情况进行定期查核，对农场水土环境、农产品质量开展定期抽测，对主体经济效益、可持续发展能力、社会责任履行等进行综合分析。

（三）探索生态农业扶持政策

以生态农场为对象，系统分析投入品减量、绿色投入品使用、水土资源节约、土壤质量提升、生物多样性保护、废弃物处置利用等的生态环境效益及其额外成本，建立生态农业措施补偿清单。基于各地突出生态环境问题，探索提出先行先试补偿政策建议，推动形成操作性强、引导作用明显的生态农业扶持政策。

（四）宣传推介一批绿色优质农产品

以多种形式普及宣传生态低碳农业及生态农场建设成果，推介一批生态农产品，打响生态农场品牌。促进消费者选择绿色低碳产品，引导民众了解农业多功能性，营造社会绿色消费氛围，激励更多市场主体参与生态农业实践。

五、有关要求

（一）加强组织领导

请各省级推荐单位高度重视，加强组织领导，明确任务分工，组织好申报工作。

（二）严把材料质量

按照生态农场建设要求，严格审核申报材料，确保申报材料的完整性、真实性和准确性。

（三）按时报送材料

请各省级推荐单位及时组织开展申报工作，严格按照申报控制数确定推荐名单，及时完成审核推荐。对于数据不实、材料不全、逾期报送的将不纳入本次评价范围。

农业农村部农业生态与资源保护总站

中国农业生态环境保护协会

2023年3月21日

十九、中国家庭农场申报

政策解析

补贴类别

1. 国家财政资金补贴。根据《中华人民共和国财政部农村经济发展专项资金管理办法》规定，国家财政将对符合条件的家庭农场给予一定的资金补贴。具体补贴标准根据不同的省市而有所不同，但一般都是按照每亩地或畜禽的数量来计算的。此外，家庭农场还可以享受税收优惠政策，如免征农业税、土地使用税等。

2. 农业保险补贴。为了保障家庭农场的经营风险，国家也出台了农业保险补贴政策。家庭农场可以购买适当的农业保险，一旦发生自然灾害、疾病等情况，可以得到一定的保险赔偿。同时，政府还会对购买农业保险的家庭农场给予一定的保险补贴。

3. 农业技术培训补贴。为了提高家庭农场的生产技术和管理水平，政府会组织相关的农业技术培训，并对参加培训的家庭农场给予一定的补贴。这些培训包括农业生产技术、市场营销、财务管理等方面的内容，可以帮助家庭农场更好地开展经营活动。

4. 创业担保贷款。为了鼓励家庭农场的发展，政府还会为符合条件的家庭农场提供创业担保贷款。这些贷款可以用于购买种子、肥料、农机具等农业生产资料，也可以用于扩大农业生产规模。家庭农场可以根据自己的实际情况申请相应的贷款额度。

申请条件

1. 农业身份证明。通常包括户口本页或其他农业户口证明。

2. 设立登记申请书。这是注册家庭农场的正式申请文件。

3. 经营规模要求。要求经营规模相对稳定，土地要相对集中连片。通常要求土地租期或承包期在5年以上，并要求农场的经营规模达到当地农业部门的要求。提供土地承包或流转的证明文件。

4. 选择经济组织模式。可以选择个体工商户、个人独资企业、合伙企业、有限责任公司等其他组织形式。选择经济组织模式将影响经济责任和资本要求。

【申请流程】

1. 了解政策。在申请家庭农场补贴之前，首先需要了解相关的政策和补贴标准。可以通过政府官网、农业部门网站、农业社区等途径获取相关信息，也可以咨询当地的农业部门或农业协会。

2. 准备材料。在申请家庭农场补贴时，需要准备相关的申请材料。具体材料包括家庭农场的营业执照、土地使用证、种植养殖合同、经营计划书、生产经营情况报告等。

3. 填写申请表。在准备好相关材料之后，需要填写家庭农场补贴申请表。申请表中需要填写家庭农场的基本信息、生产经营情况、补贴申请金额等内容。同时，还需要附上相关的申请材料。

4. 递交申请。在填写完申请表并准备好相关材料之后，需要将申请材料递交到当地的农业部门或农业协会。在递交申请时，需要注意材料的完整性和真实性，以免影响申请的审批进程。

5. 审批结果。一般情况下，家庭农场的补贴申请需要经过审批才能获得补贴资金。审批结果通常会在 1 个月左右出来，家庭农场可以根据审批结果来决定是否继续经营。

二十、乡村振兴示范县、示范乡镇、示范村

政策解读

采取先创建后认定方式，建设 100 个左右乡村振兴示范县、1 000 个左右示范乡（镇）、10 000 个左右示范村，聚焦乡村振兴重点任务和薄弱环节，发挥示范引领和要素集聚作用。

政策全文

农业农村部 浙江省人民政府关于印发《高质量创建乡村振兴示范省推进共同富裕示范区建设行动方案（2021—2025年）》的通知

农业农村部机关有关司局，浙江省各市、县（市、区）人民政府，浙江省级有关单位：

现将《高质量创建乡村振兴示范省推进共同富裕示范区建设行动方案（2021—2025 年）》印发给你们，请认真抓好贯彻落实。

农业农村部 浙江省人民政府

2021 年 8 月 17 日

高质量创建乡村振兴示范省推进共同富裕示范区建设行动方案（2021—2025年）

推动共同富裕，短板弱项在农业农村，优化空间和发展潜力也在农业农村。为深入贯彻落实《中共中央、国务院关于支持浙江高质量发展建设共同富裕示范区的意见》，高质量创建乡村振兴示范省，高水平打造农业农村现代化浙江样板，扎实推进共同富裕示范区建设，特制定如下方案。

一、总体要求

（一）指导思想

以习近平新时代中国特色社会主义思想为指导，深入贯彻党的十九大和十九届二中、三中、四中、五中全会精神，全面贯彻落实习近平总书记关于三农工作重要论述和关于浙江工作的重要指示批示精神，立足新发展阶段、贯彻新发展理念、构建新发展格局，坚持稳中求进工作总基调，坚持农业农村优先发展，坚持改革创新，以率先实现城乡一体化发展为引领，以缩小城乡区域发展差距、促进农民共同富裕为主攻方向，更加注重向相对欠发达地区倾斜、向农村困难群众倾斜，深入实施新时代浙江三农工作“369”行动，深入探索破解城乡二元结构、健全城乡融合发展的体制机制，着力在发展现代农业、培育新产业新业态、推进绿色低碳转型、建设美丽宜居乡村、深化农村改革、创新乡村治理等方面先行示范，全面推进乡村产业振兴、人才振兴、文化振兴、生态振兴、组织振兴，不断增强农民群众的获得感、幸福感、安全感和认同感，为实现农业高质高效、乡村宜居宜业、农民富裕富足提供浙江经验。

（二）行动目标

到2025年，乡村振兴示范省引领作用充分发挥，有条件的地区率先基本实现农业农村现代化，共同富裕先行先试取得明显成效，形成一批可复制可推广的经验模式。粮食等重要农产品供给保障能力不断提升，现代乡村产业体系更加健全，高效生态农业质量效益明显提高，绿色产品价值实现机制初步建立；“千万工程”持续深化，新时代美丽乡村全域建成，生态环境向美丽经济加速转化；农业农村优先发展保障机制系统建立，城乡融合发展体制机制和政策体系更加健全，农村生活设施便利化、城乡基本公共服务均等化率先实现，乡村治理体系和治理能力现代化水平显著提升；农民收入持续较快增长，乡村中等收入群体不断扩大，城乡居民收入和生活水平差距持续缩小，农村居民人均可支配收入达到4.4万元，低收入农户人均可支配收入达到2.4万元，城乡居民收入倍差缩小到1.9以内，全面消除年家庭人均收入1.3万元以下情况。

二、重点任务

（一）延伸乡村产业链条推动共同富裕

巩固提升粮食产能。落实粮食安全党政同责，加大对产粮大县、大镇、种粮大户政策支持力度，引导810万亩粮食生产功能区每年至少生产一季以上粮食作物。大力选育推广优质粮食品种，实施高标准农田建设工程，粮食播种面积和产量分别稳定在1 500万亩、120亿斤以上。推动生猪规模养殖，稳定生猪产能，猪肉自给率稳定在70%以上。建立健全粮食、生猪省域内产销调剂和利益补偿机制。促进农产品加工流通。大力发展现代农产品加工、流通业，建设农产品加工园、产地冷藏保鲜设施、产地冷链物流基地、电商专业村，形成国家、省、市、县现代农业产业园联动发展格局，基本实现农业产业强镇涉农县全覆盖，培育打造10条百亿级农业产业链。推进产业集聚发展。聚焦粮油、蔬菜、水果、茶叶、中药材、畜禽、水产、干果等优势特色产品，优化产业布局，增强集聚效应，打造一批特色农产品优势区，建设一批优势特色产业集群。梯次推进农业现代化示范区创建，“十四五”末力争覆盖30%的涉农县。培育农业经营主体。推动家庭农场和农民合作社高质量发展，把更多农业规模经营户培育成有活力的家庭农场，增强农民合作社服务带动能力。大力培育专业服务公司、服务专业户等主体，为小农户提供更多专业化服务。实施农业产业化龙头企业提升行动，支持龙头企业在县域布局，更多地把产业链主体留在县域、增值收益留给农民。实施十万农创客培育工程，带动百万农民就地就近就业创业。（农业农村部发展规划司、计划财务司、乡村产业发展司、农村合作经济指导司、市场与信息化司、科技教育司、种植业管理司、畜牧兽医局、渔业渔政管理局、种业管理司、农田建设管理司，浙江省农业农村厅、经济和信息化厅、人力资源和社会保障厅、自然资源厅、商务厅、粮食和物资储备局按职能分工负责）

（二）拓展农业多种功能带动共同富裕

优化提升乡村休闲旅游。规范提升休闲农庄、农家乐、采摘基地、主题民宿等，积极发展市民农园、共享农庄、认养菜地等新模式。实施乡村休闲旅游精品工程，建设一批全国休闲农业重点县，培育一批中国美丽休闲乡村，打造一批休闲农业和乡村旅游精品园区、精品线路，大力推介浙江8条休闲农业重点发展带、58个重点发展区，打响“诗画浙江·浙里田园”休闲农业品牌。催化发展乡村康养产业。因地制宜发展温泉疗养、中医养生、健康养老、运动健身等新产业新业态，推动建设一批职工疗休养基地。在符合相关规定、规划的前提下，推动闲置农房盘活利用，配套完善农村生活性服务业，吸引城市居民到农村养老。活化传承乡村文化价值。依托重要农业文化遗产和农村各类非物质文化遗产资源，加强传统手工技艺与产品创意开发，开展研学科普、农事体验、手工制作等活动，推进“跟着节气游乡村”。深化历史文化（传统）村落保护利用，打造民俗村、风情街。深入实施“诗画浙江·百县千碗”工程，培育发展地方特色小吃产业，大力开展“妈妈的味道”活动，讲好美食背后的文化故事。（农业农村部乡村产业发展司、农村社会事业促进司、农村合作经济指导司，浙江省农业农村厅、民政厅、文化和旅游厅、卫生健康委员会、体育局、总工会、妇女联合会按职能分工负责）

（三）发展绿色生态农业促动共同富裕

发展绿色低碳循环产业。因地制宜发展茶叶、油茶、水果、笋竹、香榧等产业，发挥木本植物固碳作用。大力发展生态循环农业，推进秸秆、尾菜、农膜、畜禽粪污等农业废弃物资源化产业化利用，加快建立植物生产、动物转化、微生物还原的种养循环体系。率先推进现代农业产业园区和优势特色产业集群循环化改造，建设一批具有引领作用的循环经济园区和基地。推广绿色低碳生产方式。实施农业生产“三品一标”提升行动，推动品种培优、品质提升、品牌打造和标准化生产。全域推行“肥药两制”改革，推广应用测土配方、水肥一体、有机肥替代化肥、绿色防控等技术和产品，持续推进化学肥料、农药减量化。推进畜禽养殖圈舍低碳化建设和改造，推广水稻田精准灌排技术，发展水产绿色健康养殖，减少重点种养环节碳排放。加快绿色高效、节能低碳的农产品加工技术集成应用，发展农产品绿色低碳运输。深入推进国家农业绿色发展先行区建设，制定实施农业领域碳达峰专项行动计划，探索对绿色低碳农业给予专项补贴。健全生态产品价值实现机制。严格农产品质量安全监管，深入推行食用农产品达标合格证制度。加大绿色食品培育力度，新认定2 000个以上绿色食品，建立优质农产品评价体系，推进绿色农产品优质优价。探索开展农业生态产品价值评估，完善农业生态产品价格形成机制，推动将农业项目纳入碳排放权交易市场。协同推进生态产品市场交易与生态保护补偿，实现生态产品价值有效转化。（农业农村部发展规划司、计划财务司、乡村产业发展司、市场与信息化司、科技教育司、农产品质量安全监管司、种植业管理司、畜牧兽医局、渔业渔政管理局，浙江省农业农村厅、发展和改革委员会、生态环境厅、农业科学院、林业局按职能分工负责）

（四）强化农业科技创新驱动共同富裕

推进关键技术联合攻关。聚焦现代农业生物技术、绿色智慧高效生态农业生产技术、农产品质量安全与生命健康三大主攻方向，开展核心技术攻关。建立部省农业科技创新协作机制，推进农业科技创新高能级平台建设，共同建设一批农业重点实验室和产学研联盟，鼓励涉农院士、专家以设立工作站、双聘等形式参与浙江农业科技创新，加强浙江大学、浙江农林大学涉农学科建设。全面推进全国农业科技现代化先行县建设。推进现代种业强省建设。健全种质资源保护机制，完善国家级农作物、畜禽、水产种质资源保护体系。实施现代种业提升工程和良种重大科研联合攻关项目，选育一批突破性高产优质多抗动植物新品种，高质量推进南繁基地建设。引导涉农央企加强与浙江种业集团和相关种业企业的合作。推进农机装备现代化。高质量推进农业“机器换人”，积极推动丘陵山区、特色产业等先进适用机械装备研发应用，提高粮油、果蔬茶菌、畜牧、水产养殖、林业作业等关键环节农机化程度，有条件的地区率先基本实现农业机械化。推进农机新产品购置补贴试点，加快农机报废更新补贴实施进度，推进安全生产和绿色发展。推进智慧农业引领示范。推广资源监测、生长感知、肥力监测、质量安全管控监测、农业物联网等技术，建设一批数字农业工厂、数字牧场、数字渔场，加快规模种养基地数字化改造。搭建商渔船防碰撞等数字化应用场景。（农业农村部计划财务司、市场与信息化司、科技教育司、农产品质量安全监管司、种植业管理司、畜牧兽医局、渔业渔政管理局、种业管理司、农业机械化管理司，浙江省农业农村厅、经济和信息化厅、教育厅、科学技术厅、农业科学院、大数据发展管理局、林业局按职能分工负责）

（五）建设美丽宜居乡村联动共同富裕

推进城乡基础设施同规同网。健全城乡基础设施统一规划、统一建设、统一管护机制。加快“四好农村路”示范创建提质扩面，加强村内主干道建设，行政村通双向车道占比达到58%。健全县乡村三级农村寄递物流体系，推进“快递进村”全覆盖。完善农村饮水县级统管体制机制，推动城乡同质化供水。实施乡村电气化提升工程，推动城市天然气配气管网向乡镇和城郊村、中心村延伸，加快数字乡村建设，实现所有乡镇及重点行政村5G信号全覆盖。推进城乡基本公共服务同质同标。建立健全基本公共服务标准化体系，推动城市优质服务资源向农村覆盖，推广城乡教育共同体、医疗服务共同体模式，完善城乡统一的社会保障体系。深入实施文化惠民工程，持续开展乡村村晚等活动。推进农村人居环境高水平提升。健全农村人居环境长效管护机制，农村生活污水治理行政村覆盖率和出水水质达标率均达到95%以上，农村生活垃圾分类处理基本覆盖所有行政村。高水平推进卫生村镇建设，全面普及无害化卫生户厕，扎实推进城乡环卫一体化管理。提升农房建设质量，加强农村危房改造，探索建立农村低收入人口基本住房安全保障机制，塑造江南韵、古镇味、现代风的新江南水乡风貌。推进新时代美丽乡村建设。实施深化“千万工程”建设新时代美丽乡村行动计划，推进乡村风貌微改造，新时代美丽乡村建设全面达标。全面推进党建联盟建设，开展未来乡村建设试点，迭代打造美丽乡村新标杆。推广“大下姜”乡村联合体共富模式，推进片区化组团式发展，建设100条新时代美丽乡村共同富裕带。（农业农村部农村社会事业促进司，浙江省农业农村厅、发展和改革委员会、教育厅、民政厅、财政厅、人力资源和社会保障厅、住房和城乡建设厅、交通运输厅、水利厅、文化和

旅游厅、卫生健康委员会、国家电网浙江省电力公司、通信管理局按职能分工负责）

（六）深化农村改革拉动共同富裕

深化农村土地制度改革。稳步开展第二轮土地承包到期后再延长30年试点。深化农村宅基地制度改革试点，在做好房地一体宅基地确权登记等工作并取得法律授权的基础上有序开展全省域农民住房财产权（含宅基地使用权）抵押贷款试点，在不突破现有法律政策规定的前提下积极稳妥开展多种形式的闲置宅基地和闲置农房盘活利用工作。审慎推进农村集体经营性建设用地入市。高质量推进乡村全域土地综合整治与生态修复项目，整治产生的节余用地指标优先用于发展乡村产业。加强农村产权流转交易和管理信息网络平台建设，提供综合性交易服务。深化农村集体产权制度改革。持续推进农村集体经营性资产股份合作制改革，探索股权流转、有偿退出、抵押、担保、继承等权能实现形式，增加农民财产权益。实施村级集体经济巩固提升三年行动，推进农村集体资产盘活利用，丰富集体经济发展路径，年经营性收入50万元以上行政村占比达到50%，全面消除年经营性收入10万元以下情况。把农村改革试验区范围扩大到更多县（市、区）。创新农业支持保护政策。率先建立以绿色生态为导向的农业支持保护政策体系，优化生产者补贴制度。加大央行政策性资金定向支持力度，率先建成新型农业经营主体信用体系，巩固面向所有农户的免担保小额普惠贷款成果，扩大农村资产抵押担保融资范围。深入推进基层农担服务机制创新，做大政策性农业信贷担保规模。扩大粮食作物完全成本保险和收入保险试点，深入实施中央财政对优势特色农产品保险以奖代补政策。开展农业农村投资“一件事+明白纸”集成试点。创新乡村治理体系。加强全国乡村治理体系建设试点示范，建设乡村治理体系和治理能力现代化浙江样板。深入实施“阳光治理”工程，完善党组织领导的自治法治德治智治“四治融合”乡村治理体系，探索推广线上“村民说事”等新模式，宣传推介一批乡村治理典型范例。（农业农村部政策与改革司、计划财务司、农村合作经济指导司，浙江省农业农村厅、省委组织部、省委政法委员会、司法厅、财政厅、自然资源厅、中国人民银行杭州中心支行按职能分工负责）

三、保障措施

（一）强化组织领导

发挥部省共建乡村振兴示范省协调小组作用，加强组织推动和统筹协调，每年制定工作要点，及时调度进展情况，研究解决遇到的问题。农业农村部发展规划司和浙江省农业农村厅作为联络单位，具体负责沟通协调、跟踪调度、典型宣传等工作。（农业农村部发展规划司，浙江省农业农村厅按职能分工负责）

（二）强化政策保障

坚持部省共建、以省为主，浙江省切实承担主体责任，聚焦重点、聚集资源、聚合力量，推动改革破难、先行先试，力争形成一批推动共同富裕的标志性成果。农业农村部有针对性地加强政策扶持，优先将相关改革试点、探索示范任务赋予浙江，加强宏观指导和监督检查。（农业农村部有关司局，浙江省有关厅局按职能分工负责）

（三）强化人才支撑

组建浙江省农业农村现代化研究院，成立由部属单位专家、国内一流学者组成的乡村振兴示范省专家智库，每年确定一批重点课题开展研究，提供咨询服务。双方按照中央有关规定互派干部挂职锻炼，重点负责协调推动行动方案落实。（农业农村部人事司、政策与改革司、发展规划司、计划财务司，浙江省委组织部、农业农村厅按职能分工负责）

（四）强化典型引路

率先建立客观反映乡村振兴进展的指标和统计体系，完善监测评估机制。扎实推进率先基本实现农业农村现代化试点工作，每年选择部分县（市、区）开展共同富裕先行先试，总结推广经验做法，发挥示范引领作用。（农业农村部发展规划司，浙江省农业农村厅、统计局按职能分工负责）

二十一、人居环境整治提升行动

政策全文

中共中央办公厅　国务院办公厅印发《农村人居环境整治提升五年行动方案（2021—2025年）》

近日，中共中央办公厅、国务院办公厅印发了《农村人居环境整治提升五年行动方案（2021—2025年）》，并发出通知，要求各地区各部门结合实际认真贯彻落实。《农村人居环境整治提升五年行动方案（2021—2025年）》全文如下。

改善农村人居环境，是以习近平同志为核心的党中央从战略和全局高度作出的重大决策部署，是实施乡村振兴战略的重点任务，事关广大农民根本福祉，事关农民群众健康，事关美丽中国建设。2018年农村人居环境整治三年行动实施以来，各地区各部门认真贯彻党中央、国务院决策部署，全面扎实推进农村人居环境整治，扭转了农村长期以来存在的脏乱差局面，村庄环境基本实现干净整洁有序，农民群众环境卫生观念发生可喜变化、生活质量普遍提高，为全面建成小康社会提供了有力支撑。但是，我国农村人居环境总体质量水平不高，还存在区域发展不平衡、基本生活设施不完善、管护机制不健全等问题，与农业农村现代化要求和农民群众对美好生活的向往还有差距。为加快农村人居环境整治提升，制定本方案。

一、总体要求

（一）指导思想

以习近平新时代中国特色社会主义思想为指导，深入贯彻党的十九大和十九届二中、三中、四中、五中、六中全会精神，坚持以人民为中心的发展思想，践行绿水青山就是金山银山的理念，深入学习推广浙江“千村示范、万村整治”工程经验，以农村厕所革命、生活污水垃圾治理、村容村貌提升为重点，巩固拓展农村人居环境整治三年行动成果，全面提升农村人居环境质量，为全面推进乡村振兴、加快农业农村现代化、建设美丽中国提供有力支撑。

（二）工作原则

——坚持因地制宜，突出分类施策。同区域气候条件和地形地貌相匹配，同地方经济社会发展能力和水平相适应，同当地文化和风土人情相协调，实事求是、自下而上、分类确定治理标准和目标任务，坚持数量服从质量、进度服从实效，求好不求快，既尽力而为，又量力而行。

——坚持规划先行，突出统筹推进。树立系统观念，先规划后建设，以县域为单位统筹推进农村人居环境整治提升各项重点任务，重点突破和综合整治、示范带动和整体推进相结合，合理安排建设时序，实现农村人居环境整治提升与公共基础设施改善、乡村产业发展、乡风文明进步等互促互进。

——坚持立足农村，突出乡土特色。遵循乡村发展规律，体现乡村特点，注重乡土味道，保留乡村风貌，留住田园乡愁。坚持农业农村联动、生产生活生态融合，推进农村生活污水垃圾减量化、资源化、循环利用。

——坚持问需于民，突出农民主体。充分体现乡村建设为农民而建，尊重村民意愿，激发内生动力，保障村民知情权、参与权、表达权、监督权。坚持地方为主，强化地方党委和政府责任，鼓励社会力量积极参与，构建政府、市场主体、村集体、村民等多方共建共管格局。

——坚持持续推进，突出健全机制。注重与农村人居环境整治三年行动相衔接，持续发力、久久为功，积小胜为大成。建管用并重，着力构建系统化、规范化、长效化的政策制度和工作推进机制。

（三）行动目标

到2025年，农村人居环境显著改善，生态宜居美丽乡村建设取得新进步。农村卫生厕所普及率稳步提高，厕所粪污基本得到有效处理；

农村生活污水治理率不断提升，乱倒乱排得到管控；农村生活垃圾无害化处理水平明显提升，有条件的村庄实现生活垃圾分类、源头减量；农村人居环境治理水平显著提升，长效管护机制基本建立。

东部地区、中西部城市近郊区等有基础、有条件的地区，全面提升农村人居环境基础设施建设水平，农村卫生厕所基本普及，农村生活污水治理率明显提升，农村生活垃圾基本实现无害化处理并推动分类处理试点示范，长效管护机制全面建立。

中西部有较好基础、基本具备条件的地区，农村人居环境基础设施持续完善，农村户用厕所愿改尽改，农村生活污水治理率有效提升，农村生活垃圾收运处置体系基本实现全覆盖，长效管护机制基本建立。

地处偏远、经济欠发达的地区，农村人居环境基础设施明显改善，农村卫生厕所普及率逐步提高，农村生活污水垃圾治理水平有新提升，村容村貌持续改善。

二、扎实推进农村厕所革命

（四）逐步普及农村卫生厕所

新改户用厕所基本入院，有条件的地区要积极推动厕所入室，新建农房应配套设计建设卫生厕所及粪污处理设施设备。重点推动中西部地区农村户厕改造。合理规划布局农村公共厕所，加快建设乡村景区旅游厕所，落实公共厕所管护责任，强化日常卫生保洁。

（五）切实提高改厕质量

科学选择改厕技术模式，宜水则水、宜旱则旱。技术模式应至少经过一个周期试点试验，成熟后再逐步推开。严格执行标准，把标准贯穿于农村改厕全过程。在水冲式厕所改造中积极推广节水型、少水型水冲设施。加快研发干旱和寒冷地区卫生厕所适用技术和产品。加强生产流通领域农村改厕产品质量监管，把好农村改厕产品采购质量关，强化施工质量监管。

（六）加强厕所粪污无害化处理与资源化利用

加强农村厕所革命与生活污水治理有机衔接，因地制宜推进厕所粪污分散处理、集中处理与纳入污水管网统一处理，鼓励联户、联村、村镇一体处理。鼓励有条件的地区积极推动卫生厕所改造与生活污水治理一体化建设，暂时无法同步建设的应为后期建设预留空间。积极推进农村厕所粪污资源化利用，统筹使用畜禽粪污资源化利用设施设备，逐步推动厕所粪污就地就农消纳、综合利用。

三、加快推进农村生活污水治理

（七）分区分类推进治理

优先治理京津冀、长江经济带、粤港澳大湾区、黄河流域及水质需改善控制单元等区域，重点整治水源保护区和城乡结合部、乡镇政府驻地、中心村、旅游风景区等人口居住集中区域农村生活污水。开展平原、山地、丘陵、缺水、高寒和生态环境敏感等典型地区农村生活污水治理试点，以资源化利用、可持续治理为导向，选择符合农村实际的生活污水治理技术，优先推广运行费用低、管护简便的治理技术，鼓励居住分散地区探索采用人工湿地、土壤渗滤等生态处理技术，积极推进农村生活污水资源化利用。

（八）加强农村黑臭水体治理

摸清全国农村黑臭水体底数，建立治理台账，明确治理优先序。开展农村黑臭水体治理试点，以房前屋后河塘沟渠和群众反映强烈的黑臭水体为重点，采取控源截污、清淤疏浚、生态修复、水体净化等措施综合治理，基本消除较大面积黑臭水体，形成一批可复制可推广的治理模式。鼓励河长制湖长制体系向村级延伸，建立健全促进水质改善的长效运行维护机制。

四、全面提升农村生活垃圾治理水平

（九）健全生活垃圾收运处置体系

根据当地实际，统筹县乡村三级设施建设和服务，完善农村生活垃圾收集、转运、处置设施和模式，因地制宜采用小型化、分散化的无害化处理方式，降低收集、转运、处置设施建设和运行成本，构建稳定运行的长效机制，加强日常监督，不断提高运行管理水平。

（十）推进农村生活垃圾分类减量与利用

加快推进农村生活垃圾源头分类减量，积极探索符合农村特点和农民习惯、简便易行的分类处理模式，减少垃圾出村处理量，有条件的地区基本实现农村可回收垃圾资源化利用、易腐烂垃圾和煤渣灰土就地就近消纳、有毒有害垃圾单独收集贮存和处置、其他垃圾无害化处理。有序开展农村生活垃圾分类与资源化利用示范县创建。协同推进农村有机生活垃圾、厕所粪污、农业生产有机废弃物资源化处理利用，以乡镇或行政村为单位建设一批区域农村有机废弃物综合处置利用设施，探索就地就近就农处理和资源化利用的路径。扩大供销合作社等农村再生资源回收利用网络服务覆盖面，积极推动再生资源回收利用网络与环卫清运网络合作融合。协同推进废旧农膜、农药肥料包装废弃物回收处理。积极探索农村建筑垃圾等就地就近消纳方式，鼓励用于村内道路、入户路、景观等建设。

五、推动村容村貌整体提升

（十一）改善村庄公共环境

全面清理私搭乱建、乱堆乱放，整治残垣断壁，通过集约利用村庄内部闲置土地等方式扩大村庄公共空间。科学管控农村生产生活用火，加强农村电力线、通信线、广播电视线“三线”维护梳理工作，有条件的地方推动线路违规搭挂治理。健全村庄应急管理体系，合理布局应急避难场所和防汛、消防等救灾设施设备，畅通安全通道。整治农村户外广告，规范发布内容和设置行为。关注特殊人群需求，有条件的地方开展农村无障碍环境建设。

（十二）推进乡村绿化美化

深入实施乡村绿化美化行动，突出保护乡村山体田园、河湖湿地、原生植被、古树名木等，因地制宜开展荒山荒地荒滩绿化，加强农田（牧场）防护林建设和修复。引导鼓励村民通过栽植果蔬、花木等开展庭院绿化，通过农村“四旁”（水旁、路旁、村旁、宅旁）植树推进村庄绿化，充分利用荒地、废弃地、边角地等开展村庄小微公园和公共绿地建设。支持条件适宜地区开展森林乡村建设，实施水系连通及水美乡村建设试点。

（十三）加强乡村风貌引导

大力推进村庄整治和庭院整治，编制村容村貌提升导则，优化村庄生产生活生态空间，促进村庄形态与自然环境、传统文化相得益彰。加强村庄风貌引导，突出乡土特色和地域特点，不搞千村一面，不搞大拆大建。弘扬优秀农耕文化，加强传统村落和历史文化名村名镇保护，积极推进传统村落挂牌保护，建立动态管理机制。

六、建立健全长效管护机制

（十四）持续开展村庄清洁行动

大力实施以“三清一改”（清理农村生活垃圾、清理村内塘沟、清理畜禽养殖粪污等农业生产废弃物，改变影响农村人居环境的不良习惯）为重点的村庄清洁行动，突出清理死角盲区，由“清脏”向“治乱”拓展，由村庄面上清洁向屋内庭院、村庄周边拓展，引导农民逐步养成良好卫生习惯。结合风俗习惯、重要节日等组织村民清洁村庄环境，通过“门前三包”等制度明确村民责任，有条件的地方可以设立村庄清洁日等，推动村庄清洁行动制度化、常态化、长效化。

（十五）健全农村人居环境长效管护机制

明确地方政府和职责部门、运行管理单位责任，基本建立有制度、有标准、有队伍、有经费、有监督的村庄人居环境长效管护机制。利用好公益性岗位，合理设置农村人居环境整治管护队伍，优先聘用符合条件的农村低收入人员。明确农村人居环境基础设施产权归属，建立健全设施建设管护标准规范等制度，推动农村厕所、生活污水垃圾处理设施设备和村庄保洁等一体化运行管护。有条件的地区可以依法探索建立农村厕所粪污清掏、农村生活污水垃圾处理农户付费制度，以及农村人居环境基础设施运行管护社会化服务体系和服务费市场化形成机制，逐步建立农户合理付费、村级组织统筹、政府适当补助的运行管护经费保障制度，合理确定农户付费分担比例。

七、充分发挥农民主体作用

（十六）强化基层组织作用

充分发挥农村基层党组织领导作用和党员先锋模范作用，在农村人居环境建设和整治中深入开展美好环境与幸福生活共同缔造活动；进一步发挥共青团、妇联、少先队等群团组织作用，组织动员村民自觉改善农村人居环境。健全党组织领导的村民自治机制，村级重大事项决策实行“四议两公开”，充分运用“一事一议”筹资筹劳等制度，引导村集体经济组织、农民合作社、村民等全程参与农村人居环境相关规划、建设、运营和管理。实行农村人居环境整治提升相关项目公示制度。鼓励通过政府购买服务等方式，支持有条件的农民合作社参与改善农村人居环境项目。引导农民或农民合作组织依法成立各类农村环保组织或企业，吸纳农民承接本地农村人居环境改善和后续管护工作。以乡情乡愁为纽带吸引个人、企业、社会组织等，通过捐资捐物、结对帮扶等形式支持改善农村人居环境。

（十七）普及文明健康理念

发挥爱国卫生运动群众动员优势，加大健康宣传教育力度，普及卫生健康和疾病防控知识，倡导文明健康、绿色环保的生活方式，提高农民健康素养。把转变农民思想观念、推行文明健康生活方式作为农村精神文明建设的重要内容，把使用卫生厕所、做好垃圾分类、养成文明习惯等纳入学校、家庭、社会教育，广泛开展形式多样、内容丰富的志愿服务。将改善农村人居环境纳入各级农民教育培训内容。持续推进城乡环境卫生综合整治，深入开展卫生创建，大力推进健康村镇建设。

（十八）完善村规民约

鼓励将村庄环境卫生等要求纳入村规民约，对破坏人居环境行为加强批评教育和约束管理，引导农民自我管理、自我教育、自我服务、自我监督。倡导各地制定公共场所文明公约、社区噪声控制规约。深入开展美丽庭院评选、环境卫生红黑榜、积分兑换等活动，提高村民维护村庄环境卫生的主人翁意识。

八、加大政策支持力度

（十九）加强财政投入保障

完善地方为主、中央适当奖补的政府投入机制，继续安排中央预算内投资，按计划实施农村厕所革命整村推进财政奖补政策，保障农村环境整治资金投入。地方各级政府要保障农村人居环境整治基础设施建设和运行资金，统筹安排土地出让收入用于改善农村人居环境，鼓励各地通过发行地方政府债券等方式用于符合条件的农村人居环境建设项目。县级可按规定统筹整合改善农村人居环境相关资金和项目，逐村集中建设。通过政府和社会资本合作等模式，调动社会力量积极参与投资收益较好、市场化程度较高的农村人居环境基础设施建设和运行管护项目。

（二十）创新完善相关支持政策

做好与农村宅基地改革试点、农村乱占耕地建房专项整治等政策衔接，落实农村人居环境相关设施建设用地、用水用电保障和税收减免等政策。在严守耕地和生态保护红线的前提下，优先保障农村人居环境设施建设用地，优先利用荒山、荒沟、荒丘、荒滩开展农村人居环境项目建设。引导各类金融机构依法合规对改善农村人居环境提供信贷支持。落实村庄建设项目简易审批有关要求。鼓励村级组织和乡村建设工匠等承接农村人居环境小型工程项目，降低准入门槛，具备条件的可采取以工代赈等方式。

（二十一）推进制度规章与标准体系建设

鼓励各地结合实际开展地方立法，健全村庄清洁、农村生活污水垃圾处理、农村卫生厕所管理等制度。加快建立农村人居环境相关领域设施设备、建设验收、运行管护、监测评估、管理服务等标准，抓紧制定修订相关标准。大力宣传农村人居环境相关标准，提高全社会的标准化意识，增强政府部门、企业等依据标准开展工作的主动性。依法开展农村人居环境整治相关产品质量安全监管，创新监管机制，适时开展抽检，严守质量安全底线。

（二十二）加强科技和人才支撑

将改善农村人居环境相关技术研究创新列入国家科技计划重点任务。加大科技研发、联合攻关、集成示范、推广应用等力度，鼓励支持科研机构、企业等开展新技术新产品研发。围绕绿色低碳发展，强化农村人居环境领域节能节水降耗、资源循环利用等技术产品研发推广。加强农村人居环境领域国际合作交流。举办农村人居环境建设管护技术产品展览展示。加强农村人居环境领域职业教育，强化相关人才队伍建设和技能培训。继续选派规划、建筑、园艺、环境等行业相关专业技术人员驻村指导。推动全国农村人居环境管理信息化建设，加强全国农村人居环境监测，定期发布监测报告。

九、强化组织保障

（二十三）加强组织领导

把改善农村人居环境作为各级党委和政府的重要职责，结合乡村振兴整体工作部署，明确时间表、路线图。健全中央统筹、省负总责、市县乡抓落实的工作推进机制。中央农村工作领导小组统筹改善农村人居环境工作，协调资金、资源、人才支持政策，督促推动重点工作任务落实。有关部门要各司其职、各负其责，密切协作配合，形成工作合力，及时出台配套支持政策。省级党委和政府要定期研究本地区改善农村人居环境工作，抓好重点任务分工、重大项目实施、重要资源配置等工作。市级党委和政府要做好上下衔接、域内协调、督促检查等工作。县级党委和政府要做好组织实施工作，主要负责同志当好一线指挥，选优配强一线干部队伍。将国有和乡镇农（林）场居住点纳入农村人居环境整治提升范围统筹考虑、同步推进。

（二十四）加强分类指导

顺应村庄发展规律和演变趋势，优化村庄布局，强化规划引领，合理确定村庄分类，科学划定整治范围，统筹考虑主导产业、人居环境、生态保护等村庄发展。集聚提升类村庄重在完善人居环境基础设施，推动农村人居环境与产业发展互促互进，提升建设管护水平，保护保留乡村风貌。城郊融合类村庄重在加快实现城乡人居环境基础设施共建共享、互联互通。特色保护类村庄重在保护自然历史文化特色资源、尊重原住居民生活形态和生活习惯，加快改善人居环境。“空心村”、已经明确的搬迁撤并类村庄不列入农村人居环境整治提升范围，重在保持干净整洁，保障现有农村人居环境基础设施稳定运行。对一时难以确定类别的村庄，可暂不作分类。

（二十五）完善推进机制

完善以质量实效为导向、以农民满意为标准的工作推进机制。在县域范围开展美丽乡村建设和美丽宜居村庄创建推介，示范带动整体提升。坚持先建机制、后建工程，鼓励有条件的地区推行系统化、专业化、社会化运行管护，推进城乡人居环境基础设施统筹谋划、统一管护运营。通过以奖代补等方式，引导各方积极参与，避免政府大包大揽。充分考虑基层财力可承受能力，合理确定整治提升重点，防止加重村级债务。

（二十六）强化考核激励

将改善农村人居环境纳入相关督查检查计划，检查结果向党中央、国务院报告，对改善农村人居环境成效明显的地方持续实施督查激励。将改善农村人居环境作为各省（自治区、直辖市）实施乡村振兴战略实绩考核的重要内容。继续将农业农村污染治理存在的突出问题列入中央生态环境保护督察范畴，强化农业农村污染治理突出问题监督。各省（自治区、直辖市）要加强督促检查，并制定验收标准和办法，到2025年年底以县为单位进行检查验收，检查结果与相关支持政策直接挂钩。完善社会监督机制，广泛接受社会监督。中央农村工作领导小组按照国家有关规定对真抓实干、成效显著的单位和个人进行表彰，对改善农村人居环境突出的地区予以通报表扬。

（二十七）营造良好舆论氛围

总结宣传一批农村人居环境改善的经验做法和典型范例。将改善农村人居环境纳入公益性宣传范围，充分借助广播电视、报纸杂志等传统媒体，创新利用新媒体平台，深入开展宣传报道。加强正面宣传和舆论引导，编制创作群众喜闻乐见的解读材料和文艺作品，增强社会公众认知，及时回应社会关切。

二十二、农业品牌精品培育

政策全文

农业农村部办公厅关于开展2024年农业品牌精品培育工作的通知

各省、自治区、直辖市农业农村（农牧）、畜牧兽医、渔业厅（局、委），新疆生产建设兵团农业农村局：

根据《农业农村部办公厅关于印发〈农业品牌精品培育计划（2022—2025年）〉的通知》（农办市〔2022〕8号）部署安排，现将2024年农业品牌精品培育有关工作通知如下。

一、工作目标

2024年，在前两年重点培育品类基础上，综合产业规模、品牌基础、市场消费和国内外影响力等因素，重点培育32个品类的区域公用品牌，包括粮油（大豆、木薯、燕麦、绿豆、红小豆、油菜籽）、果品（柿子、菠萝、香蕉、枣、山楂、龙眼）、蔬菜（黄瓜、芥菜、芦笋、芹菜、胡萝卜、冬瓜）、畜禽（肉牛、肉羊、鸡、鸭、鹅、牦牛、驴、鹿）、水产（鱼，侧重于鲤鱼、罗非鱼；甲壳，侧重于蟹；贝，侧重于牡蛎；藻）、中药材（天麻、枸杞），及其他在国内外市场具有较强竞争优势的品类。

二、培育条件

本通知培育的农业品牌，聚焦农产品区域公用品牌，具体是指在一个具有特定自然生态环境、历史人文因素的明确生产区域内，由相关组织所有，由若干农业生产经营主体共同使用的农产品品牌。品牌名称由“产地名＋产品名”构成，产地为县级或地市级。

（一）基本条件。区域公用品牌持有主体在中国境内登记机关依法登记，具有独立法人（社团、事业）资格；取得合法有效的商标注册；已获得地理标志相关认定/登记或全国名特优新农产品登录；已纳入省级农业品牌目录或省级农业品牌重点培育范围；已实施农业品牌授权管理，品牌授权使用主体经营状况和信用记录良好，无违法违规记录，且至少包括1家省级及以上农业产业化龙头企业或国家级农民合作社。

（二）品牌发展优势明显。品牌定位清晰，目标市场明确，具有明显的区域资源优势、历史人文特征和产业特色。区域环境资源独特，种养历史悠久，具有一定的产业规模，组织化程度高，实施信息化追溯，注重生态保护，具有较强的发展优势和市场潜力。

（三）品牌竞争力较强。品种优良，竞争优势明显，具有自主知识产权。品质突出，区域公用品牌授权使用主体通过绿色食品、有机农产品、良好农业规范（GAP）等认证比例较高。实施标准化生产，加强质量管理，注重科技创新，强化品质保障。文化底蕴深厚，具备传承弘扬中华优秀农耕文化的独特内涵，具有独特的品牌核心价值和品牌故事，积极开展品牌文化交流和推广。

（四）品牌发展力突出。政策扶持体系健全，建立有效的激励机制，为品牌高质量发展提供政策保障。品牌管理规范，具有品牌管理机构和运营团队，制定严格的授权管理制度。加强品牌保护，实施积极的保护策略，注重品牌监测、评价和服务。

（五）品牌影响力较大。品牌具有较好的认知度、知名度和美誉度。具有品牌宣传识别体系，具有较强的品牌传播能力和渠道运行能力。市场优势明显，品牌接触点便捷多样，在同类产品中拥有较高的市场占有率。品牌及其主体获得省部级及以上政府部门、国际权威机构颁发的相关荣誉或称号，获得国内外消费者积极认可。

（六）品牌带动力明显。品牌对产业发展具有较强带动力，有力促进产业提质增效和农民增收。品牌主体注重履行社会责任，对区域经济发展具有较强支撑力。

三、培育措施

（一）加强政策支持。各地要立足区域发展实际，统筹产业发展和市场消费需求，明确品牌发展定位，建立健全精品培育扶持和促进机制，确立阶段性工作目标、任务与举措，着力在资金、政策、服务等方面提供支持，促进精品培育品牌发展壮大。

（二）加大营销推介。利用展会节庆平台，组织开展专题展示展销活动。持续组织开展农业品牌精品培育全媒体公益宣展活动，充分组织传统媒体、新媒体等平台，赴品牌产地开展联合采访和宣传推广，突出品牌特色，讲好品牌故事，树立品牌形象，提高品牌传播声量。

（三）推动渠道对接。组织举办农产品产销对接系列活动，指导有关单位举办形式多样的渠道对接活动，支持品牌主体与大型优质供应链企业、电商等开展精准对接合作，推动精品培育品牌渠道升级，促进品牌农产品销售。

（四）加大海外推广。持续开展中国农业品牌全球行，组织品牌主体参加与品牌定位相符的境外知名展会，对标主要目标市场，开展展销供需对接活动。利用现有宣传资源平台，讲好中国农业品牌故事，加大海外宣传力度，扩大精品培育品牌国际知名度和认可度。推动品牌主体获取出口认证认可（GAP、HACCP 等），提升国际市场接受度和信任度。

（五）加强金融扶持。用好农业经营主体信贷直通车和农业农村基础设施融资项目库两个服务平台，推动与金融机构开展合作，构建金融支持农业品牌精品培育的有效模式和长效机制。鼓励政策性、开发性、商业性等各类金融机构创新融资模式，创设专属产品，优化信贷条件，为品牌核心授权使用主体提供精准高效的信贷支持。鼓励有关金融机构发挥网点、人员和平台优势，提供招商引资、供需对接等撮合服务，助力精品品牌打造。

四、组织实施

（一）组织推荐。省级农业农村部门负责组织初审和推荐工作，综合考虑产业发展布局、品牌特色优势和竞争力、市场消费趋势、文化底蕴内涵和国内外影响力等要素，建立健全科学的推荐机制，可适当向脱贫地区倾斜，新疆、西藏等地条件可适当放宽。培育推荐工作要坚持高标准，严格把关，规范程序，特别要对各地申报内容的真实性和规范性进行审查。其中，每个省（自治区、直辖市）每个品类最多推荐1个区域公用品牌，每个区域公用品牌推介1～3个核心授权使用主体，每个使用主体推介1～2个核心产品。

（二）统筹实施。农业农村部市场与信息化司统筹负责农业品牌精品培育工作。农业农村部农产品质量安全中心负责具体组织实施，农业农村部信息中心负责技术支持。省级农业农村部门应聚焦我部农业品牌精品培育计划和省级农业品牌目录开展农业品牌建设，不再重复性开展省级精品培育工作，推动形成上下联动、梯次培育的农业品牌目录体系。

（三）动态管理。纳入今年农业品牌精品培育计划的品牌，有效期为4年。品牌持有主体须提交年度建设进展情况。我部将组织抽查复核及评价，有效期内如发现虚假申报或存在违法违规等行为，一经查实，立即撤销。

（四）规范开展。农业品牌精品培育工作坚持公益性原则，禁止以此项工作名义谋取利益，不得向品牌主体收取费用，严守财经纪律，严防廉政风险。

（五）有关要求。申报主体登录中国农业品牌公共服务平台（http：//aboc. agri. cn），在线填报并上传相关附件材料，在线打印生成申报书。经省级农业农村部门审核并盖章后，于2024年6月30日前邮寄至农业农村部农产品质量安全中心。

农业农村部办公厅

2024年5月28日

第二部分
乡村产业奖励资金

XIANGCUN CHANYE ZUIXIN ZHENGCE YU XIANGMU SHENBAO ZHINAN

第四章　园区/基地等区域类政策资金

一、国家现代农业产业园项目

自2017年现代农业产业园建设工作全面启动以来，到2023年共批准创建了300个国家现代农业产业园，形成以园区引领农业现代化的良好格局。

每个创建通过的国家现代农业产业园，采取先补后建，只要通过创建，国家补助1亿元，用于开展园区建设，后续还有高额的低息贷款；有意向申报的地方可对现有资源进行整合做规划，作报告，进行排名。

创建现代农业产业园可获批建设用地资格。

创建现代农业产业园属于自带编制项目，创建通过，地方主管部门编制名额改变，等于地方增加了一个副处级单位。

入园企业可向国家开发银行贷款，利率1.5%，贷款年限25年，额度上不封顶。在各地现有的现代农业产业园的基础上，园里可继续申报创建国家田园综合体项目、国家农村产业融合发展示范园项目（5 000万元左右），国家农村一二三产业融合发展先导区（2 000万～3 000万元）等专项项目。

根据各省份农林牧渔业总产值确定国家现代农业产业园创建申请数量。总产值6 000亿元及以上、6 000亿元以下的省份，分别按2个和1个控制数申请创建国家现代农业产业园。

二、国家现代农业示范区项目

补助金额： 1 000万～2 000万元。

归口部门：农业农村部。

政策摘要

重点任务和分工如下。

（一）粮食绿色高产高效创建主题示范。选择一批示范区示范推广绿色高产高效创建关键技术，开展重点区域共性技术瓶颈攻关，集成组装绿色高产高效技术模式，打造绿色增产模式攻关升级版，引领农业生产方式转变。（种植业司负责）

（二）畜牧业绿色发展示范县创建主题示范。开展畜牧业绿色发展示范县创建活动，优先选择示范区整县推进畜禽废弃物减量化产生、无害化处理和资源化利用，建立绿色发展机制，优化区域布局，推进规模养殖，促进种养循环，示范带动全国畜牧业可持续发展。（畜牧业司、兽医局负责）

（三）水产健康养殖主题示范。选择一批示范区开展水产健康养殖示范创建活动，优化养殖区域布局，加强养殖污染防控，促进其达到生产条件标准化、生产操作规范化、生产管理制度化、示范辐射规模化，加快形成健康养殖的长效机制，促进渔业转型升级。（渔业局负责）

（四）主要农作物生产全程机械化主题示范。选择一批示范区开展主要农作物生产全程机械化试点，加快推进高效耕种收、烘干、秸秆处理、精准施肥施药、节水灌溉、残膜回收等先进适用机械化技术集成示范，促进示范区农业机械化发展提档升级。（农机化司负责）

（五）“互联网＋”现代农业主题示范。选择一批示范区开展“互联网＋”现代农业行动，发展智慧农业，开展“数字农业”示范，推进农业物联网区域试验和大数据发展应用，加快信息进村入户试点步伐，大力发展农业电子商务，开展农民手机应用技能培训，提升农业信息化水平。（市场司负责）

（六）农业经营体系升级主题示范。选择一批示范区大力培育家庭农场，促进农民合作社创新发展，支持龙头企业带动农业转型升级，深入推进“一村一品”特色产业发展，培育壮大新型农业服务主体，完善联农带农利益联结和共享长效机制。（经管司负责）

（七）新型职业农民培育主题示范。选择一批示范区开展新型农业经营主体带头人轮训和青年农场主培养计划，引导各类经营主体参与，精准培育一批新型职业农民，造就高素质现代农业生产经营者队伍。（科教司负责）

（八）农村一二三产业融合发展主题示范。选择一批示范区打造全国农村一二三产业融合先导区，促进新型经营主体发展加工流通和直供直销，与农户联合建设原料基地和营销设施等，采取股份合作制等形式，让农民共享农业全产业链增值收益。（加工局负责）

（九）农产品质量安全提升主题示范。选择一批示范区开展农产品质量安全县创建，着力推进生产标准化、发展绿色化、经营规模化、产品品牌化、监管法制化，建立覆盖全过程的农产品质量安全监管制度，打造标准化生产和依法监管样板区。（监管局负责）

（十）财政支农资金统筹使用主题示范。选择一批示范区开展财政支农资金统筹使用试点，以县级行政辖区为单位，创新资金使用管理机制，促进优势主导产业发展和农业现代化建设，提升资金使用整体效益。（财务司负责）

三、国家农业公园项目

（一）申报范围

全国范围内的村庄、社区、乡镇，与新农村建设、农业产业化相结合的乡村旅游景区。

（二）申报条件

1. 与乡村、农业文化相关的风景、风物、风俗、风情具有吸引广大旅游休闲者的资源禀赋与基本质素；

2. 产业结构中必须有农业产业（包括农林牧渔）作为重要方面；

3. 有对乡村实施绿色文明和可持续发展的基本要求与考量；

4. 以村域范围为主体来规划布局和开发建设；

5. 尽力保留原农户、农民的人居原生态，农民生活情景应活化与融化在农业公园游览体系当中；

6. 有相对完善的管理机构。

（三）评定标准

1. 乡村风景美丽。有吸引力较强的田园美景、地貌美景、水系美景和社区美景。

2. 农耕文化浓郁。有展示传统农耕文化和现代农耕文化的场所。

3. 民俗风情独特。有特色的饮食文化、特色的生产习俗、特色的生活习惯、特色的节令节庆、特色的民间工艺、特色的村规民约、特色的建筑人居。外界口碑评价良好。

4. 历史遗产有效传承。乡村遗产保护传承机制健全，保护传承措施完善，保护传承效果良好，有相应的乡村遗产保护传承荣誉。

5. 产业结构发展合理。耕地与农林用地保护状况良好，农业产业（农林牧渔）及内部产业结构和谐发展。

6. 生态环境优化。社区生态环境、产业区生态环境、旅游服务提供区生态环境良好。

7. 区内经济主体实力较强。经济组织形式先进、经济产业结构合理、经济管理模式健全、经济发展总量在同级区域中居于领先地位。

8. 区内居民生活幸福指数较高。居民人均住房面积、居民就业率、居民人均收入、居民子女入学率在同级区域中居于领先水平。

9. 服务设施配置完善。区内有较为完善的道桥游线设施、下榻接待设施、餐饮服务设施、娱乐休闲设施、购物消费设施、管理与导游设施、出行运载设施、通信视讯设施和康疗救护设施。

10. 品牌形象塑造良好。有鲜明、有特色的休闲农业与乡村旅游品牌形象，品牌传播力广、美誉度强。

11. 规划设计协调。现有规划设计符合国家农业公园各项标准要求。以上标准评分分值详见《国家农业公园申报评价体系》。

（四）申报程序

1. 申报单位自愿报名，填写国家农业公园申报表格，申报材料以报告的形式整理，并采用文字与图片的合理搭配方式，装订成册，以便专家评审。

2. 县区旅游和农业农村部门根据申报单位上报材料，联合进行初审，并在申报表格填写推荐意见，形成推荐报告，分别报送市旅游和农业农村部门。每个县区限推荐 1 个单位。

（五）评定办法

市旅游和农业农村部门根据申报单位上报材料和县区旅游、农业农村部门的推荐意见，组织有关专家进行实地调查与调研，综合确定评定结果。根据评定结果确定国家农业公园试点地点。对评定确定的候选地点按照《国家农业公园申报评价体系》进行指导完善，并上报省委农工办、省旅游局争取相关政策扶持，同时上报中国村社发展促进会申请中国农业公园创建单位资格认定。

补贴额度：一般省份的补贴额度为百万元级，具体数额视各地情况而定。

四、国家农业产业化示范基地项目

（一）申报条件

国家农业产业化示范基地由县（市、区）人民政府组织申报，具体条件是：

1. 具有一定发展基础的农产品加工或物流园区。园区有管委会等专门的管理部门，建设主体清晰，内部规章制度健全，组织管理、经营管理和社会化服务比较完善，运行2年以上，经营状况良好。

2. 龙头企业集群集聚。园区集聚了1家（含）以上国家重点龙头企业，5家（含）以上省级重点龙头企业，各类农业产业化龙头企业数量超过15家。东、中、西部地区示范基地内龙头企业总体年销售收入分别达到40亿元、30亿元、20亿元以上。

3. 规划编制科学合理。示范基地有经当地行政主管部门认可的建设规划或建设方案，且符合当地经济社会发展、土地利用和农业发展规划的总体要求。县（市、区）人民政府出台了支持园区农业产业化发展的政策措施，有财政专项扶持资金。

4. 农业组织化程度高，辐射带动作用明显。园区及园区内龙头企业能有效带动农民合作社、家庭农场、专业大户等新型经营主体或“一村一品”示范村，带动农户范围广、数量大，利益联结关系比较紧密。园区内龙头企业原料订单采购比例超过50%，参与产业化经营的农民人均纯收入高于当地平均水平。

5. 产业链条完整，加工转化增值能力较强。有与园区相配套的高标准原料基地，生产、加工、销售一体化经营程度比较高，仓储、包装、运输等产业配套发展。农产品加工转化比重大，产品附加值高，园区农产品加工业产值与原料采购额之比超过2∶1。科技创新能力较强。

6. 农产品品牌发展基础较好。获得无公害农产品、绿色食品、有机食品认证或农产品地理标志登记产品数量多，基地内企业产品获得省级以上各类品牌认证，有较高的市场知名度和影响力。

7. 公共服务平台初步建成。园区主管部门或当地科研、质检等行业主管部门自建或依托龙头企业，建设了技术创新、质量检测、物流信息、品牌推介等公共服务平台不少于1个，为园区内各类经营主体提供便捷优惠的公共服务。

8. 促进新型城镇化作用较为明显。园区所在县（市、区）或乡镇

（针对在一个乡镇行政区域范围内的农业产业化示范基地）的城镇化率高于全省平均水平，有效带动当地形成支柱产业，引导农村劳动力向二三产业转移，农村人口向园区所在城镇集聚，推动了城镇基础设施、公共服务设施和综合服务功能建设完善，加速了城乡统筹发展步伐。

（二）申报程序

示范基地由现有园区提出书面申请，当地县级人民政府组织申报，省级农业产业化主管部门组织专家评审后择优向农业部推荐。

（三）申报材料

1. 园区申报材料，主要包括园区概况、经济运行现状、基地建设情况、带动农民增收情况、农业产业转型升级情况、公共服务平台打造情况、带动城镇化发展情况以及具体申报理由；

2. 县（市、区）人民政府申报文件；

3. 省级农业产业化主管部门的意见和推荐文件；

4. 园区成立的相关文件或当地政府开具的所申报示范基地中农业产业化龙头企业在划定区域内集聚发展的证明材料；

5. 示范基地建设规划或建设方案等证明材料。

（四）认定程序

1. 农业部①农业产业化办公室对各地申报的示范基地材料进行初审；

2. 农业部农业产业化办公室从农业产业化专家库中随机抽取专家组成评审小组，对申报材料进行评估，提出评审意见；

3. 农业部农业产业化办公室根据专家评审意见提出初步名单，报部领导审定，并经公示无异议后，由农业部发文认定为国家农业产业化

① 相关文件发布日期为2011年，故用“农业部”称谓。

示范基地。

申报时间：约 9 月，扶持资金未定。

五、国家农村产业融合发展示范园创建项目

创建类型：包括产城融合型、产业链延伸型、多业态复合型、新技术渗透型、功能拓展型、农业内部融合型 6 种。

创建数量：到 2020 年全国创建 300 个。

创建原则：当年创建、次年认定；如 2017 年创建公布了首批 148 家，2018 年认定 100 家。

创建主体：县级政府机构，每个县申报 1 个；涉农企业及组织可参与创建。

补助金额：5 000 万元左右。

创建基本条件：各省市根据国家创建方案要求，结合本地实际情况，再具体确定本地区申报条件。

创建程序：

1. 各县级部门根据本省创建条件，组织承建单位编制示范园创建相关方案，再确定各创建类型项目后，向省级发改委提出创建申请；

2. 省级部门评审并择优选择具体示范园名单上报国家发改委，之后由国家发改委公布相关创建名单；

3. 示范创建 1 年后，国家发改委对验收合格的示范园，正式认定命名。

六、区域生态循环农业示范项目

申报对象：具有从事生态环境保护的专业人员和较强的技术力量，而且在工商部门注册不能低于 1 年，有经营能力，没有不良记录。

申报时间：8—12 月。

申报口径：农业农村部、国家农业综合开发办公室。

申报范围：农副资源收贮、农副资源饲料化加工、种养结合农田消

纳基地、畜禽养殖废弃物处理、秸秆综合利用、其他符合的建设内容。

七、绿色循环优质高效特色农业促进项目

支持内容：

一是建设标准化生产示范基地。以水果、蔬菜、茶叶等优质特色农产品为重点，推进生产设施、示范技术、质量管理标准化，建设全程绿色标准化生产示范基地，广泛应用病虫害统防统治、绿色防控、生物防治等措施，推广有机肥替代化肥；推进品种改良、品质改进，筛选一批优质、抗病、适应性强、适销对路的优良品种，恢复一批传统特色当家品种，提升良种繁育能力。推广果沼畜、菜沼畜、茶沼畜、稻渔（鸭）综合种养等生产模式，推动种养加一体、农牧渔结合循环发展。鼓励发展订单农业，推进农业生产社会化服务，按照绿色优质标准，为普通农户提供生产、加工、销售服务，保障产品质量和稳定原料供给。

二是延伸绿色优质特色农产品产业链。推进产加销、贸工农一体化发展，支持新型农业经营主体强化绿色优质特色农产品产后薄弱环节和关键环节基础设施条件建设，建设一批田头市场，在产地就近建设交易棚（厅）、水电配套等基础设施以及仓储、冷库等冷链物流设施，发展农产品清理、保鲜、烘干、分级、包装、副产物循环利用等初加工处理，支持有实力的企业发展农产品精深加工。推进“互联网＋现代农业”，与大型电商合作，建立绿色优质特色农产品电商平台或专属营销渠道。通过股份合作、“保底收益＋按股分红”等形式与农户建立紧密利益联结机制，让小农户充分享受二三产业增值收益。

三是加强质量管理和品牌运营服务。完善绿色优质特色农产品产地环境、生产资料、技术规程、产品等级等标准，推行产地标识管理、产品条码制度，推进产地准出和市场准入。完善投入品管理、档案记录、产品检测、合格证准出和质量追溯等制度，构建全程质量管理长效机制。围绕绿色优质特色农产品生产经营，推动企业创新技术、改良生产工艺、优化包装设计，提高产品档次，塑造品牌核心价值，打造地域特

色突出、产品特性鲜明的区域公用品牌和产品品牌。

支持方式：中央财政通过以奖代补方式对实施绿色循环优质高效特色农业促进项目予以补助。农业农村部、财政部按照相关因素测算下达补助资金。各省（自治区、广东省农垦总局）根据建设条件择优确定不超过3个项目，每个项目中央财政补助资金不得低于1 800万元。各地可按规定积极统筹整合其他相关渠道资金，集中用于促进绿色循环优质高效特色农业发展的关键环节。

申报时间：6月。

归口部门：农业农村部、财政部。

八、龙头企业带动产业发展试点项目

政策全文

农业农村部办公厅
关于开展第八批农业产业化国家重点龙头企业申报工作的通知

各省、自治区、直辖市农业农村（农牧）厅（局、委），新疆生产建设兵团农业农村局：

为贯彻中央1号文件精神和习近平总书记在中央农村工作会议上关于“强龙头、补链条、兴业态、树品牌，推动乡村产业全链条升级”重要指示精神，经全国农业产业化联席会议（“农业产业化联席会议”以下简称“联席会议”）研究，决定开展第八批农业产业化国家重点龙头企业认定工作。现将有关事宜通知如下。

一、认定原则

（一）国家统筹、省级负责。农业农村部会同全国联席会议成员单位制定实施方案，提出认定条件、认定程序和分配名额。省级农业农村部门会同省级联席会议成员单位具体实施，组织县级、市级农业农村部门会同相关部门做好龙头企业的筛选和推荐，经省级人民政府分管负责同志审定后报农业农村部。

（二）严格规范、公平公正。按照认定条件，严格工作程序、严肃工作纪律，逐级把关，体现规范性、严肃性和公正性。省级农业农村部门会同省级联席会议成员单位共同审核申报材料的真实性、合规性。农业农村部会同全国联席会议成员单位组织专家评审，并提请联席会议审议。

（三）联农带农、示范引领。以经营业绩、带动农户数等为主要指标，优中选优遴选一批发展势头好、行业影响力大、品牌知名度高、联农带农紧的农业企业。

二、申报条件和数量

（一）申报条件。按照全国联席会议议定的“提高认定门槛，确保优中选优”原则，东部、中部地区企业资产总额、固定资产总额、营业收入（交易额）、带动农户数等四项重要指标在原标准基础上同时提高20%，西部地区提高10%。具体如下：

1. 综合实力。资产规模，东部地区企业资产总额1.8亿元以上，中部地区1.2亿元以上，西部地区5 500万元以上；东部地区固定资产总额6 000万元以上，中部地区3 600万元以上，西部地区2 200万元以上。经营收入，东部地区年营业收入2.4亿元以上，中部地区1.56亿元以上，西部地区6 600万元以上；农产品专业批发市场年交易额东部地区18亿元以上，中部地区12亿元以上，西部地区8.8亿元以上；农产品电商企业年营业收入12亿元以上。企业效益，总资产报酬率应高于当年1年期贷款市场报价利率（LPR）平均水平。市场竞争力，企业创新能力、产品科技含量在同行业处于领先水平。

2. 联农带农。利益联结机制紧密，企业应与农户建立契约型、分红型、股权型等合作模式，让农民分享更多全产业链增值收益。东部地区企业直接或紧密联结带动农户数量4 800户以上，中部地区4 200户以上，西部地区1 650户以上。农产品电商企业带动农户数量需达到4 200户以上。基地直采比重大，从农业经营主体或自建基地直接采购的原料或购进的货物占所需原料量或所销售货物量的70%以上。

3. 履行社会责任。诚信守法经营，按时发放工资、按时缴纳社会保险，无重大违法行为；践行绿色发展理念，产品符合国家环保政策；履行食品安全责任，近2年内没有发生产品质量安全事件。

4. 其他要求。脱贫地区推荐的龙头企业可适当降低标准。在同等条件下，优先支持大豆企业、种业企业和外贸企业。休闲农业企业和农业社会化服务企业可以申报，参照农产品生产、加工、流通企业的条件和标准，但对企业从农业经营主体或自建基地直接采购原料或购进货物占比、企业产品竞争力等不作要求。

（二）申报数量。第八批拟认定330家农业产业化国家重点龙头企业。一是根据各省（自治区、直辖市）省级龙头企业数量、营业收入1亿元以上的龙头企业数量、农牧渔业产值、粮食产量、脱贫县数量、县级以上龙头企业数量、规模以上农产品加工企业营业收入总额等情况，按权重进行名额测算分配300个；二是为引导大豆加工企业在主产区布局，全国大豆主产省份单独增加名额30个，专项用于以大豆为主营业务的加工流通企业申报。此外，第十次农业产业化国家重点龙头企业监测未使用的递补名额，相关省份可在此次认定中统筹使用。

三、申报程序

申报程序按照农业产业化国家重点龙头企业认定和运行监测管理办法相关规定执行。

（一）企业申报。省级农业农村部门按照分配名额和认定条件，组织遴选符合条件的龙头企业按程序申报。

（二）省级审核。省级农业农村部门对企业所报材料的真实性进行核实，并依据本通知以及管理办法确定的基本标准对材料进行审核。

（三）行文上报。申报材料经省级联席会议成员单位审议，报省级人民政府分管负责同志审定后，以省级农业农村部门名义报送农业农村部。

四、申报时间及材料

请于2023年9月15日前将以下纸质材料1份报送农业农村部乡村

产业发展司。

（一）省级农业农村部门的正式推荐文件。文中请详细说明申报的过程和做法，企业的有关情况并附推荐企业名单（如属于大豆企业、种业企业、外贸企业、休闲农业企业、农业社会化服务企业、脱贫地区企业，请予以注明）。

（二）已征求省级联席会议成员单位意见和报省级人民政府分管领导同意的有关证明材料。

（三）第八批农业产业化国家重点龙头企业申报书。企业需在信息系统中填报，通过系统打印带有“国家重点龙头企业申报材料”水印字样的纸质材料。省级农业农村部门需通过信息系统对企业申报材料进行审核，确保电子材料与纸质材料相符。

五、有关要求

（一）严格按照分配名额进行等额申报，不得超报。严格遵守相关纪律和规定，不得泄露认定的有关信息，做到公正、公平、廉洁认定。

（二）龙头企业要对申报材料真实性负责，不得弄虚作假。一经查实弄虚作假行为，将取消该企业申报资格。

农业农村部办公厅

2023 年 8 月 9 日

附件

第八批农业产业化国家重点龙头企业申报书

申报企业：（盖章）

申报日期：

一、企业经济运行情况表。企业须在信息系统中填报，并通过系统打印带有“国家重点龙头企业监测材料”水印字样的纸质材料（格式及填表说明详见信息系统）。

二、企业营业执照复印件。

三、企业发展农业产业化情况介绍（3 000 字左右）。说明企业经济运行情况、建设原料生产基地情况、带动乡村产业发展情况、企业与农户的利益联结方式、带动农民就业增收情况、为农户提供农业生产经营服务情况等。休闲农业企业、社会化服务企业还需介绍休闲农业经营、社会化服务等情况。

四、会计师事务所出具的2021年度和2022年度企业资产和效益情况（财务会计报表）。相关会计报表必须由会计师事务所盖骑缝章，或在每页盖章。集团公司应提供集团财务合并报表说明。

五、开户银行出具的企业资信证明。由企业的开户行查询人民银行征信系统后出具，具体说明2021—2022年企业有无银行资信方面的问题。

六、县级（含）以上税务部门出具的企业纳税情况证明。需要说明3年内（2020年1月至2022年12月）企业有无重大涉税违法问题。

七、县级（含）以上农业农村或其他法定监管部门出具的质量安全情况证明。说明2021—2022年企业是否存在质量安全方面的问题。

八、县级（含）以上农业农村部门出具的企业带动农户情况。说明2021—2022年企业带动农户的利益联结方式、带动农户数、带动农户增收数等情况。

九、企业应享受优惠政策的落实情况。说明2021—2022年企业享受到的财政、税收、信贷、出口等方面的政策扶持情况。

十、企业履行社会责任的情况（2 000字左右）。说明2021—2022年履行社会责任的情况，包括：①企业带动产业脱贫情况；②保障产品质量安全的责任；③保障员工健康和福利的责任；④保护环境的责任；⑤参与慈善事业的责任等。

十一、其他要求。填写《企业经济运行情况表》时，带动的农户数量应与证明材料显示的数量一致。如获得以下认证或荣誉，需附上证明材料复印件：获得“绿色食品、有机农产品和农产品地理标志”认证，获得出口备案，建有专门研发机构，获得省级以上科技奖励或荣誉，通过ISO9000、HACCP等质量认证。

集团公司提供的材料应尽可能地反映整个集团全貌和主要实业、主要地域的情况。

企业提供的纸质材料如果是复印件、扫描件、彩印件等复制件，应在复制件各页面加盖企业公章，或在材料上加盖骑缝章，确保上报的复制件与原件一致。企业将以上材料胶订成册后（勿用其他装订方法），按程序报送省级农业农村部门。

九、一县一特产业发展试点项目

扶持重点

龙头企业实施农田基础设施建设，种苗、种畜禽繁育，研发新产品新技术、开发深加工及培育市场品牌，农产品冷链物流和市场体系建设，污染物防治、废弃物综合利用和社会化服务体系建设等；农民专业合作社实施规模化标准化种植、养殖基地及产地初加工、储藏保鲜设施建设等。

立项条件

项目符合国家产业政策、当地优势特色产业规划及有关法规，有明确的发展目标，实施范围原则上不超过一个县（市、区）。

项目带动能力强，有规模经营的生产基地和加工产业，物流运转体系顺畅。其中，经济林等高效种植业生产基地不低于3 000亩、设施栽培生产基地不低于300亩，养殖业达到当地标准化养殖规模以上，加工产品所需原料的80%以上来自所在地合作经济组织成员或种养大户。

资源优势突出，区域特色明显，列入地理标志产品或原产地保护产品目录等优势农产品。

项目建设方案符合农业可持续发展要求。技术及生产工艺先进可行，技术依托可靠，设备方案先进，与技术方案、生产工艺匹配，土建工程等合理可行；冷链物流和市场体系基础好；种养业生产过程减少农药、化肥、添加剂等投入品的不合理使用，符合相关农业生产规范要求。

产品获得省级质量管理标准体系认证，具有独立注册商标及良好品牌形象；产品质量安全可靠，市场前景广阔，竞争优势明显。

项目建设符合生态环境保护和农业可持续发展要求。项目产生的污染物排放符合国家环保要求，获得了省级环保部门的排污许可；地表水资源供需平衡，不需新打机电井；利用现有机电井使用地下水能够得到有效恢复；农业面源污染能得到有效治理；农业生产废弃物能得到有效利用。

项目投资估算客观，投资结构合理，融资方案切实可行，财政资金使用方向明确、符合政策规定。

流转用地或项目建设用地手续合法。

补助金额

300万～500万元。

申报时间

每年 6 月底前。

归口部门

财政部。

十、农业产业化经营项目

项目分类：①种植养殖基地项目，主要扶持建设经济林及设施农业种植、发展畜牧水产养殖等。②农产品加工项目，主要扶持产业化龙头企业扩大生产规模，提高粮油、果蔬、畜禽等主要农副产品加工能力。③流通设施项目，主要扶持建设储藏保鲜、产地批发市场等市场流通设施。

扶持对象：重点扶持国家级和省级农业产业化龙头企业（含省级农发办事机构审定的龙头企业），同时适当扶持正在成长上升、确能带动农民致富、较小规模的龙头企业及农民专业合作经济组织等。

补助金额：80 万～200 万元。

归口部门：农业农村部。

十一、农民专业合作经济组织标准化示范项目

补助金额：对每个列为补助对象的农民专业合作社补助 20 万元。

重点支持：粮食、油料、蔬果、茶叶、奶牛、生猪、淡水养殖等专业合作社推进农业标准化建设。

资金重点使用方向：①标准化生产基地建设。包括引进改良和推广新品种、购买农业生产资料，在基地建设中建造或改造圈舍、池塘以及开展疫病防治；②农产品品牌建设。包括开展无公害农产品、绿色食品、有机食品及其生产基地和原产地标志等认证申请、注册商标、包装设计，品牌策划，开展品牌宣传和推介活动。

归口部门：农业农村部。

十二、国家“菜篮子”扶持项目

扶持重点

重点扶持建设一批有一定规模、生产技术基础好，并在增加产品产量和提高产品质量有示范带动作用的生产基地，改善生产条件，推进标准化生产，提高抗御灾害能力，增强“菜篮子”产品综合生产能力和应急供应保障能力。

实施范围

种植业重点布局在《全国蔬菜规划发展规划（2011—2020年）》的580个产业重点县和2012年当年实施改扩建的农业部已公布确定的819个园艺作物标准园，产地环境条件符合安全食品产地环境条件标准的要求，生产基地集中连片，承担单位须是具有一定基础、技术力量较强、管理规范、示范带动作用明显的农民专业合作社或龙头企业。

畜牧业重点扶持主产省（区、计划单列市）畜禽标准化规模养殖场，优先安排国家级畜禽标准化示范场，新疆、内蒙古、四川、西藏、甘肃、青海、陕西、宁夏、河北、吉林、辽宁、黑龙江、河南、山东14个省份2012年新增资金支持牛羊标准化规模养殖场建设的比重不得低于50%；渔业重点选择主产区、中心城市周边及距中心城市相对较近的优势产区，优先安排改扩建养殖场。

补助内容

蔬菜：一是应用标准化生产技术。分品种制定先进、实用、操作性强的生产技术规程；印发规程到项目区每个农户，张挂到标准园醒目位置及每个温室大棚；组织现场观摩和技术培训，并指导农民切实按照生产技术操作规程进行田间管理。二是改善生产条件。重点配置防虫网、黏虫色板、杀虫灯、性诱剂、防雾滴棚膜、避雨栽培、滴（喷）灌、果实套袋等生态栽培物化技术，完善田间工程、温室大棚、集约化育苗、田头预冷等基础设施条件。三是实施全程质量安全管理。投入品实行专人负责，建立进出库台账；生产档案统一编制，详细记载农事操作；定期检测产品安全质量，确保安全期采收、不合格的产品不销售；统一包装和标识，产品质量可追溯，保障产品质量安全。

畜产品：重点通过推进“五化”，大力发展畜禽标准化生产，提高规模化比重，提升畜产品质量。一是推行畜禽良种化。适应市场需求、生产方式的变化，更新品种，选购高产优质高效的畜禽品种。二是推行养殖设施化。对养殖场场内布局进行科学调整，结合产能变化，对圈舍进行扩容和标准化升级，完善设施装备，推广自动饲喂技术，温度、湿度、光照等环境控制技术，改善畜禽生长环境。草原牧区结合自身特点，对牧场棚舍、草场围栏、饲草料基地、青贮窖、储草棚、机井、农机库等设施设备进行完善。三是推行生产规范化。根据不同畜种、不同生长阶段的特点，严格按照饲养管理规程要求，规范养殖场饲养管理，对生产过程、投入品购进和使用进行监控、记录，建立完整规范的养殖档案和生产记录数据库。四是推行防疫制度化。改善兽医室等防疫消毒设施设备条件，落实防疫制度，实施畜禽疫病综合防控措施，对病死畜禽进行无害化处理。五是推行粪污无害化。优先支持按照循环农业的发展要求，完善粪污储存、输送设施设备，实现粪污资源化利用；不具备条件的因地制宜采用粪污处理技术及相关配套设施设备，实现粪污无害化处理。

水产品：一是改善生产条件。重点进行养殖基础设施改造，养殖机械设备升级，完善进排水、水净化和废水处理设施设备，配备水质监控、疫病防控、节能减排和质量检测装备，购置优质苗种、全价配合饲料和高效低毒低残留药物，提高养殖综合生产能力。二是推广标准化健康养殖技术。推广养殖水净化和废水处理、水质监测与调控等技术，普及疫病科学防治技术。三是加强质量安全管理。强化养殖生态环境和产品质量安全检测，健全以“三项记录”（养殖生产过程、药品采购使用和产品销售）为重点的质量安全管理措施。

项目承担单位可根据自身实际需要，在上述内容中自主选择、填平补齐。

补助金额

省级农业部门会同财政部门可根据当地规模化、标准化发展情况和中央安排资金情况，细化本地具体项目资金补助标准，为避免过于分散或过于集中，补助资金规模控制在25万～100万元。补助资金总额不得少于中央下达资金。

归口部门

农业农村部。

十三、国家森林乡村建设项目

政策发布部门：国家林业和草原局。

申报主体：行政村。

认定程序：采取推荐、评审和认定相结合的方式。

项目要求：①乡村自然生态风貌保护。采用村庄风貌原真性、生物多样性保护、自然景观保护、人文历史遗迹保护等4项指标进行评价。②山水林田湖草系统治理。采用村庄规划布局、生态修复治理、生态防护功能3项指标进行评价。③森林绿地建设。采用林木覆盖率、四旁绿化、宜林地绿化、庭院绿化、乡村公园绿地5项指标进行评价。④森林质量效益。采用森林健康状况、森林结构、树种丰富度、涉林收入水平、涉林就业情况5项指标评价森林质量及其生态经济社会效益。⑤乡村绿化管护。采用制定村规民约、林业有害生物防控、森林火灾防控、防止乱砍滥伐4项指标进行评价。⑥乡村生态文化。采用挖掘保护生态文化历史、继承弘扬传统生态文化、植绿爱绿保护生态环境意识、人居环境整治效果4项指标进行评价。

政策要点相关批复

一、关于将森林乡村创建工作纳入乡村振兴战略统一规划、整体推进问题

国家高度重视乡村绿化美化，已将森林乡村建设纳入乡村振兴战略、农村人居环境整治统筹谋划。一是《乡村振兴战略规划（2018—

2022 年)》明确提出“建设 1 万个国家森林乡村，8 万个省市县级森林乡村”。目前，我局正在积极配合中央农办研究修改农村人居环境整治提升行动方案、乡村建设行动方案，为深入推进乡村绿化美化做好顶层设计。二是自然资源部办公厅发布了《关于加强村庄规划促进乡村振兴的通知》《关于进一步做好村庄规划工作的意见》，从统筹村庄发展目标、生态保护修复、产业发展空间等方面，指导各地有序推进“多规合一”实用性村庄规划编制。

下一步，我局将结合研究制定“十四五”乡村绿化美化行动方案，进一步强调在村庄规划中明确绿化美化目标和任务。

二、关于设立森林乡村建设专项资金问题

国家层面已有资金渠道支持乡村绿化。一是积极支持国土绿化，不断加大林业草原转移支付资金投入力度。资金切块下达到省级，各省份可在资金使用范围内，按规定统筹用于包括乡村绿化在内的相关工作。二是为继续支持脱贫地区开展生态建设，我局联合发展改革委、财政部、国家乡村振兴局印发了《关于实现巩固拓展生态脱贫成果与乡村振兴有效衔接的意见》，要求省级有关部门将国土绿化、生态工程、重要生态系统保护和修复重大工程资金继续向脱贫地区倾斜，改善当地生态环境，支持脱贫地区建设生态宜居的美丽乡村。三是按照《国务院关于改革和完善中央对地方转移支付制度的意见》严格控制新设专项的要求，不宜再另行设立相关转移支付项目。各地应利用好中央现有补助资金渠道，统筹中央转移支付和地方自有财力，建立多元化投资渠道，推进乡村绿化工作。

三、关于利用自然资源发展涉林产业问题

国家支持在坚持生态优先原则下，利用自然资源发展林草产业，助力乡村振兴。我局与民政部、国家卫健委、国家中医药管理局联合印发了《关于促进森林康养产业发展的意见》，与发展改革委、科技部、财政部、自然资源部等 10 部门联合出台了《关于科学利用林地资源促进木本粮油和林下经济高质量发展的意见》，举办了多届花卉园艺博览会等行业展会和竹文化节，围绕扩规模、丰品种、调结构、降成本、提质量、拓市场，全面推进林草产业高质量发展。我局结合推进乡村绿化美化行动，对发展绿色生态产业进行了安排部署，要求将乡村绿化美化与林草产业发展相结合，发展具有区域优势的珍贵树种及干鲜果、中药材、木本油料等特色经济林，大力发展森林观光、林果采摘、森林康养等；支持各地在森林乡村建设中，将产业要素纳入其中，在科学规划、保护生态环境的前提下因地制宜发展林下经济、经济林果、花卉苗木、森林康养等绿色富民产业，带动农民增收致富。

四、关于建立森林乡村建设技术支撑机构和专家智库问题

我局不断加强乡村绿化美化科技支撑能力建设，成立了美丽乡村与乡村振兴研究创新联盟等交流平台，编制了《全国乡村绿化美化模式选编》；依托国家林业草原风景园林工程技术研究中心，开展了乡村生态环境营建、城乡绿地营建等技术研发和推广转化；遴选入库“乡村聚落乡愁森林景观构建技术”等森林乡村建设相关成果4项，实施了“太行山区乡村景观生态绿化技术示范”等相关中央财政林业科技推广示范项目2个，开展了成果推广示范。下一步，我局将积极争取将森林乡村建设关键技术纳入“十四五”国家重点研发计划重点专项，提升森林乡村建设科技支撑水平。

（此文为2021年的提案复文）

十四、国家种业园项目

（一）政策背景

农业现代化，种子是基础。加强农业种质资源保护开发利用，加快第三次农作物种质资源、畜禽种质资源调查收集，加强国家作物、畜禽和海洋渔业生物种质资源库建设。对育种基础性研究以及重点育种项目给予长期稳定支持。加快实施农业生物育种重大科技项目。深入实施农作物和畜禽良种联合攻关。加强制种基地和良种繁育体系建设，研究重大品种研发与推广后补助政策，促进育繁推一体化发展。

习近平总书记多次就种子问题作出重要指示批示，强调要下决心把民族种业搞上去，从源头上保障国家粮食安全。要聚焦薄弱环节，着力打通堵点，确保中国粮主要用“中国种”。支持国家种业园创建，着力培育种业龙头企业。2022 年中央财政共支持新增创建 10 个以种业为主导产业的国家现代农业产业园。

（二）奖励措施

主要包括“入驻奖励、服务平台企业招商奖励、高新品种培育推广奖励、创新转化机构落地发展奖励、科研成果转化转让奖励、种业人才服务奖励”等内容。其中，围绕优质种业企业，设置了入驻奖励、服务平台企业招商奖励、种业企业经营奖励、申报种业信用企业奖励等条款。鼓励种业央企二三级总部、上市种业公司、优质民营企业等种业总部入驻园区，鼓励种业企业获取农作物种子生产经营许可证等，对符合以上奖励条款的企业，给予最高奖励 500 万元。

（三）补助内容

鼓励更多的种业平台机构入驻园区，对新认定的国家级和市级重点实验室、工程（技术）研究中心、国家级和市级成果转化基地，实体性研发转化机构、国家级和市级科技孵化器等，给予最高奖励 250 万元。鼓励种业企业在园区创设院士工作站、博士后工作站、新型研发机构，最高奖励 100 万元运行经费。此外还设置了优化种业发展环境的相关措施，包括展会论坛奖励、办公用房补贴、应用场景奖励、项目配套奖励等，鼓励更多的新技术新产品在园区示范应用，最高奖励 1 000万元。

十五、水系连通及水美乡村建设试点县建设

政策纲要：启动水系连通第三批试点项目，并将试点名称调整为

"水系连通及水美乡村建设"。财政部会同水利部印发试点通知，部署各地通过竞争立项推荐试点县。

申报主体：试点以县域为单位，以河流为脉络、以村庄为节点，集中连片，统筹规划，与相关部门形成合力，水域岸线并治。

项目要求：建设河畅、水清、岸绿、景美的水美乡村，改善河湖生态环境、优化区域水资源配置、恢复河湖自然面貌、提升区域综合竞争力。各省级水利部、财政部负责，开展试点县申报和竞争立项等工作。

2023—2024 年水系连通及水美乡村建设县名单

序号	省份	建设县	序号	省份	建设县
1	河北	宁晋县	21	湖北	丹江口市
2		平泉市	22	湖南	醴陵市
3	山西	沁源县	23		芷江县
4	辽宁	清河区	24	广东	开平市
5	吉林	抚松县	25		茂南区
6	江苏	武进区	26	广西	宾阳县
7		淮阴区	27		钟山县
8	浙江	建德市	28	海南	东方市
9		平阳县	29	重庆	城口县
10	安徽	固镇县	30		永川区
11		南陵县	31	四川	达川区
12	福建	寿宁县	32		梓潼县
13		泰宁县	33	贵州	台江县
14	江西	井冈山市	34		罗甸县
15		宁都县	35	云南	陆良县
16	山东	莒南县	36		威信县
17		齐河县	37	陕西	平利县
18	河南	民权县	38	甘肃	秦州区
19		唐河县	39	青海	大通县
20	湖北	竹溪县	40	宁夏	中宁县

十六、返乡入乡创业园建设

2020年11月，农业农村部联合科技部、财政部、人力资源和社会保障部、自然资源部、商务部和银保监会等7部门印发《关于推进返乡入乡创业园建设 提升农村创业创新水平的意见》（以下简称《意见》）。《意见》强调，要以培育初创型和成长型企业为重点，推进要素集聚、政策集成、服务集合，高质量建设一批县域返乡入乡创业园，重点是“四个一批”：新建一批返乡入乡创业园，利用现有涉农资金项目构建多位一体、上下游产业衔接的创业格局。提升改造一批返乡入乡创业园，依托现有创业园改造配套设施，集成实训功能，增强服务功能。拓展一批返乡入乡创业园，依托现有产业园区，配置现代产业要素，嫁接成熟生产技术，匹配优秀管理人才，引入金融资本和风投创投。整合一批返乡入乡创业园，依托现有大型企业和知名村镇挖掘现有设施潜力，集中提供公共服务，支持返乡入乡创业创新。

《意见》提出，要强化财政扶持，对首次创业、正常经营1年以上的返乡入乡创业人员，可给予一次性创业补贴。落实税费减免，对厂房租金、房租物业费、卫生费、管理费等给予一定额度减免。创新金融保险，设立信用园区，形成支持白名单，逐步取消反担保，建立绿色通道，做到应贷尽贷快贷。引导资本投入，支持返乡入乡创业企业通过发行创业创新公司债券、县城新型城镇化建设专项企业债券等方式，实现债权融资。保障园区用地，依法依规改造利用盘活工厂、公用设施等闲置房产、空闲土地，为返乡入乡创业人员提供低成本生产和办公场地。强化创业人才支撑，允许科技人员以科技成果作价入股返乡入乡人员创办的企业。优化创业服务，推进政务服务“一网通办”，建立“互联网+创业创新”模式，打造生产协同、创新协同、战略协同的创业链，为返乡入乡创业团队提供一站式、个性化服务。聚集培训资源，将返乡入乡创业人员纳入创业培训重点对象，大力推行互动教学、案例教学和现场观摩教学，组建创业导师队伍和专家顾问团。

《意见》要求，各地要建立健全返乡入乡创业园建设部门协调机制，强化责任落实，推进项目建设。各相关部门要加强协作，目标同向、力量同聚，聚力抓好落实，逐步构建国家级、省级、市级、县级返乡入乡创业园体系。

项目特点：以培育初创型和成长型企业为重点，推进要素集聚、政策集成、服务集合，高质量建设一批县域返乡入乡创业园。

建设名额：到2025年，在全国县域建设1 500个功能全、服务优、覆盖面广、承载力强、孵化率高的返乡入乡创业园。

建设要求：参照《关于推进返乡入乡创业园建设 提升农村创业创新水平的意见》（农产发〔2020〕5号）。

十七、农业绿色发展先行区

主管部门：农业农村部发展规划司。

申报时间：每年3—5月。

申报主体：县（区、市）人民政府。

激励政策：其他优惠政策优先向其倾斜。

项目要求：①耕地、水、气候、生物等重要农业资源底数清晰，基本形成与资源环境承载力相匹配、与生产生活生态相协调的农业发展格局。②科学使用化肥农药，推进农业投入品减量增效，实现农药化肥使用负增长。实行种养结合，发展循环农业，推进畜禽粪污、秸秆、农膜等农业废弃物资源化利用，畜禽粪污资源化利用率、秸秆综合利用率高于本省及全国平均水平，分别达到70%和83%以上。③近两年农产品质量安全例行监测总体抽查合格率不低于97%，没有发生重大农产品质量安全事件；绿色、有机、地理标志农产品认证比例达到10%以上。④有稳定的技术依托单位，在技术模式引进、集成创新、先行先试、示范推广等方面路径清晰、科学合理。⑤政府重视，建立先行区建设组织领导及部门间分工协作协调机制，编制完成先行区建设规划及实施方案，出台支持先行区建设的政策性文件，整合资源用于先行区建设。

第四批国家农业绿色发展先行区拟创建名单

1. 北京市怀柔区
2. 天津市静海区
3. 河北省定兴县
4. 河北省魏县
5. 河北省张家口市崇礼区
6. 河北省乐亭县
7. 山西省大同市云州区
8. 山西省稷山县
9. 山西省临猗县
10. 内蒙古自治区五原县
11. 内蒙古自治区喀喇沁旗
12. 内蒙古自治区包头市九原区
13. 内蒙古自治区扎赉特旗
14. 辽宁省康平县
15. 辽宁省新民市
16. 辽宁省彰武县
17. 吉林省公主岭市
18. 吉林省辉南县
19. 吉林省永吉县
20. 黑龙江省桦川县
21. 黑龙江省通河县
22. 黑龙江省黑河市爱辉区
23. 黑龙江省宝清县
24. 上海市金山区
25. 江苏省盐城市
26. 江苏省丹阳市
27. 江苏省苏州市吴江区
28. 江苏省南通市海门区
29. 安徽省南陵县
30. 安徽省太湖县
31. 安徽省金寨县
32. 安徽省砀山县
33. 福建省尤溪县
34. 福建省福清市
35. 福建省安溪县
36. 江西省庐山市
37. 江西省资溪县
38. 山东省新泰市
39. 山东省无棣县
40. 山东省平阴县
41. 山东省青州市
42. 河南省信阳市
43. 河南省原阳县
44. 河南省临颍县
45. 河南省南乐县
46. 湖北省京山市
47. 湖北省石首市
48. 湖北省团风县
49. 湖南省岳阳市君山区
50. 湖南省桃江县

51. 湖南省韶山市
52. 广东省高州市
53. 广东省肇庆市高要区
54. 广西壮族自治区南丹县
55. 广西壮族自治区合浦县
56. 广西壮族自治区恭城瑶族自治县
57. 四川省蒲江县
58. 四川省威远县
59. 四川省攀枝花市仁和区
60. 四川省洪雅县
61. 四川省开江县
62. 重庆市奉节县
63. 重庆市巫山县
64. 重庆市涪陵区
65. 贵州省榕江县
66. 贵州省织金县
67. 云南省洱源县
68. 云南省禄丰市
69. 云南省曲靖市麒麟区
70. 西藏自治区山南市乃东区
71. 陕西省眉县
72. 陕西省彬州市
73. 陕西省留坝县
74. 陕西省西安市临潼区
75. 甘肃省庆阳市
76. 甘肃省天水市秦州区
77. 青海省贵德县
78. 新疆维吾尔自治区博乐市
79. 新疆维吾尔自治区沙雅县
80. 新疆生产建设兵团第一师十团

十八、国家级海洋牧场示范区建设

中央财政对国家级海洋牧场示范区建设项目予以适当奖补，原则上补助上限为 2 000 万元。对落实党中央、国务院决策部署确定的试点示范区建设项目，可根据“一事一议”原则，按程序确定奖补金额。中央财政资金采取分年度补助的方式，原则上分年度安排。第一年对确定创建的国家级海洋牧场示范区拨付第一批 50%补助资金；对通过验收的国家级海洋牧场示范区再拨付第二批 50%补助资金。（内容详见《农业农村部办公厅 财政部办公厅关于开展国家级海洋牧场示范区创建工作的通知》）

第五章　休闲农业类政策资金

一、中国休闲美丽乡村

政策解读

主管部门：农业农村部乡村产业发展司休闲农业处。

申报时间：每年 8 月。

申报主体：行政村或涉农社区。

激励政策：统筹资金安排，加大土地、财税等多方面支持力度。

项目要求：①特色优势明显。自然环境优美，生态资源丰富，村落民居原生状态保持完整，产业特色突出，一二三产业加快融合，乡村休闲旅游成为乡村经济发展的主导产业之一，就地吸纳农民创业就业容量大。②服务设施完善。吃住行游购娱学等休闲旅游要素聚集，观光、餐饮、住宿、体验、康养、文化展示等基础设施功能齐全。③乡风民俗良好。制定了村规民约。近 3 年无群体性上访、恶性治安案件以及集体资产债务纠纷等情况发生，无擅自占用耕地和基本农田行为，未发生破坏生态环境的事件，未发生安全生产事故。④品牌效应明显。已获得省级美丽休闲乡村、农家乐聚集村等荣誉，村域内具有不可替代的稀缺资源优势，休闲农业和乡村旅游示范带动作用强。已成为中小学及各类大专院校的培训实训基地或获得省级以上奖励和荣誉称号的优先推荐。

政策全文

农业农村部办公厅关于开展2023年中国美丽休闲乡村推介活动的通知

农办产〔2023〕3号

各省、自治区、直辖市农业农村（农牧）厅（局、委），新疆生产建设兵团农业农村局：

为深入贯彻落实中央农村工作会议和《中共中央、国务院关于做好2023年全面推进乡村振兴重点工作的意见》精神，持续拓展农业多种功能、挖掘乡村多元价值，大力实施乡村休闲旅游精品工程，拓宽农民增收致富渠道，培育乡村新产业新业态，促进宜居宜业和美乡村建设，我部决定开展2023年中国美丽休闲乡村推介活动。现就有关工作通知如下。

一、申报条件

中国美丽休闲乡村以行政村为主体单位，在发展提升乡村休闲产业方面应具备以下条件。

（一）产业优势鲜明。自然风貌、生态环境、乡土文化等乡村休闲旅游资源丰富，地域特色和乡村特点突出。农家乐、乡村民宿、生态康养、农业观光等业态类型多样，农事体验、科普教育、研学实践等经营项目多元。休闲农业与乡村重点产业、特色农业结合紧密，乡土资源充分开发，联农带农作用突出，就地吸纳农民创业就业有力，乡村休闲旅游已成为当地乡村经济发展的重要产业。

（二）服务功能健全。餐饮、住宿、停车场、游客服务中心等服务设施齐全，吃住行游购娱学等休闲体验功能完备。村容村貌整洁，乡村人居环境优美，传统村落和特色民居得到有效保护，乡韵乡味氛围浓郁，未发生环境污染和生态破坏事件。休闲农业行业相关服务规范，从业人员业务素质良好，未发生生产安全责任事故。

（三）乡风民俗良好。村规民约有效执行，村民诚实守信、合法经营、安居乐业。移风易俗成效明显，民俗文化得以传承，家风优良、民风淳朴、孝悌和睦、守望相助。富有农耕农趣农味、体现和谐和顺和美的乡村文化产品丰富。乡村治理有效、和谐有序，近 3 年无群体性上访、恶性治安案件等情况发生，无擅自占用耕地和基本农田行为。

（四）品牌效应明显。村域内乡村休闲旅游项目在当地具有较高知名度。获得省级美丽休闲乡村、农家乐特色村等荣誉，建设科普基地和中小学及各类大专院校劳动实践基地或获得省级以上相关奖励和荣誉称号的村可优先推荐。

其中，农家乐特色村还应具备以下条件。一是村内以经营农家乐为主，开办农家乐数量达到 5 家以上。二是村内主要经营乡土美食、农事体验、民俗文化、特色民宿等体现农家生活特色的项目。三是农民通过直接兴办农家乐，增加经营性收入效果明显。

二、推介程序

（一）村级申报。申报村对照具体申报条件，在自评基础上，填写《2023 年中国美丽休闲乡村申报表》，并附相关证明材料，提交至县级农业农村部门。

（二）县级审核。县级农业农村部门负责对本县申报村的材料进行审核，符合申报条件的向省级农业农村部门推荐。

（三）省级推荐。省级农业农村部门按照申报名额分配表数量要求择优推荐，同等条件下可优先推荐国家乡村振兴重点帮扶县的乡村。对推荐的乡村进行排序，以省级农业农村部门名义正式行文（请在文件推荐名单中对农家乐特色村用“*”号标注）报农业农村部乡村产业发展司。

（四）部级推介。农业农村部将组织专家进行审核，遴选确定一批拟推介的中国美丽休闲乡村，经复核后，在农业农村部网站公示 5 个工作日。公示无异议后，公布中国美丽休闲乡村名单并向社会宣传推介。

三、组织保障

（一）加强组织领导。省级农业农村部门要充分调动县级农业农村部门和乡村工作积极性，发挥联动优势，明确任务分工，规范工作程序。坚持“谁推荐、谁负责”，省级农业农村部门要对申报材料的真实性以及电子版与纸质版材料的一致性进行复核，严格把关。如有弄虚作假，一经查实，将不予推介，同时扣减省级申报名额。

（二）强化政策扶持。以推介工作为契机，进一步增强服务意识，完善服务体系，拓展服务领域，增强文化内涵，提升创意水平，加大奖补力度，明确扶持措施。落实农村道路畅通工程专项推进方案，支持中国美丽休闲乡村实施公路改造。对于有金融需求的中国美丽休闲乡村，将优先纳入相关涉农金融支持范围。引导农业、文旅企业等社会资本有序参与美丽休闲乡村建设，完善利益联结机制，让农民更多分享产业增值收益。

（三）做好信息监测。农业农村部将定期开展中国美丽休闲乡村信息监测，各级农业农村部门要按照监测要求，落实监测任务，加强信息调度，确保信息质量，及时送报监测情况。

（四）加大宣传推介。通过开展美丽休闲乡村推介，树立一批典型、探索一批模式、打造一批品牌。鼓励借助电商平台推介，采用直播、短视频等方式，提高知名度，营造休闲农业和乡村旅游发展的良好氛围。省级农业农村部门可择优推荐 1 个依托“土特产”延伸发展乡村休闲旅游成效明显的中国美丽休闲乡村典型案例，形成相关材料，主要包括乡村基本情况、产业发展政策措施以及带动农业增值、农民增收等方面成效，篇幅 1 500 字左右。我部将组织遴选，适时予以宣传。

（五）确保工作时效。请省级农业农村部门按照申报名额确定推荐名单，于 2023 年 5 月 28 日前将推荐文件、申报表、典型案例等相关材料纸质版 1 份报农业农村部乡村产业发展司。同时，按要求完成上述材料的线上提交工作，确保电子版材料和纸质版材料相符。对于数据不实、材料不全或滞后报送的将不纳入本次推介范围，超名额申报的将退回。

农业农村部办公厅

2023 年 4 月 13 日

二、“五好两宜”和美乡村

为深入贯彻党的二十大精神，认真落实 2023 年中央 1 号文件“深化农村改革”“建设宜居宜业和美乡村”“深入推进农村综合改革试点示范”的任务要求，在总结完善美丽乡村建设成效的基础上，2023 年中央财政支持启动“五好两宜”和美乡村试点试验（以下简称试点），具体申报流程及注意事项如下。

（一）“五好两宜”申报时间

以 2023 年为例，申报时间为 5 月中旬。

（二）资金奖补

中央奖补资金两年约 2 亿元，加省级配套资金。

“五好两宜”和美乡村试点试验项目建设主要的资金来源为中央定额补助资金。《财政部办公厅 农业农村部办公厅关于做好“五好两宜”和美乡村试点试验工作的通知》（财办农〔2023〕13 号）提出：按照两年规划、分年实施的方式，中央财政通过农村综合改革转移支付，对 2023 年启动试点实施定额补助。

一是中央奖补资金两年约 2 亿元，要求试点各地要充分发挥市场在资源配置中的决定性作用，通过中央财政资金引导，有效带动地方政府加大投入，引导和撬动社会资本参与试点建设，建立健全多元化投入机制，创新财政资金使用方式，不断提高财政资金使用效益。

二是和美乡村试点试验资金不得挪作本试点方案内容以外的其他用途。中央财政资金不得用于单位基本支出，修建楼堂馆所、市政道路等，不得用于征地拆迁补偿，不得用于偿还债务本息，不得用于“门墙亭廊栏”等景观建设，不得列支管理费和项目咨询、论证评审费等。

三是试点省要按照试点实施方案，围绕试点任务推进、支持政策落实、年度预算执行进度、机制探索总结、资金使用的合法合规性和试点成效，以及是否存在违反负面清单等方面，组织开展中期评估，于后续年度3月底前将评估报告报送财政部。中期评估合格的，再给予一定奖补；评估不合格的，要在评估报告报送前予以整改，整改不到位的，不再安排资金支持，取消试点资格并予以通报。

（三）创建要素

申报主体：县级人民政府。

实施主体：县级行业部门、镇级人民政府、企事业单位、村集体、企业/合作社等。

实施范围：集中连片、边界清晰、相对独立的2个乡镇或10行政村。

投资总额：＜10亿元。

创建周期：2年。

（四）改革任务

1. 创新建管机制，促进村庄各美其美、美美与共。按照多规合一要求，科学编制村庄规划，合理确定村庄布局和建设边界，优化乡村生产生活生态空间，留住田园乡愁，守住绿水青山。注重地域特色，尊重文化差异，以多样化为美，把挖掘原生态村居风貌和引入现代元素结合起来，因村制宜，精准施策，促进村庄建设与自然生态环境有机融合，打造各具特色的现代版“富春山居图”。不搞大拆大建、大包大揽、大融资大开发，防止“堆盆景”。落实村庄公共基础设施管护责任，促进和美乡村建设项目长期稳定发挥效用。

2. 创新组团发展机制，推动和美乡村串珠成线、连线成片。深刻把握乡村建设规律，按照“村点出彩、沿线美丽、面上整洁”要求，以沿路、沿河、沿景区、沿产业带、沿山水线、沿人文古迹等区域为布局，以中心村、历史文化（传统）村落、红色村庄等为依托，以乡村基础设施完备、公共服务便利、人居环境舒适等为重点，提升乡村宜居宜业水平，推动和美乡村串珠成线、连线成片、组团发展。

3. 创新经营机制，促进乡村生态资源，美丽经济有效转化。聚焦乡村生产生活生态“三生融合”，因地制宜挖掘乡村多元价值，拓展乡村农产品供给、生态涵养、休闲观光、文化传承等多种功能，推动产业发展、农村建设、乡村生活生态良性循环，以推动乡村生态资源向美丽经济发展转变为切入点，深入挖掘和开发利用具有当地特色的名优产品、民俗风情、闲置农房等乡村资源，培育农村电商、运动健康、文化创意等新产业新业态，带动农民就业增收致富。

4. 创新治理机制，推动科技赋能重塑文明和美乡风。加快数字乡村建设，搭建乡村治理数字化平台，加快推进乡村公共服务、社会治理等数字化智能化，构建线上线下相结合的乡村便民服务机制，实现自治、法治、德治、智治“四治融合”。赓续农耕文明，弘扬敦亲睦邻、守望相助、诚信重礼的乡风民风，培育文明乡风、良好家风、淳朴民风，推动乡村社会形态完整有效、文化基因和美好品德传承弘扬，促进乡村充满活力，和谐有序。

（五）申报材料

《“五好两宜”和美乡村试点试验项目实施方案》（两年），项目任务清单、项目绩效目标申报表。包括和美乡村建设的顶层设计与路径探索、模式总结与提炼推广、重点任务与改革亮点、项目策划与主体筛选、资金筹措及分配等。

（六）创建程序

县（市、区）人民政府申请——市财政局审核推荐——省财政厅审核申报——财政部组织材料评审、现场答辩——公示创建名单。

（七）创建工作要点

1. 做好衔接工作，尽早获取创建信息。

2. 提前做好顶层谋划、亮点策划、合理规划、周密计划。

3. 科学设计建设内容，合规使用奖补资金，有效撬动社会资本。

4. 结合答辩要求、方案要素、专家打分点等，提前准备答辩材料、问题预测，确保答辩顺利通过。

5. 组建懂政策、懂项目、会实施的专业团队，高质量编制实施方案，按照评估标准组织实施，确保项目验收通过。

6. “五好两宜”和美乡村试点试验实施方案编制。

三、全国休闲农业重点县

时间： 每年5—7月，以当年文件公布时间为准。

主管部门： 农业农村部乡村产业发展司休闲农业处。

激励政策： 统筹资金安排，加大支持力度。

申报主体： 县（市、区）人民政府。

申报要求： ①资源优势明显。具有世界知名自然文化资源、全国独特自然文化资源、区域鲜明自然文化资源。②设施条件良好。基础设施完备、融入活态元素、村容村貌整洁。③产业发展领先。产业规模成型（东部地区年接待游客200万人次以上，中部地区150万人次以上，西部地区100万人次以上，近3年游客接待数和营业收入年均增速均超6%）、业态活跃丰富（农家乐、乡村民宿、休闲观光园区、休闲农庄、休闲乡村、康养和教育基地等业态至少具有五项上述类型，分布在县域1/3以上乡镇，全国具有较高知名度的休闲农业和乡村旅游点5个以上）、富民兴农明显（从业人员中农民就业比例达60%以上，农民人均收入高于省内平均水平5%）。④组织保障有力。规划布局合理、政策体系完善、管理制度健全。

四、其他休闲类项目

（一）对应项目方面

一二三产业融合项目重点支持发展休闲农业的园区。国家和各省每年都会评定休闲农业示范点、示范园区，农庄都可以进行申报，但是要达到园区面积 80 亩以上。

此外还有休闲农业与乡村旅游示范点创建项目、农产品加工业休闲农业农民创业项目、扶贫旅游项目等可以申请。2020 年，开展全国休闲农业重点县建设，按照区域、国内、世界三个等级资源优势要求，建设一批资源独特、环境优良、设施完备、业态丰富的休闲农业重点县，打造一批有知名度、有影响力的休闲农业“打卡地”。

依托林果业、设施蔬菜水果的观光采摘类休闲农业，如果是设施农业，可以申报的补贴种类包括棚膜补贴、滴灌和打井补贴、设施农业建设补贴等；承包山林地的林果业及观光农业，可申请造林补贴、退耕还林补贴、水利和道路建设补贴等。

农业综合开发园艺类生产示范基地项目，扶持资金一般约为 200 万元；农业综合开发名优经济林示范项目，扶持资金 150 万～300 万元；林业贴息贷款项目、菜果茶标准化创建，扶持资金 50 万～100 万元；园艺作物标准化创建项目，扶持资金在 50 万～100 万元；水果蔬菜标准园创建项目，扶持资金为 25 万～100 万元；高产创建项目，扶持资金为 50 万～100 万元。

此外还有发改委的冷链物流项目，商贸流通重点支持项目，农产品产地初加工补助项目，农业科技推广示范项目，科技成果转化项目，现代农业园区试点项目，农业综合开发产业化经营财政补贴、贴息贷款、一县一特和龙头企业带动项目，农业产业化财政扶持项目，供销社的农业综合开发供销合作示范项目等。

注意：休闲农业是一个“综合体”，可能包含种植版块、养殖版块、林业版块、加工版块、旅游版块、教育版块，等等，不同版块都有不同部门重点支持的，即使是同一版块在不同部门也能申请到不同的补贴。

（二）对应部门

发展改革部门：主要支持重点村和周边景区的基础设施建设。

旅游部门：主要给予休闲农业规划引导、公共服务设施建设、宣传推广、人才培训、市场监督等方面的支持。

环保部门：负责支持涉及农村环境综合整治的相关项目。

住房和城乡建设部门：负责在资金上支持涉及农村危房改造、特色景观旅游村镇和传统村落及民居保护的项目。

农业农村部门：负责支持与农业相关的一二三产及其融合项目，同时负责支持与农村相关的组织建设、人才建设等项目。

林业部门：涉及林地开发的休闲农业项目都可以找林业部门咨询和申请补贴。

第六章　种养类相关政策资金

一、农业支持保护补贴

农业支持保护补贴是对种粮农民直接补贴、农作物良种补贴和农资综合补贴合并后的叫法，也就是说种粮补贴、农资补贴、良种补贴现“三补合一”为农业支持保护补贴，也有很多人称其为“三项补贴”。

补贴金额：通常补贴金额在 30～230 元/亩。在具体补贴金额方面，因为各地种植差异，补贴金额也有所不同。

发放时间：每年的 6 月 30 日之前发放到农民手中，补贴款一般是直接打到农民卡里。

申请对象：种植大户、家庭农场、合作社等新型农业经营主体，不仅能拿到农业支持保护补贴，还能拿到适度规模经营补贴和土地承包补贴。

注意事项：这项补贴是补给土地拥有者的，是补给有地的人，所以在签土地流转协议时要注意。

归口部门：财政部。

二、农机购置补贴

中央财政资金全国农机购置补贴机具种类范围为 15 大类 42 个小类 137 个品目。各省根据农业生产实际需要和补贴资金规模，按照公开、公平、公正原则，从上述补贴范围中选取确定本省补贴机具品目。

补贴金额：中央财政农机购置补贴实行定额补贴，补贴额由各省农机化主管部门负责确定，其中，通用类机具补贴额不超过农业农村部发布的最高补贴额。补贴额依据同档产品上年市场销售均价测算，原则上测算比例不超过30%。

一般补贴机具单机补贴额原则上不超过5万元；挤奶机械、烘干机单机补贴额不超过12万元；100马力以上拖拉机、高性能青饲料收获机、大型免耕播种机、大型联合收割机、水稻大型浸种催芽程控设备单机补贴额不超过15万元；200马力以上拖拉机单机补贴额不超过25万元；大型甘蔗收获机单机补贴额不超过40万元；大型棉花采摘机单机补贴额不超过60万元。

补贴流程：农机购置补贴政策实施实行自主购机、定额补贴、先购后补、县级结算、直补到卡（户）。

归口部门：农业农村部、财政部。

三、生产者补贴

在辽宁、吉林、黑龙江和内蒙古实施玉米及大豆生产者补贴。中央财政将玉米、大豆生产者补贴统筹安排，补贴资金采取“一卡（折）通”等形式兑付给生产者。具体补贴范围、补贴依据、补贴标准由各省份人民政府按照中央要求、结合本地实际具体确定，但大豆补贴标准要高于玉米。鼓励各省份将补贴资金向优势产区集中。为推动稻谷最低收购价改革，保护种粮农民收益，在相关稻谷主产省份实施稻谷补贴。

补贴金额：大豆补贴每亩至少200元；玉米补贴每亩100元或以下；水稻补贴每亩150～250元。

补贴对象：享受补贴的对象为合法耕地上的实际生产者，包括本地农民、家庭农场、农民合作社、合法的外来租种者等。对于土地流转的，补贴资金应发放给实际生产者。

发放形式：中央财政将一定数额补贴资金拨付到省，由有关省份制定具体补贴实施方案。

发放时间：一般为10月。

注意事项：青贮玉米不在补贴范围内，鲜食玉米（黏玉米）在补贴范围内。

《上海市农田建设项目和资金管理办法》也提出了上海农田建设资金扶持内容，其中包含以下建设内容：①土地平整；②土壤改良；③灌溉排水与节水设施；④田间机耕道；⑤农田防护与生态环境保持；⑥农田输配电；⑦损毁工程修复和农田建设相关的其他工程内容。其中，第十一条规定了农田建设资金投资标准：粮食生产（毛地）：每亩不高于1.4 万元；蔬菜生产（毛地）：每亩不高于 3.5 万元；经济作物生产（毛地）：每亩不高于 2.3 万元。

四、棉花目标价格补贴

继续在新疆维吾尔自治区和新疆生产建设兵团实施棉花目标价格补贴政策。

补贴标准：目标价格水平 3 年一定，2017—2019 年为每吨18 600元。

发放形式：补贴资金采取“一卡（折）通”等形式直接兑付给棉花实际种者。

五、测土配方施肥试点补贴

承担测土配方施肥任务的农业技术推广机构和依照配方加工配方肥的企业等。

补贴内容：包括对测土、配方、施肥等环节给予的设备补贴以及项目管理费。测土补贴主要用于划分取样单元、采集土壤样品、分析化验和调查农户施肥情况等费用。配方补贴主要用于田间肥效试验、建立测土配方施肥指标体系、制定肥料配方和农民施肥指导方案等费用。设备补贴主要用于补充土壤采样和分析化验仪器设备、试剂药品，以及配肥设备的更新改造费用。项目管理费，由项目县在补贴资金中提取，用于项目评估、论证、规划编制、检查验收等管理支出。

补贴金额：测土、配方补贴按照实际需要给予适当补助；仪器设备在充分整合利用现有资源的基础上适当添置，用于仪器设备的补贴原则上不超过财政补贴资金的 30%，项目管理费按补贴资金的 2%提取。

归口部门：财政部、农业农村部。

六、轮作休耕补贴

补贴金额：主要分为轮作补贴和休耕补贴金额。

轮作补贴金额：在辽宁、吉林、黑龙江、内蒙古开展轮作机制。主要实施“一主多辅”的模式，“一主”即玉米和大豆轮作为主，“多辅”则包括薯类、油料作物、杂粮、蔬菜等轮作，每亩补贴 150 元。

休耕补贴金额：在云南、贵州、湖南、河北、甘肃开展休耕机制。实施的是一熟区和两熟区的一季休耕或全年休耕的模式。河北沧州、衡水、邢台以及地下漏斗区等，为季节性休耕，补贴 500 元每亩。甘肃全年休耕补贴 800 元每亩。贵州和云南全年休耕补贴 1 000 元每亩。湖南株潭重金属污染区全年休耕补贴 1 300 元每亩。

补贴流程：中央财政将直接发放现金，将轮作休耕补贴资金落实到各个县乡、兑现到各个农户手中，并且根据每年种植作物收益变化，建立作物收益平衡衔接点，对轮作休耕试点补助标准进行动态调整。

轮作休耕省份：辽宁、吉林、黑龙江、内蒙古、云南、贵州、湖南、河北、甘肃以及长江流域小麦稻谷低质低效区开展稻油、稻菜、稻肥轮作。塔里木河流域冬小麦休耕、黑龙江寒地井灌稻地下水超采区水稻休耕。

归口部门：财政部农业司。

七、农机深松耕地补贴

深松补贴，顾名思义就是对适宜深松的田地进行深松作业，深松要求一般为耕深 30 厘米以上，安装有深松监控设备，按照设备作业数据进行补贴。中央及地方直接进行作业补贴。

补贴金额：每亩 20～60 元，不同区域补贴额度不同。

补贴对象：自愿实施农机深松整地的农民（包括农场职工）、种粮大户、家庭农场和农业生产经营组织，或者开展深松整地作业的农机合作社。

补贴流程：农机深松整地作业结束后，服务方与需求方填写《农机深松整地作业补贴验收单》、签订承诺书，承诺对农机深松整地作业服务的真实性负责。由服务方汇总后连同承诺书一并上报作业地所在的县级农机管理部门。县级农机管理部门核实后制作《深松整地作业补贴公示表》，并在村务公开栏中公示 7 天。公示无异议后，县级农机管理部门编制《农机深松整地作业补贴资金明细表》，交同级财政部门复核无误后，办理资金兑付手续。属于个人的，由县财政部门将补贴直接兑付到个人账户；属于组织的，采用国库集中支付，由县财政部门直接兑付到组织银行账户。

归口部门：农业农村部机械化管理司。

八、特色农业产业化补贴

到 2021 年，每个农业综合开发县形成 1～2 个农业优势特色产业，每个省形成若干个产业体系、生产体系、经营体系较为完善的规模化农业优势特色产业和产业集群。

补贴范围：农业优势特色产业包括粮食、油料、糖类、蔬菜（含食用菌）、饮料（咖啡、茶叶）、水果、花卉、纤维、中药材、畜类、禽类（含蜂产品）、水产、林特产业等。

补贴对象：新型农业经营主体。

补贴金额：总体来说，单个项目申请的财政补助资金额度不高于自筹资金额度。由于农业综合开发产业化发展项目是在国家统一规划的基础上，由各省制定各自的实施细则，所以每个省的标准不同，从 50 万～900 万元不等。

注意事项：财政补助项目要扶持纳入农业优势特色产业规划的产业。优先扶持以高效农业种养基地建设、农业新技术和新品种引进与推广、农业废弃物资源化利用等为主要内容的项目。

九、残膜回收作业补助

农机专业合作社为项目实施主体。项目多采用政府购买服务方式进行。政府通过招标采购的方式确定承担项目区残膜回收作业任务的农机专业合作社。

补助金额：每亩 20～100 元，视各地具体标准而定。

补助方式：农机专业合作社在确定的作业区实施作业，并将回收的残膜进行打包或压块后交到指定地点，验收合格后，兑付补助资金。

十、粮改饲项目

扩大青贮玉米等优质饲草料种植面积、增加收贮量，全面提升种、收、贮、用综合能力和社会化服务水平，推动饲草料品种专用化、生产规模化、销售商品化，全面提升种植收益、草食家畜生产效率和养殖效益。到 2020 年，全国优质饲草料种植面积发展到 2 500 万亩以上，基本实现奶牛规模养殖场青贮玉米全覆盖，进一步优化肉牛和肉羊规模养殖场饲草料结构。

补贴区域：目前是河北、山西、内蒙古、辽宁、吉林、黑龙江、安徽、山东、河南、广西、贵州、云南、陕西、甘肃、青海、宁夏、新疆等 17 个省份和黑龙江省农垦总局。

补贴对象：规模化草食家畜养殖场（户）、专业收贮企业（合作社）、社会化服务企业（合作社）。

补贴金额：国家财政给予每个试点县每年平均补助资金 1 000 万元，实施周期是 3 年。各区域差别较大，需以实际区域执行标准为准。

十一、秸秆综合利用项目

主要包括秸秆还田（比如购买秸秆相关农机额外有补贴等）、支持秸秆生产有机肥、扶持发展秸秆饲料加工业（比如青贮玉米加工等）、支持发展秸秆基料化产业（比如利用秸秆种植食用菌等）、支持秸秆能源化利用（比如秸秆炭化技术等）。

补助金额： 中央财政对每个项目县（市/区）补助 1 000 万～2 000 万元，具体补贴额度和方式，由当地安排，基本按照秸秆消化量（吨）来核算补贴，各个项目补贴额度不同。

十二、绿色高产高效创建项目

创建标准： 选择一批生产基础好、优势突出、产业带动能力强的县，开展粮棉油糖和园艺作物（水果、蔬菜、茶叶）整建制创建，示范推广绿色高产高效技术模式，推进规模化种植、标准化生产、产业化经营，增加优质绿色农产品供给，引领农业生产方式转变，提升农业供给体系的质量和效率。

补助金额： 200 万～600 万元。

归口部门： 农业农村部种植业管理司。

十三、园艺作物标准化创建项目

大力推进园艺作物标准园建设，继续支持河北、内蒙古、辽宁、黑龙江、陕西、甘肃、青海、宁夏开展北方设施蔬菜基地建设，推广应用标准化生产技术，改善生产设施条件，实施全程质量安全管理，促进种植规模化、生产标准化、采后处理标准化、销售品牌化、经营产业化，进一步缓解大中城市冬季蔬菜供给问题。

申报条件： 设施内 200 亩以上，露地 1 000 亩以上。

补助金额： 50 万～100 万元。

补助对象： 农业企业、农民合作社。

归口部门： 农业农村部财务司、财政部农业司。

十四、种子工程植保工程储备项目

补助范围： 从事蔬菜集约化育苗 3 年以上、已有年培育蔬菜优质适龄壮苗 500 万株以上能力，近 3 年内未出现假劣种苗问题。

补助金额：中央资金 500 万元内。

申报时间：4 月。

归口部门：农业农村部。

十五、国家中药材生产扶持项目

补助范围：①中药工业企业的规模化原料药材基地建设，重点支持国家基本药物目录中药品种和名优中成药的原料药材基地建设；②中药材规范化生产基地建设，重点支持道地药材基地、绿色生产基地、生态种植示范基地建设；③中药材种子种苗基地建设，重点支持优良品种、濒危药材种苗繁育基地；④中药资源保护、野生抚育、野生变家种家养基地建设；⑤中药材生产先进适用技术的推广应用。

补助金额：100 万～300 万元。

归口部门：国家经济贸易委员会。

十六、高标准农田建设项目

高标准农田是指在划定的基本农田保护区范围内，建成集中连片、设施配套、高产稳产、生态良好、抗灾能力强、与现代农业生产和经营方式相适应的高标准基本农田。

申报条件：原则上平原地区不低于 5 000 亩，丘陵山区不低于 2 000亩。但是为了支持新型农业经营主体，所以在面积上，以各省份的细则为准。

补助金额：根据国家农业综合开发办公室的通知要求，国家对于该项目的补贴金额将以省份为单位加权平均计算，亩均财政资金投入为 1 500元以内。按照规定，北京、天津、上海、大连、青岛、宁波、厦门、浙江、福建、海南、西藏等地根据实际情况可拿到相对更高的财政补贴。新疆生产建设兵团、黑龙江省农垦总局、广东省农垦总局，亩均财政资金投入不超过 1 100 元。

补助对象：①专业大户、家庭农场。须经当地有关职能部门认定或登记。②涉农企业、农民合作组织。须在有关职能部门注册登记，财务状况良好，具有一定经营规模、可持续经营能力和自筹资金能力，没有不良诚信记录。

归口部门：国家农业综合开发办公室。

注意事项：禁止在25°以上坡耕地、退耕还林还草地区、土壤污染严重地区、地下水超采严重地区、自然保护区的核心区和缓冲区以及围湖造田、填海造田区建设高标准农田。

十七、农业防灾减灾补助资金项目

救灾资金是中央财政预算安排的用于支持应对农业灾害的农业生产救灾、应对水旱灾害的特大防汛抗旱和应对突发地质灾害发生后的地质灾害救灾三个支出方向的专项补助资金。其中，农业生产救灾支出用于灾害的预防、控制灾害和灾后救助。

补助金额：根据自然灾害损失情况、生物灾害发生情况、灾害发生紧急情况、农作物种植面积、草原面积、畜禽水产养殖数量，以及国务院确定的重大救灾事项、地方财力状况等因素。

补助对象：专业大户、家庭农场、农牧民合作社和涉农企业。

归口部门：农业农村部。

十八、农业综合开发土地治理项目

包括稳产高产基本农田建设、高标准农田示范工程、粮棉油等大宗优势农产品基地建设、良种繁育、土地复垦等中低产田改造项目，草场改良、小流域治理、土地沙化治理、生态林建设等生态综合治理项目，中型灌区节水配套改造项目。

扶持方式：农业综合开发的扶持方式分为贴息项目和补助项目。

贴息项目：大力扶持经济林及设施农业种植基地、养殖基地、农产品加工、农产品流通设施、农业社会化服务体系等建设，优先扶持以基地建设、新技术和新品种引进与推广、种养业废弃物综合利用等为主要内容的项目。最高贴息额度为 500 万元。

补助项目： 财政补助重点用于扶持农民合作社、家庭农场等。

各类扶持方式资金投入比例，由各省、自治区、直辖市、计划单列市、新疆生产建设兵团、黑龙江省农垦总局、广东省农垦总局农业综合开发机构根据实际情况自行确定。

一般合作社类财政补助项目中央财政资金额度为 30 万～80 万元，涉农企业类财政补助项目中央财政资金额度为 50 万～100 万元，专业大户、家庭农场等财政补助项目中央财政资金额度为 20 万～40 万元。

十九、农业综合开发产业化经营项目

申报时间： 10 月。

补助范围： 优先扶持以高效农业种养基地建设、农业新技术和新品种引进与推广、农业废弃物资源化利用等为主要内容的项目，促进农业优势特色产业提档升级，提高扶持环节和项目的精准性。

补助金额： 100 万～300 万元。单个项目申请的财政补助资金额度不高于自筹资金额度。

归口部门： 农业综合开发办公室。

二十、现代农业生产发展资金果菜产业项目

申报时间： 7 月。

补助对象： 选择一批规模大、实力强、技术力量雄厚，对当地或区域乃至全省相关产业发展起到引领带动作用的种苗繁育基地和骨干企业予以重点扶持，带动种苗繁育能力和水平不断提升。

补助金额： 不超过 500 万元。

归口部门： 农业农村部。

二十一、高产优质苜蓿示范基地建设项目

申报条件： ①集中连片。申报单位具有适宜苜蓿标准化种植的土

地，集中连片，面积 3 000 亩以上；需提供土地使用权证明文件或土地租赁合同（租赁年限在 7 年以上）；优先考虑具备水源、配套电力等种植灌溉基本条件的单位。②严格资质。申报单位应具有独立法人资格，资产结构及经营状况良好。一是农民饲草专业生产合作社和奶农专业生产合作社：成立 1 年以上，且有规范的章程、完善的管理制度，有独立的银行账户和会计账簿，建立了成员账户，实行独立的会计核算，财务管理和收益分配制度健全；二是饲草生产加工企业：具有 A 级（含）以上资信等级（未申请过银行贷款的企业除外）；具有苜蓿生产加工经验，注册资本 200 万元（含）以上，优先考虑与大型奶牛养殖企业（场）、奶农专业生产合作社等有苜蓿草产品供求关系的企业；三是奶牛养殖企业（场）：奶牛存栏 300 头以上的标准化规模养殖企业（场）。

补助金额：集中连片 3 000 亩以上的苜蓿种植按每亩 600 元标准给予补助。

发放形式：项目立项后，财政部门将先期安排 50%的补助资金；项目验收合格，公示期满无异议，确定补助示范片区后，财政部门再安排剩余 50%的补助资金；对于验收不合格的，由财政部门会同农业农村部门追回预先安排的 50%补助资金，或限期整改后安排剩余 50%的补助资金。

二十二、生猪生产补贴及支持项目

养猪国家补贴标准

1. 生猪标准化规模养殖场建设项目，补助金额为 10 万～80 万元，往年申报时间：2—3 月。

2. 奶牛标准化规模养殖小区（场）建设项目，补助金额为 50 万～150 万元。

养殖用地新政策

1. 农村集体经济组织、农民和畜牧业合作经济组织按照乡（镇）土地利用总体规划兴办规模化畜禽养殖所需用地按农用地管理，作为农业生产结构调整用地，不需办理农用地转用审批手续。

2. 其他企业和个人兴办或与农村集体经济组织、农民和畜牧业合作经济组织联合兴办规模化畜禽养殖所需用地，实行分类管理。

3. 畜禽舍等生产设施及绿化隔离带用地，按照农用地管理，不需办理农用地转用审批手续。

4. 管理和生活用房、疫病防控设施、饲料储藏用房、硬化道路等附属设施，属于永久性建（构）筑物，其用地比照农村集体建设用地管理，需依法办理农用地转用审批手续。

法律依据：《中华人民共和国土地管理法》

第九条 城市市区的土地属于国家所有。

农村和城市郊区的土地，除由法律规定属于国家所有的以外，属于农民集体所有；宅基地和自留地、自留山，属于农民集体所有。

第十条 国有土地和农民集体所有的土地，可以依法确定给单位或者个人使用。使用土地的单位和个人，有保护、管理和合理利用土地的义务。

第十一条 农民集体所有的土地依法属于村农民集体所有的，由村集体经济组织或者村民委员会经营、管理；已经分别属于村内两个以上农村集体经济组织的农民集体所有的，由村内各该农村集体经济组织或者村民小组经营、管理；已经属于乡（镇）农民集体所有的，由乡（镇）农村集体经济组织经营、管理。

二十三、南方现代草地畜牧业项目

在保护生态环境的前提下，合理开发利用南方草山草地资源，在集中连片草山草地，重点建设一批草地规模较大、养殖基础较好、发展优势较明显、示范带动能力强的牛羊肉生产基地，逐步改善南方草地畜牧业基础设施和科技支撑条件，提高草地资源利用率和农村劳动生产率，推动南方现代草地畜牧业发展，促进农民增收。

申报主体：在安徽、江西、湖北、湖南、广东、广西、重庆、四川、贵州和云南等10省份实施，以农牧业专业合作组织和企业为承担主体。

申报条件：①合作社申报条件。集中连片承包流转草地3 000亩以上，土地承包流转年限不少于10年（从2014年起计）；养殖肉牛肉羊800个牛/羊单位以上，养殖区具有良好的水、电、路等基础设施条件；生产经营状况良好，与周边辐射带动农户签订草产品、畜产品购销合同或劳动合同。②企业申报条件。集中连片承包流转草地5 000亩以上，土地承包流转年限不少于10年（从2014年起计）；养殖肉牛肉羊1 200个牛/羊单位以上，养殖区具有良好的水、电、路等基础设施条件；生产经营状况良好，与周边辐射带动农户签订草产品、畜产品购销合同或劳动合同。

补助金额：国家每亩补助900元标准，各省根据实际情况适度调整。项目承担单位要配套自筹资金，自筹资金不得低于中央财政补助资金总额度的50%。

发放形式：项目立项后，省级财政部门先期安排70%的补助资金。验收合格后，再安排剩余30%资金。验收不合格的，扣减剩余资金并限期整改。

二十四、畜禽良种补贴

补助金额

生猪良种养殖：饲养的生猪在繁衍过程中，一年使用精液4份，将给予每份精液补贴10元，一头就能补助40元。

奶牛良种养殖：饲养的奶牛每头补贴70元。荷斯坦牛每头使用一剂冻精补贴35元。

肉牛良种养殖：肉牛西门塔尔牛使用冻精每剂补贴10元；其他肉母牛每头冻精，每剂补贴5元。

羊良种养殖：种公羊国家一次性补贴800元/只。

二十五、畜禽标准化规模养殖场补贴

申报时间

3月和8月。

补助金额

生猪良种养殖：饲养的母猪存栏300头以上，年出栏肥猪5 000头以上，国家补贴25万～100万元。

肉牛良种养殖：饲养的育肥牛500头以上，或存栏能生产的母牛50头以上，国家补贴25万～50万元。

肉羊良种养殖：母羊存栏250只以上，出栏肉羊500只以上，牧场母羊存栏400只以上，或年出栏肉羊1 000只以上，国家补贴25万～50万元。

肉鸡良种养殖：小规模养殖场饲养量5 000只以上，年出栏量10万只以上，国家补贴35万元。

奶牛良种养殖：奶牛养殖年存栏300～499头的养殖场，中央补助投资80万元；年存栏500～999头的养殖场，中央补助投资130万元；年存栏1 000头以上的养殖场，中央补助投资170万元。

蛋鸡良种养殖：产蛋鸡养殖规模在1万只以上，国家补贴35万元。

二十六、现代种业提升工程畜禽良种项目

申报时间： 1月。

补助金额： 生猪、肉牛、奶牛育种创新基地项目中央投资最高限额为500万元，羊和鸡育种创新基地项目中央投资最高限额为300万元。

补助标准

生猪育种创新基地：长白猪存栏600头以上，或大白猪存栏600头以上，或杜洛克猪存栏300头以上，年测定种猪2 000头以上。

肉牛育种创新基地：单品种基础母牛存栏100头以上。

羊育种创新基地：种肉羊场特级、一级基础母羊 300 只以上，种毛、绒羊场特级、一级基础母羊 600 只以上。

奶牛育种创新基地：牛场存栏优秀种母牛 300 头以上。

鸡育种创新基地：蛋鸡肉鸡种鸡场基础群存栏 1 万套以上。

二十七、畜禽水产标准化养殖项目

申报要求：养殖规模具体参照当地要求（一般为生猪年出栏在 0.5 万～5 万头，能繁母猪存栏 300 头以上；蛋鸡存栏在 1 万～10 万羽；肉鸡出栏量在 5 万～100 万羽，且单栋饲养量不低于 5 000 羽。肉牛年出栏 100 头以上；肉羊年出栏 300 只以上。

补助金额：50 万～150 万元。

二十八、农业综合开发畜禽良种繁育项目

申报时间：11—12 月。

申报主体：企业和合作社。

申报要求：成立 2 年以上，注册资本 300 万元以上。

补助金额：300 万元。

二十九、支持牧区畜牧良种推广项目

在内蒙古、四川、云南、西藏、甘肃、青海、宁夏、新疆等 8 省份实施，对项目区内使用良种精液开展人工授精的肉牛养殖场（小区、户），以及存栏能繁母羊 30 只以上、牦牛能繁母牛 25 头以上的养殖户进行适当补助。

补助金额：特级或一级种公羊每只补贴 800 元；基础母牛使用良种肉牛冻精每头 10 元；良种基础肉用母牛每年每头补贴 50 元。

三十、秸秆养畜联户示范项目

秸秆青贮、氨化、微贮工作开展基础好，有区域扶持政策的地区优

先考虑，支持肉牛、肉羊养殖发展的项目优先考虑。

补助金额：100万元。

申报时间：6—8月。

三十一、畜禽粪污资源化利用项目

申报时间：9—10月。

补助重点：一是以农用有机肥和农村能源为重点，支持第三方处理主体粪污收集、贮存、处理、利用设施建设，推行专业化、市场化运行模式，促进畜禽粪污转化增值。二是支持规模养殖场特别是中小规模养殖场改进节水养殖工艺和设备，建设粪污资源化利用配套设施，按照种养匹配的原则配套粪污消纳用地，或者委托第三方进行处理，落实规模养殖场主体责任。

补助金额：在中央财政奖补资金安排上，原则上对猪当量（以生猪、牛存栏量折算猪当量）为50万头以下的项目县，累计补助上限为3 500万元；猪当量为51万～70万头的项目县，累计补助上限为4 000万元；猪当量为71万～99万头的项目县，累计补助上限为4 500万元；猪当量为100万头以上的项目县，累计补助上限为5 000万元。各省可根据中央财政奖补资金规模，结合本地畜禽粪污资源化利用实际情况，自主确定补助方式、对象和标准，总体上要兼顾平衡、突出重点、集中投入。

三十二、生物质能综合利用示范项目

补助重点：国家发改委的“生物质能综合利用示范项目”中示范内容，一是生物质成型燃料。以农作物秸秆、林木枝丫材、农林产品加工剩余物等生物质为原料，生产颗粒状、棒状和块状等致密成型燃料，主要用于为农村和小城镇居民提供炊事、取暖等生活燃料，多余产品可向市场出售。通过示范项目建设，完善生物质成型技术，建立生物质成型燃料的商业化经营模式。二是畜禽养殖场沼气发电。

申报条件：①企业注册资本金在1 000万元以上。②企业秸秆能源化利用符合本地区秸秆综合利用规划。③企业年消耗秸秆量在1万吨以上（含1万吨）。④企业秸秆能源产品已实现销售并拥有稳定的用户。

补助金额：项目总投资的10%。

申报时间：6月。

归口部门：财政部、发改委等。

三十三、生猪标准化规模养殖场（小区、重点户）、生猪扩繁场和种鸡场建设项目

（一）建设内容

生猪标准化规模养殖场（小区、重点户）：主要建设内容包括粪污处理、猪舍标准化改造以及水、电、路、防疫等配套设施建设，要优先安排粪污处理设施建设。

生猪扩繁场：主要建设内容包括粪污处理、猪舍、实验室改扩建、性能测定、疫病防控设施及仪器设备购置等。

种鸡场：主要建设内容包括禽舍、实验室以及粪污处理、疫病防控等设施恢复重建。

（二）补助标准及金额

①生猪标准化规模养殖场（小区、重点户）。分年出栏500～999头、1 000～1 999头、2 000～2 999头和3 000头以上4个档次予以补助。其中，年出栏500～999头的养殖场（小区）每个中央平均补助投资20万元，其中，苏浙粤每个补助15万元，西部12省份每个补助25万元，其他地区每个补助20万元，京津沪地区不安排。

年出栏1 000～1 999头的养殖场（小区）每个平均补助投资40万元，其中，京津沪苏浙粤每个补助30万元、西部12省份每个补助50万元，其他地区每个补助40万元。

年出栏 2 000～2 999 头的养殖场（小区）每个平均补助投资 60 万元，其中，京津沪苏浙粤每个补助 50 万元，西部 12 省份每个补助 70 万元，其他地区每个补助 60 万元。

年出栏 3 000 头以上的养殖场（小区）每个平均补助投资 80 万元。

考虑到云南、贵州两省的特殊情况，云南、贵州两省可适当降低年出栏规模，安排部分 300～499 头的养殖场（小区、重点户），中央平均补助投资仍为 10 万元。

②生猪扩繁场。根据规模大小，每个生猪扩繁场中央补助投资 100 万元。

③种鸡场。根据规模大小，每个种鸡场中央补助投资 100 万元。

三十四、奶牛标准化规模养殖小区（场）建设项目

（一）申报条件

存栏奶牛 200 头以上的现有奶牛养殖小区（场）；符合乡镇土地利用总体规划，不在法律法规规定的禁养区内；奶牛饲养实行人畜分离、相对集中、封闭管理；没有患口蹄疫及检出布鲁氏杆菌病、结核病阳性的奶牛；项目要有明确的责任主体。

（二）申报重点

优先支持大中城市郊区和奶牛养殖大县（市）。优先安排农民专业合作组织建立的养殖小区（场）、乳品企业或与乳品企业已建立紧密产销关系的养殖小区（场）。

（三）建设内容及目标

项目主要建设内容为养殖小区（场）的水、电、路、粪污处理、防疫、挤奶等配套设施及饲草料基地建设。

养殖小区（场）经改扩建后必须达到以下标准：①建立奶牛养殖档

案，进行奶牛生产性能测定（DHI）；②实行机械化集中挤奶、粪污集中处理及综合利用、普及全日混合日粮饲喂（TMR）技术；③达到奶牛标准化规模养殖小区（场）建设与管理标准（见附件一）要求。

（四）补助标准及金额

中央投资分年存栏 200～499 头、500～999 头、1 000 头以上 3 个档次予以补助。其中：年存栏 200～499 头的养殖小区（场），每个平均补助投资 50 万元。年存栏 500～999 头的养殖小区（场），每个平均补助投资 100 万元。年存栏 1 000 头以上的养殖小区（场），每个平均补助投资 150 万元。对项目地方配套资金不作硬性规定，由地方政府视财力情况酌情安排。

三十五、中小沼气工程、农村沼气建设项目

申报主体：养殖企业或家庭农场、专业合作社、个体户等。

申报要求：参照各地文件（参考生猪存栏 200～1 000 头，蛋鸡存笼 1 000～5 000羽，肉鸡出笼 5 000～10 000 羽，奶牛存栏 50～100 头，肉牛出栏 50～100 头）。

补助金额：20 万～70 万元。

三十六、种养结合循环农业示范工程建设项目

补助金额：1 000 万～2 000 万元。

归口部门：农业农村部。

建设项目

1. 标准化饲草基地项目

建设内容：饲草种植的土地平整、灌溉设施、田间道路、耕种收设备、青贮生产加工设备、库房；青贮饲料的加工厂房、厂区道路和库房、处理机械购置（铡草机、锤片式饲料粉碎机、饲草揉搓机、磅秤、地磅等）和物资（氨化尿素、氨化膜、微贮菌种等）等。

单体建设规模： 标准化饲草基地建设1万亩以上连片，单体青贮建设规模不小于15 000立方米。

选项条件： 项目申报条件，标准化饲草基地1万亩以上连片；青贮年处理9 000吨秸秆。工作基础好，有区域扶持政策的地区优先考虑。肉牛、奶牛、肉羊规模养殖场户数量多，标准化养殖基础较好，区域养殖业发展潜力大。

2. 标准化养殖场三改两分项目

主要建设内容： 栏圈、粪便机械清粪设备；圈场雨污分离管道系统改造；固液分离设备；固体粪便强制通风好氧堆肥系统；污水防渗、防漏氧化塘等净化贮存一体化设施；肥水输送设备；肥水田间贮存池、管网等农田利用配套设施。

建设规模： 生猪大中型养殖（自繁自养、仔猪育肥、繁育仔猪型），奶牛大中型养殖（50头以上），肉牛大中型养殖（500头以上），肉羊大中型养殖（5 000只）。

选项条件： 项目申报条件，养殖规模在中型以上；工作基础好，有区域扶持政策的地区优先考虑。肉牛、奶牛、肉羊规模与标准化养殖基础较好，区域养殖业发展潜力大。

3. 标准化屠宰场废弃物循环利用项目

主要建设内容： 包括污水粪污处理间、废弃物循环利用间等设施和污水处理设备、粪污收集处理设施、高温高压化制设备（或高温生物降解处理）等设备。

单体建设规模： 20万头以上生猪标准化屠宰场废弃物循环利用。

选项条件： 项目申报条件，屠宰规模年屠宰生猪20万头；工作基础好，有区域扶持政策的地区优先考虑。

4. 沼渣沼液还田项目

主要建设内容： 大中型沼气工程主要建设内容包括原料预处理单元、沼气生产单元、沼气净化与储存单元、沼气输配、沼气发电及上网单元（包括沼气发电、余热回收、上网设备与监控等）或入户设施、沼气炉具、沼渣沼液综合利用单元等设施设备，配套建设供配电、控制、给排水、消防、避雷、道路、绿化、围墙、业务用房等设施设备。沼液田间利用工程需要配套建设适宜当地农田种植体系的沼液田间贮存罐（池）、滴灌或管灌等灌溉体系，以及用于沼液区域转运、联动利用的沼液运输车等。

单体建设规模：按日产沼气 1 000 立方米，年处理 2 万立方米沼液配套建设沼渣沼液利用工程建设。

选项条件：建设地点周边 10 公里范围内有数量足够、可以获取且价格稳定的有机废弃物；与原料供应方签订协议，建立完善的原料收储运体系，并考虑原料不足时的替代方案。需与沼渣沼液还田工程相匹配的农田，鼓励社会化服务组织、新型经营主体开展沼液农田利用配套工程建设和田间配送。

5. 有机肥深加工项目

主要建设内容：依托规模化养殖场，或者选择合适的地点，采用“1 个有机肥加工中心＋N 个畜禽粪便收集无害化处理站”的建设方式，建设粪污集中处理利用工程。其中畜禽新鲜粪便处理利用工艺以“粪便收集——畜禽粪便秸秆混匀——机械搅拌堆肥——堆制腐熟粉碎——有机肥（或腐熟后农田利用）”为主。

有机肥深加工建设主要包含两大处理单元：一是畜禽粪便处理单元，建设内容包括养殖场（户）粪便暂存池、堆肥槽、堆肥车间和腐熟车间等土建工程和转运车辆、堆肥搅拌机、秸秆粉碎机等配套设备；二是有机肥深加工中心建设，包括有机肥加工车间、成品车间等土建工程和粉碎机、造粒机、烘干机、传输带、计量秤等设备及运输车辆。

单体建设规模：畜禽粪便收集处理站年处理 2 万头生猪当量畜禽粪便；有机肥加工中心年处理利用 10 万头生猪当量畜禽粪便。

选项条件：区域畜禽粪便收集处理站日收集处理 2 万头生猪当量畜禽粪便；有机肥加工中心年生产商品有机肥 2 万吨以上。鼓励大型养殖场、农业合作社和社会专业化企业参与区域畜禽粪便收集处理站、有机肥加工中心建设和运营管理。

6. 农作物秸秆综合利用项目

①秸秆饲料化利用

主要建设内容：包括建设青黄贮池，购置秸秆处理机械（铡草机、锤片式饲料粉碎机、饲草揉搓机、磅秤、地磅等）和物资（氨化尿素、氨化膜、微贮菌种等），建设秸秆饲料加工厂房、厂区道路和库房，开展科技推广培训等。

单体建设规模：不小于 15 000 立方米。

选项条件：项目申报条件，黄贮年处理 5 000 吨秸秆，青贮年处理 9 000 吨秸秆。

➢ 秸秆青贮、黄贮工作基础好，有区域扶持政策的地区优先考虑。

➢ 肉牛、奶牛、肉羊规模养殖场（户）数量多，标准化养殖基础较好，区域养殖业发展潜力大。

➢ 企业应符合以下条件：地市级以上农业产业化龙头企业，注册资本 500 万元（含）以上，资产结构及经营状况良好，具有较强的资金筹措能力，主业为饲料生产的企业优先扶持；上年度净资产不低于所申请财政补助资金总额的 3 倍，资产负债率低于 65%。

②秸秆炭化还田改土

主要建设内容：包括连续式热解炭化炉、上料系统、储气柜、混合气分离净化系统、输送储存系统、冷却及循环水设施、生物炭后续加工系统等设备以及分离池、木醋酸储存池、炭化车间、库房、原料棚等土建设施。

单体建设规模：可以年消耗秸秆 2 万吨，生产生物质炭 6 000 吨，生物质可燃气 600 万立方米，木醋液 2 800 万吨。

选项条件：一是必须有丰富的秸秆资源；二是本着有利于产业化和市场化发展的原则，选择先进适用的技术设备；三是着眼于项目的可持续运行，把建设经营主体的条件作为审批项目的重要依据，确保其具备资金自筹能力、技术服务和管理能力。

③秸秆基料化利用

主要建设内容：秸秆基料化利用建设工程包括原料储存场地、粪便贮存池、污水贮存池、秸秆破碎场地、堆肥车间、二次堆肥、基质包装车间、仓库、道路、晾晒场地、绿化及办公用地等，配套秸秆破碎机、链式破碎机、多瓣抓斗机、装载机、皮带输送机、条垛翻堆机、自动包装机、叉车、水电工程等。

单体建设规模：年生产基质量 5 万立方米，折合干基 1 万吨，消耗各类农作物秸秆 1.5 万吨（风干重），同时，消纳畜禽粪便约 2 万吨、养殖污水 1.5 万吨。

选项条件：一是必须有丰富的秸秆资源；二是本着有利于产业化和市场化发展的原则，选择先进适用的技术设备；三是着眼于项目的可持续运行，把建设经营主体的条件作为审批项目的重要依据，确保其具备资金自筹能力、技术服务和管理能力。

三十七、农机报废补贴政策

政策摘要

农业农村部办公厅　财政部办公厅
关于加大工作力度持续实施好农业机械报废更新补贴政策的通知

农办机〔2024〕4 号

各省、自治区、直辖市及计划单列市农业农村（农牧）厅（局、委）、财政厅（局），新疆生产建设兵团农业农村局、财政局，北大荒农垦集团有限公司，广东省农垦总局：

为深入贯彻中央财经委员会第四次会议精神，落实《国务院关于印发〈推动大规模设备更新和消费品以旧换新行动方案〉的通知》（国发〔2024〕7 号）部署要求，持续实施好农业机械报废更新补贴政策，加快农业机械结构调整，提升农机高端化、智能化、绿色化水平，经商商务部，现就相关工作通知如下。

一、总体要求

深入贯彻党的二十大精神，完整准确全面贯彻新发展理念，落实加快发展新质生产力要求，按照推动高质量发展决策部署，坚持“农民自愿、政策支持、方便高效、安全环保”的原则，通过政策支持进一步加大耗能高、污染重、安全性能低的老旧农机淘汰力度，加快先进适用、节能环保、安全可靠农业机械的推广应用，努力优化农机装备结构，推进农业机械化转型升级和农业绿色发展。

二、补贴对象

中央财政从农机购置与应用补贴中安排资金，实施农机报废更新补贴政策，对报废老旧农机给予适当补助。补贴对象为从事农业生产的农民和农业生产经营组织，农业生产经营组织包括农村集体经济组织、农民专业合作经济组织、农业企业和其他从事农业生产经营的组织。

三、补贴种类和报废条件

中央财政资金补贴报废农机种类为《农业机械安全监督管理条例》规定的可能危及人身财产安全的农业机械及其他重点机具，包括拖拉机、播种机、联合收割机（含粮棉油糖等作物联合收割所用机械）、水稻插秧机、农用北斗辅助驾驶系统、机动喷雾（粉）机、机动脱粒机、饲料（草）粉碎机、铡草机等，具体补贴种类由各省结合实际从中选择确定。各省需进一步扩大补贴范围的，可在中央资金和省级法定支出责任外，安排适量资金，结合农业生产需要和农业机械化发展水平阶段，围绕粮油等主要作物大面积单产提升等重要任务，聚焦增产和减损，自行确定2～3个报废农机种类，经省级农业农村、财政部门联合报农业农村部、财政部备案后实施。

申请补贴的报废农机的发动机等主要部件应齐全，来源清楚合法，机主（指合法拥有机具的从事农业生产的农民和农业生产经营组织，以下统称“机主”）应就机具来源、归属等作出书面承诺。纳入牌证管理的农机需提供农机安全监理机构核发的牌证；无牌证或未纳入牌证管理的，应当具有铭牌或出厂编号、车架号等机具身份信息。报废农机的使用年限等技术条件由各省参照相关机械报废标准确定。对未达报废年限但安全隐患大、故障发生率高、损毁严重、维修成本高、技术落后的农机，允许申请报废补贴。

四、补贴标准和资金安排

中央财政农机报废更新补贴由报废部分补贴与更新部分补贴两部分构成。报废部分补贴实行定额补贴，补贴额由省级农业农村部门商财政部门确定。拖拉机、三大粮食作物联合收割机、播种机和农用北斗辅助驾驶系统报废补贴额不超过本通知发布的最高补贴额（详见附件 1），各省可在此基础上归并或细化类别档次，确定具体补贴额。对区域特色强、使用范围小、市场价值高的采棉机和甘蔗联合收获机，单台农机报废补贴额原则上分别不超过 3 万元、2.5 万元。其他农机报废补贴额原则上按不超过同类型农机购置与应用补贴额的 30%测算，并综合考虑运输拆解成本和残值等因素确定，单台农机报废补贴额原则上不超过 2 万元。农用北斗辅助驾驶系统报废补贴额原则上不超过 800 元，报废补贴申领要以购置新设备为前提。各省自行测算确定的农机报废补贴额一览表需报农业农村部、财政部备案后实施。对纳入多个省份报废补贴范围的农机机型，相邻省农业农村部门应加强信息沟通，力求补贴额相对统一稳定。更新部分补贴标准按农机购置与应用补贴政策相关规定执行。

2024 年中央财政下达各省的农机购置与应用补贴资金中，已专门测算安排用于老旧农业机械报废的补贴资金，具体资金额度将分别通知各省，供参照执行。北京、各计划单列市、新疆生产建设兵团、北大荒农垦集团有限公司、广东省农垦总局要统筹用好上年结转资金和 2024 年度新安排资金，用于老旧农业机械报废补贴兑付。

五、确定回收拆解企业

报废农机回收拆解企业（以下简称“回收企业”）应以具备资质的

报废机动车回收拆解企业为主，也可选择依法具有农机回收拆解经营业务的其他企业或合作社。具体由各省农业农村部门依据《农业机械安全监督管理条例》等确定，并向社会公布。对于农用北斗辅助驾驶系统，各省可根据实际对回收企业资格进行单独审查，确定回收企业。回收企业应当遵守国家有关消防、安全、环保的规定，参照《报废农业机械回收拆解技术规范》（NY/T 2900—2022）等开展报废农机回收拆解工作。

六、操作程序

（一）报废旧机。机主自愿将拟报废的农机交售给回收企业。回收企业应当核对机主和拟报废的农机信息，向机主出具《报废农业机械回收确认表（样式）》（见附件2，以下简称《确认表》），向县级农业农村部门提供机主和报废农机信息。回收企业及时对回收的农机进行拆解并建立档案，对国家禁止生产销售的发动机等部件进行破坏性处理。拆解档案应包括铭牌或其他能体现农机身份的有关资料，保存期不少于3年。县级农业农村部门应对回收企业拆解或者销毁农机进行监督。

（二）注销登记。纳入牌证管理的拖拉机和联合收割机机主持《确认表》和相关证照，到当地负责农机牌证管理的机构依法办理牌证注销手续。相关机构核对机主和报废农机信息后，依法办理牌证注销手续，并在《确认表》上签注“已办理注销登记”字样。

（三）兑现补贴。机主凭有效的《确认表》，按当地相关规定申请补贴。当地农业农村部门、财政部门按职责分工进行审核，财政部门向符合要求的机主兑现补贴资金。各地可结合实际，设置农民和农业生产经营组织年度内享受报废补贴的农机数量上限。县级农业农村部门应按照报废补贴机具总量不超过购置补贴机具总量的原则，合理确定年度报废补贴农机数量。

各省应立足便民利民、提高效率、管控好实施风险等，制定细化符合本省实际的农机报废拆解流程。

七、保障措施

（一）加强组织领导。各级农业农村部门、财政部门要切实加强农机报废更新补贴工作的组织领导，明确职责分工，密切配合，形成工作合力。要细化完善管理措施，建立健全制度机制。要加强政策宣传，扩大公众知晓度。大力推行信息公开，对享受补贴的信息进行公示，对实施方案、补贴额、操作程序、投诉咨询方式等信息全面公开，主动接受监督。要加强补贴业务培训和警示教育，提高工作人员业务素质和风险防控能力。地方各级财政部门要加大投入力度，保障必要的工作经费。

（二）开展便民服务。各地有关部门要强化服务意识，创新工作方式，鼓励采取“一站式”服务、网上办理等便民措施，提高工作效率和服务质量。要做好同农机购置与应用补贴工作信息平台的衔接，加快实现回收拆解等信息同农机购置与应用补贴相关信息的互联互通，提高补贴申请资料校核效率。鼓励机动车回收拆解企业、农机维修企业、农机合作社按有关规定合作开展农机报废回收工作，鼓励回收企业上门回收、办理业务。

（三）强化监督管理。各省要将农机报废更新补贴实施纳入农机购置与应用补贴延伸绩效管理考核内容，强化结果运用。有关部门要按照各自职责进一步完善农机报废更新补贴工作监管机制，提升信息化监管能力，逐步将农机报废全流程各环节纳入信息化监管范围，通过定期调取回收企业视频监控等方式实行全链条监管，防止机具假报废、流入二手机市场。对未纳入牌证管理的农机具，各省要制定风险防控措施，严格加强监管，严查虚假报补等骗套补贴资金的违规行为，严惩违规主体。发现回收企业存在违规行为，应视情节轻重，采取警告、通报、暂停参与补贴实施并限期整改、禁止参与补贴实施等措施进行处理。对弄虚作假套取国家补贴资金的企业、个人和农业生产经营组织，要参照农机购置与应用补贴的有关规定和原则进行严肃处理，并将其纳入“黑名单”。要充分发挥社会监督作用，畅通投诉举报渠道，认真受理、核查、处理群众举报投诉。

（四）及时报送情况。各省要根据本通知，结合实际制定印发本省农机报废更新补贴实施方案，并抄报农业农村部和财政部。要加强实施进度统计分析，严格执行进度季报制度，做好半年和全年总结分析，每年7月10日和12月10日前分别报送半年和全年农机报废更新补贴工作总结。

本通知自发布之日起实施，《农业农村部办公厅、财政部办公厅、商务部办公厅关于印发〈农业机械报废更新补贴实施指导意见〉的通知》（农办机〔2020〕2号）同步废止。

附件：1. 拖拉机、三大粮食作物联合收割机等机具中央财政资金最高报废补贴额一览表

2. 报废农业机械回收确认表（样式）

农业农村部办公厅　财政部办公厅

2024年6月17日

第七章　种业类相关政策资金

一、国家农作物种质资源中期库项目

建设要求：重点改扩建一批国家种质资源库。项目建成后，种质库的保存、评价能力明显提高，能够满足今后 20 年资源保存和牧草育种发展重大需求。

建设内容：按照填平补齐原则，根据扩增保存种质资源的数量等实际需求，补充建设田间工程、购置仪器设备和物联网数据获取与处理系统等。

项目布局及申报条件：改扩建一批种质资源中期库，拟布局及品种范围为北京（粮食、蔬菜）、内蒙古（牧草）、浙江（水稻）、河南（棉花、西甜瓜）、湖北（油料）、湖南（麻类）等省份，由已承担国家种质资源保存任务的国家和省级科研教学单位、国家级技术推广单位等承担建设，要求承担单位拥有国家种质资源库及资源保存、评价的技术队伍。

中央投资规模：每个项目投资规模不超过 1 500 万元。全部为中央投资。

二、国家农作物种质资源圃项目

建设要求：新建资源圃原则上要求圃建设规模 500 亩以上，原则上保存该生态区域特色作物种类 2 种以上，资源保存能力 5 000 份以上，年鉴定评价和分发能力 500 份以上。项目建成后，资源保护种类、数量、质量以及评价鉴定能力明显提高，能够满足今后 20 年资源保存和作物育种发展重大需求。改扩建项目形成的保存、鉴定评价和分发能力原则上不低于新建资源库。

建设内容：新建资源圃建设内容主要包括保存、隔离、鉴定评价等圃地建设，日光温室、资源鉴定及田间测定设备、监控设备、相适宜的农机具和物联网数据获取与处理系统等。改扩建资源圃按照填平补齐原则，根据扩增保存种质资源的数量等实际需求，补充建设田间工程、购置仪器设备和物联网数据获取与处理系统等。

项目布局及申报条件：新建一批资源圃，拟布局及品种范围为山西（牧草）、广西（芒果）、海南（热带野生稻）、四川（西南特色园艺作物）、贵州（云贵高原特色作物）、云南（高原野生稻）、陕西（干热区特色作物）、宁夏（枸杞等宁夏特色作物）、新疆（西北干旱区野生近缘植物）等省份，由国家和省级科研教学单位、技术推广单位承担建设，且具备承担DUS测试以及植物新品种保护繁殖材料保存能力。申报特色作物种质资源圃的项目承担单位，应具有该特色种质资源收集保存与鉴定评价的科研支撑队伍，拥有500亩以上自有土地用于种质圃建设，已收集保存该特色作物种质资源原则上不少于300份，且该区域没有已建成的同作物类型的国家种质圃。申报国家牧草种质资源圃的项目承担单位，应具有牧草种质资源收集保存、鉴定评价与繁殖更新的队伍，拥有300亩以内长期稳定的土地（自有或剩余租期10年以上）用于种质圃建设，已收集保存牧草种质资源原则上不少于300份。

改扩建一批种质资源圃，拟布局及品种范围为北京（桃和草莓、多年生蔬菜）、浙江（茶树）、河南（桃、葡萄）、湖北（猕猴桃）、广东（野生稻）、海南（橡胶、木薯、香料饮料）、陕西（柿）、新疆（野生苹果）等省份，由已承担国家种质资源保存任务的国家和省级科研教学单位建设，且具备承担DUS测试以及植物新品种保护繁殖材料保存能力。

中央投资规模：改扩建资源圃项目每个投资规模不少于1 000万元，新建资源圃项目每个投资规模1 500万元以内。全部为中央投资。

三、农作物育繁推一体化示范项目

建设要求：围绕着发挥种子企业在现代种业发展中的主体作用，通过改善育种创新条件，支持开展高效育种，提升种质资源保存利用、育种科研创新、良种生产加工、推广服务等能力，培育具有国际竞争力的民族种业。

建设内容：申报项目企业根据育种科研方向和科研技术路线及育繁推一体化发展要求，着力改善科研基础设施，兼顾种子生产加工等条件。重点建设内容包括库房（含低温种子库）、检验室、农机具库等土建工程，温室、大棚、晒场、试验地田间工程，以及实验分析设备、农机具、仪器设备购置等。

项目布局与申报条件：不同作物每省份限定申报 1 个，具体范围如下：

◆ 水稻育繁推一体化示范项目布局在湖南、四川、江苏等省；

◆ 玉米育繁推一体化示范项目布局在河北、辽宁、黑龙江、安徽、新疆等省份；小麦育繁推一体化示范项目布局在江苏、安徽、河南等省；

◆ 马铃薯育繁推一体化示范项目布局在河北、内蒙古等省份；

◆ 大豆育繁推一体化示范项目布局在黑龙江、山东等省；

◆ 杂粮育繁推一体化示范项目布局在河北；

◆ 蔬菜育繁推一体化示范项目布局在北京、天津、浙江等省份；

◆ 牧草育繁推一体化示范项目布局在北京、四川。

申报农作物育繁推一体化示范项目企业条件如下。①已开展科企合作，与科研院所或高等院校签订合作协议，明确种业科研成果转化方式，其中参加国家或省级良种联合攻关的企业优先；②具有专门的育种机构，在全国不同生态区有测试点 30 个以上和相应的播种、收获、考种设施设备；③具有分布在不同生态区、自有或租用（剩余租期不少于 5 年）的科研育种基地 5 处以上、总面积 200 亩以上；④近 3 年内，年均科研投入不低于年种子销售收入的 3%；⑤生产经营主要农作物种子的，具有作为第一育种者的国家级审定品种 3 个以上，或者省级审定品种6个以上，或者国家级审定品种2个和省级审定品种3个以上，或者国家级审定品种1个和省级审定品种5个以上；生产经营非主要农作物种子的，应当具有相应作物的以本企业名义登记或单独申请获得植物新品种权的品种5个以上；⑥具有本科以上学历或中级以上职称的专业育种人员10人以上；⑦近3年无生产经营假劣种。

中央投资规模：每个项目中央投资规模控制在2 000万元以内。中央投资占项目总投资比例不高于40%。

四、品种测试能力提升项目

（一）品种测试站项目

建设要求：加强现有资源整合，建设一批国家级品种测试站，承担区域性试验、特性鉴定、植物新品种特异性一致性稳定性测试（DUS测试）和登记作物种子检测任务。按照科学合理的生态类型区布局要求和试验机械化、智能化、信息化标准开展建设。项目建成后，能够承担本生态区域内的植物品种试验以及测试技术研究等任务；能够实现试验申请、试验方案形成、试验任务下达、试验管理、试验数据采集、试验评价、试验数据汇总分析、品种推广等环节的全程信息化管理；每年承担800个次以上品种试验任务；具有有效开展抗病性（抗虫、抗旱、抗高温低温、抗倒、耐渍涝、耐盐碱、水肥高效利用等）鉴定的能力；测试用地长期稳定（自有土地）。国家草品种区域试验站应分布于我国主要牧草栽培区域，按照试验标准化、机械化、信息化要求开展建设。项目建成后，主要承担由全国草品种审定委员会安排的国家级草品种审定区域试验任务，对拟申报国家级审定的草品种丰产性、适应性、稳产性、抗逆性、品质等作出全面评价，并对已审定品种及配套技术进行综合展示，为农牧民选种用种、技术推广提供培训和观摩平台。单个项目应能够承担每年100个以上草品种试验任务。

建设内容：重点建设远程监控室及配套设施设备、网络管理室、考挂室、种子仓库，特性鉴定专用设施，摄影、生理生化分析、品质分析室等土建工程，组织培养间、植物样品处理工作间、分子及生理检测实验室，温室、网室、隔离防护等田间工程，购置小区播种、收获、测产及信息化等设备机具，购置组织培养、生理生态、分子检测等仪器设备。

项目布局和申报条件：品种测试站拟布局在北京（青贮玉米区试、特性鉴定及检测）、河北（区试、登记作物谷子种子和马铃薯种薯检测）、辽宁（特性鉴定、DUS测试）、黑龙江（区试、特性鉴定、DUS测试、登记作物马铃薯种薯检测）、上海（特性鉴定、DUS测试、登记作物蔬菜种子种苗检测）、江苏（区试、特性鉴定）、福建（区试、特性鉴定）、山东（区试、特性鉴定、DUS测试）、河南（区试、特性鉴定、登记作物花生种子检测）、湖北（区试）、湖南（特性鉴定、DUS测试）、广东（区试、特性鉴定、DUS测试）、广西（区试、特性鉴定）、重庆（区试、特性鉴定）、贵州（区试、特性鉴定）、云南（区试、特性鉴定、DUS测试、登记作物蔬菜种子检测）、甘肃（区试、特性鉴定）、新疆（区试、特性鉴定、DUS测试）等省（区、市），每地限申报1个项目。草品种测试站布局范围为内蒙古、黑龙江，每地限申报1个项目。承担单位应具有独立的法人资格，组织协调能力强；有建设用地或自有房产可用于试验业务用房改造；有相应的试验用地，面积200亩以上，生态代表性强；具有开展品种测试的专业技术人员；具有良好的财务状况，能够提供必需的运行经费支持。

中央投资规模：每个项目规模1 000万～2 500万元，具体规模根据承担任务申报。项目建设全部为中央投资。

（二）国家农作物种子检测分中心项目

建设要求：根据新种子法，按照分批建设原则，重点建设一批国家农作物种子检测省级分中心和国家农作物种子检测站，着力提高种子检测监管能力。项目建成后，省级分中心主要承担国家种子认证、品种审定（登记）品种真实性和转基因成分检测以及田间种植鉴定等任务，具有年检品种真实性和转基因成分等分子检测1万份以上的能力。

建设内容：省级分中心主要建设内容包括：检测实验室改扩建、种子样品低温保存库和田间种植鉴定田建设，种子简单重复序列分子检测（SSR分子检测）或单核苷酸多态性分子检测（SNP分子检测）、转基因检测、种子健康检测及检验信息管理等相关仪器设备购置。

项目布局及申报条件：省级分中心拟布局范围为山东、湖北、河北、湖南、吉林、安徽、内蒙古、新疆生产建设兵团，分别由省级种子管理部门承建。项目承担单位应具有独立的法人资格，组织协调能力强；具有开展种子检测的专业技术人员；具有能够提供必需的运行经费支持。

中央投资规模：每个项目规模1 500万元以内，全部为中央投资。

五、制（繁）种能力提升项目

（一）区域性粮食等作物良种繁育基地项目

建设要求：支持区域性粮食类作物良种繁育基地县（市）全面加强种子基地基础设施、生产加工、监管服务能力建设，着力提升基地规模化、标准化、机械化、集约化和信息化水平。项目建成后，基地县年度种子（苗）产量，原则上不低于该作物全国年度用种总量的3%；基地市年度种子（苗）产量，原则上不低于该作物全国年度用种总量的9%，基地建设面积不少于5 000亩。同时，基地种子（苗）具有较好市场需求，近三年种子调出量应占到基地种子生产量的60%以上。

项目布局与申报条件：根据《农业农村部关于认定国家级杂交水稻和杂交玉米种子生产基地的通知》（农种发〔2013〕2号）和《农业农村部关于认定第一批区域性良种繁育基地的通知》（农种发〔2017〕1号）确定的种子生产基地范围，择优重点建设玉米、水稻、大豆、马铃薯、油菜等区域性良种繁育基地，由种子企业牵头组织项目申报。申报企业条件：①应具有独立的法人资格；②企业财务状况良好，能协调解决项目所需配套资金；③近三年在当地的种子生产面积和产量，须占当地该作物种子生产总面积和总产量的 1/4 以上；④近三年无生产经营假劣种子情况。

建设内容：项目重点支持种子基地实施土地平整、排灌设施（含节水灌溉）、道路、农田防护林及配套设施等田间工程建设，购置相关仪器设备；支持种子企业加强种子繁育、加工包装、质量检测、信息化管理等能力建设；支持有条件的种子基地建设种业园区，完善种子加工及仓储设施。

中央投资规模：项目总投资规模原则上不低于 2 500 万元，其中，中央投资占总投资比例不高于 40%，中央投资不超过 2 000 万元。

（二）区域性经济作物区域性良种繁育基地项目

1. 一年生作物良种繁育基地

建设要求：适应农业结构调整需要，按照宜县则县、宜市则市原则，着力建设一批棉花、蔬菜、食用菌区域性良种繁育基地，提高良种综合生产能力。项目建成后，棉花区域性良种繁育基地项目区面积不少于 1 000 亩，蔬菜区域性良种繁育基地项目区面积不少于 500 亩，食用菌年原种供应能力 30 万瓶以上。

建设内容：按照填平补齐的原则，因地制宜地设计建设内容，提高育种创新能力、改善繁种环境条件、提升种子加工装备水平。育种环节，重点是改善实验室和田间选育种条件，包括排灌设施、温室、大棚、网室、农机具及仪器设备等。繁种环节，重点改善原原种、原种保存和扩繁条件，包括建设围栏、温室、大棚、网室、晒场、排灌等设施。推广环节，重点是改造升级加工设备和场地，包括筛选、分级、灭菌、包装、检测等。

项目布局和申报条件：建设棉花区域性良种繁育基地 1 个，拟布局范围为新疆；蔬菜区域性良种繁育基地 2 个，拟布局范围为天津、湖南；食用菌区域性良种繁育基地2个，拟布局范围为辽宁、山东。项目由当地政府有关部门组织制种企业开展建设，制种企业需按规定具有相应的良种繁育资质，从事实际生产3年以上，未发生过假劣种子问题。农业农村部发证的育繁推一体化企业优先安排。

中央投资规模：项目总投资规模原则上不低于2 500万元，其中，中央投资占总投资比例不高于40%，每个项目中央投资控制在3 000万元以内。

2. 一年生作物种苗繁育基地

建设要求：适应农业结构调整需要，按照宜县则县、宜市则市原则，着力建设一批甘蔗脱毒健康种苗繁育基地、蔬菜集约化育苗基地等一年生作物种苗繁育基地，提高种苗综合生产能力。主要包括。项目建成后，生产能力大幅提升，甘蔗脱毒健康种苗繁育基地生产种苗合格率95%以上、基地面积1 000亩以上，蔬菜集约化育苗基地年商品苗培育量1 000万株以上。

建设内容：甘蔗脱毒健康种苗繁育基地主要建设内容包括田间道路、土地整理、排灌沟渠等田间工程及配套机具和设施，隔离网室、脱毒、检测等仪器设备等。蔬菜集约化育苗繁育基地主要建造内容包括节能日光温室，配套育苗床架、遮阳、保温、加温、排灌、防虫网等设施设备。

项目布局和申报条件：甘蔗脱毒健康种苗繁育基地拟布局在广西。蔬菜集约化育苗繁育基地拟布局在吉林、黑龙江。项目由当地政府有关部门组织科研院所、育苗企业等开展建设，并由一个单位牵头打捆申报与建设。其中，申报甘蔗脱毒健康种苗繁育基地的单位须是能力突出的农科院所或连续两年被评为地区级以上龙头企业的制种企业。申报蔬菜集约化育苗繁育基地的单位须是具有较强实力和良好资信的蔬菜育苗企业、农民合作社、农科院所，从事蔬菜集约化育苗3年以上；生产经营业绩良好，有稳定的订单用户，未发生假劣种苗事件；具有较大的市场空间和发展潜力。

中央投资规模：项目总投资规模原则上不低于2 500万元，其中，中央投资占总投资比例不高于40%，甘蔗健康种苗生产用种繁育基地申报中央投资控制在2 000万元以内，蔬菜集约化育苗基地申报中央投资在1 000万元左右。

3. 多年生作物种苗繁育基地

建设要求：适应农业供给侧结构性改革和绿色发展需要，按照宜县则县、宜市则市的原则，着力建设一批区域性果树种苗（含砧木）繁育基地、茶树无性系种苗繁育基地等多年生作物种苗繁育基地，提高种苗综合生产能力。其中果树种苗（含砧木）繁育基地以苹果、柑橘、梨、葡萄为重点，兼顾地方特色树种。良繁基地包括国家原原种（一级采穗圃）培育、原种保存与扩繁（二级采穗圃）和良种苗木生产基地。项目建成后，果树、茶叶项目区面积不少于800亩（含轮作），苹果、梨年出圃大苗200万株；柑橘出圃容器苗500万株；葡萄出圃嫁接苗150万株，茶树年出圃3 000万株。

建设内容：围绕原原种培育、原种保存与扩繁、良种苗木生产任务，建设所需的田间农业基础设施、温室、大棚、网室、肥水管理和病虫害防治设施、脱毒室、检测室、相关脱毒检测设备、苗木分级包装设备、种苗贮藏库等，并配套相关作业机械。

项目布局和申报条件：项目拟布局范围为以下省（自治区）：苹果为山西、河南；柑橘为福建、广东；梨为江苏、四川；葡萄为山东、陕西；茶叶为浙江、云南。项目由当地政府有关部门组织从事公益性研究优势突出的科研院所或高等院校与经营效益好的种苗企业合作，并由一个单位牵头打捆申报与建设。承担单位须具有独立法人资格，有较强实力、良好资信和相关种苗繁育资质。有稳定的生产用地，其中果树建设引种园50亩、母本园（含砧木）30～50亩，果树原原种培育基地100亩以上，采穗圃（含砧木）100亩以上、果树良种苗木生产基地500亩以上；茶树建设引种园50亩、采穗圃250亩、无性系种苗繁育基地500亩以上。承担单位有健全的种苗质量保障体系，具有完备的内部种苗质量控制体系，能保证所生产种苗合格。

中央投资规模：项目总投资规模原则上不低于 2 500 万元，其中，中央投资占总投资比例不高于 40%，每个项目申报中央投资控制在 3 000万元以内。

（三）特色农作物良种繁育基地项目

1. 科研冬（夏）繁育制种基地项目

建设要求：支持科研冬（夏）繁育制种基地全面加强基地基础设施和监管服务能力建设，为科研单位、种子企业开展育种加代和繁种制种等活动提供支撑，加快种业育种创新，提升基地现代化水平。

项目布局与承担单位：根据《农业农村部关于认定第一批区域性良种繁育基地的通知》（农种发〔2017〕1 号）确定的种子基地范围，择优建设冬（夏）繁育制种基地，由基地所在地农业主管部门或种子企业牵头组织项目申报。

建设内容：项目重点支持冬（夏）繁育制种基地范围内的县（市）实施土地平整、排灌设施（含节水灌溉）、道路、农田防护林及配套设施等田间工程建设，购置相关仪器设备，实现旱涝保收；支持加强种子检测、基地监管等能力建设，推进基地实现种子生产、质量监管的信息化和可追溯；支持有条件的基地建设种业园区，完善种子加工及仓储设施。

中央投资规模：项目总投资规模原则上不低于 2 500 万元，其中，中央投资占总投资比例不高于 40%，中央投资不超过 1 100 万元。

2. 牧草良种扩繁基地项目

建设要求：主要建设多年生优质牧草良种扩繁基地。项目建成后，良种扩繁基地项目区面积不少于 1 000 亩。

建设内容：主要包括田间工程重点完善生产区域土地平整、排灌沟渠、机耕道路、机井围栏等农田基础设施；土建工程重点建设与草种生产所需的仓储、质检及加工等基础设施；仪器设备购置重点包括机具、质检设备、加工储藏设备等。

项目布局和申报条件：拟在陕西、宁夏等2省（区）建设牧草良种扩繁基地各1个。制种企业须按规定具有相应草种繁育的资质，从事实际生产3年以上，育繁推一体化企业优先安排。申报单位须具备较强的自筹资金配套能力和良好的资产、财务状况，具有长期稳定和相对集中的生产用地；近3年内未发生假劣种子问题。

中央投资规模：项目总投资规模原则上不低于2 500万元，其中，中央投资占总投资比例不高于40%，中央投资不超过1 100万元。

第八章　林草类相关政策资金

政策全文

国家林业和草原局办公室
关于开展第五批国家林下经济示范基地认定工作的通知

各省、自治区、直辖市、新疆生产建设兵团林业和草原主管部门，中国林科院、大兴安岭林业集团，内蒙古、吉林、长白山、龙江、伊春森工集团：

根据全国评比达标表彰工作协调小组办公室《关于公布第二批全国创建示范活动保留项目目录的通告》和《国家林业局关于加强林下经济示范基地管理工作的通知》（林改发〔2017〕103号，以下简称《通知》）要求，我局决定开展第五批国家林下经济示范基地认定工作，现将有关事项通知如下：

一、申报主体

原则上为符合条件的省级林下经济示范基地。没有开展省级林下经济示范基地建设工作的省（含自治区、直辖市、新疆兵团，下同）、单位，可择优推荐符合条件的林下经济示范基地。

二、申报条件

（一）申报单位应符合《通知》要求的国家林下经济示范基地必备条件。

（二）以县（含县级市、区、旗，下同）为单位申报的，县域范围内应至少有3家（含）以上已命名的以经营主体为单位的国家林下经济示范基地。至少有1家（含）以上已命名的以林下经济为主业的国家林业重点龙头企业或国家农民合作社示范社。具有相对完整的林下经济产业链条和集中连片的林下经济产品生产基地，其林下经济林地经营面积应在1万亩以上。以林下种植为主的集中连片面积应在5 000亩以上，以林下养殖、林下产品采集、森林景观利用为主的任意一种模式的集中连片面积应在2 000亩以上。林下经济产值占当地林业产业总产值（不包括第二产业）的10%以上。有具体负责发展林下经济的管理人员，已出台关于林下经济发展的支持政策。

（三）以经营主体为单位申报的，以林下种植为主的经营面积应在500亩以上，以林下养殖、林下产品采集、森林景观利用为主的经营面积应在300亩以上。申报单位应明确基地名称、主要品种和发展模式。基地名称格式为“基地所在行政区域地名（到县级即可）＋经营主体名称（或品牌名称）＋主要品种＋林下经济示范基地”，可参考附件1中的示例。

（四）为推进林草中药材高质量发展，鼓励支持林草中药材生态培育，增加优质中药材供给，对开展生态种植、仿野生栽培、野生抚育的林下中药材基地予以适当倾斜。

（五）对少数民族地区和边远地区、原国家扶贫开发工作重点县、原集中连片特殊困难县、新疆、西藏和涉藏工作重点省、革命老区县及我局定点帮扶县予以倾斜。

（六）对农民工、大学生、科技工作者、退役军人等返乡下乡人员建设的林下经济基地予以适当倾斜。

（七）对发生破坏森林资源案件或因案件被我局通报的县级单位不予受理。对列入国家企业信用信息公示系统失信名单、3年内有违法占用使用林地等重大负面影响的经营主体不予受理。

三、申报材料

（一）国家林下经济示范基地申报名单汇总表。

（二）国家林下经济示范基地申报报告。

（三）国家林下经济示范基地申报表。

（四）反映符合申报条件的证明材料。包括林下经济发展基本情况、林下经济支持政策以及林下经济产值、集中连片面积、脱贫户情况等相关文件资料。

（五）申报单位为经营主体的，需提供营业执照复印件、林地权属复印件，企业信用信息（可在国家企业信用信息公示系统查询）、经营情况等材料。

以上材料除附件1外，请按顺序装订成册后报送。

四、认定程序

申报材料经省级林业和草原主管部门审核后报送我局。我局组织专家对申报材料评审后提出建议名单并在局官方网站予以公示，履行相关程序后，认定为“国家林下经济示范基地”。

五、相关要求

（一）本次拟在全国认定100个左右规模大、效益好、带动力强、能够发挥示范引领作用的国家林下经济示范基地，请各省级林业和草原主管部门和各单位根据本通知要求，精心组织、积极申报，确保申报材料相关数据和证明材料真实、完备，严格把关、宁缺毋滥。

（二）各省2020年度林下经济发展情况和国家林下经济示范基地年度报告报送情况将作为一项重要考核指标。对报送不及时、内容不完整等报送质量不高的省份，在示范基地认定数量上从严控制。

（三）请于2021年6月18日前将申报材料以正式文件（一式2份）报送我局，电子版发送至fgs8728@163.com。

特此通知。

国家林业和草原局办公室

2021年4月27日

一、林业生态示范项目

补助对象：分为国家储备林项目和防沙治沙项目等项目。国家储备林项目扶持对象为国有林场，防沙治沙项目扶持对象为县级林业部门或林场。

补助金额：国家储备林单个项目中央投资400万～600万元，防沙治沙单个项目中央投资不低于200万元。国家储备林项目自筹资金不低于财政资金总额的30％。

归口部门：国家林业和草原局计财司、国家农业综合开发办公室。

二、名优经济林等示范项目

释义：名优经济林等示范项目，是指利用优质高产新品种、高效栽培技术和有机栽培技术等，建设高标准示范基地，提高林产品产量，提升林产品质量，引导带动农民群众广泛参与，促进农民增收。

补助范围：木本油料、林下经济、干鲜果品等名优经济林示范建设。重点加强油茶、核桃、油橄榄、油用牡丹、长柄扁桃等示范基地建设；在不影响林木正常生长的情况下，充分利用林地资源和林荫空间，发展林参、林药、林菌等林下种植业；发展具有区域特色的榛子、香榧、枸杞、红枣等干鲜果品以及竹笋等森林食品，建设高产高效示范基地。

补助对象：林（农）业产业化龙头企业、农业合作社、国有林场，以及经有关部门认定或登记的专业大户、家庭林（农）场等新型农业经营主体。

补助金额：年度单个项目中央财政投资规模根据自筹资金能力和实施项目能力等合理确定，原则上不低于120万元。

三、木本油料示范项目

申报时间：3月。

补助范围：根据《国务院办公厅关于加快木本油料产业发展的意

见》，重点支持油茶、核桃、油橄榄、油用牡丹等木本油料标准化示范基地建设。在条件适宜的地区，鼓励油茶、核桃幼林中间种大豆、花生、油菜等农作物，采取生物复合措施，发挥立体空间优势，实现一地多作，增加食用植物油总产量。通过在木本油料示范基地林下种草，提高根际土壤中有效磷含量，提高根际土壤和非根际土壤中全磷含量，同时增加地表土壤覆盖，保持水分，减少水土流失，实现生态防护、林地增产双赢。

补助对象：包括林（农）业产业化龙头企业、农民合作社、国有林场（森工企业）等经营主体。

补助金额：单个项目中央财政资金投入规模200万元以上（含200万元）基础上，优先安排中央投资300万元以上项目，防止项目过散、过小、过碎。地方财政资金投入比例按照财政部有关规定执行，项目自筹资金不低于申请财政资金总额。财政资金采取补助方式，积极鼓励开展先建后补等扶持方式。

归口部门：国家林业和草原局、国家农业综合开发办公室。

四、造林补贴

释义：是指对国有林场、林业职工（含林区人员，下同）、农民专业合作社和农民等造林主体在宜林荒山荒地、沙荒地、迹地、低产低效林地进行人工造林、更新和改造、营造混交林，面积不小于1亩的给予适当的补助。

补助金额：人工营造，乔木林和木本油料林每亩补贴200元，灌木林每亩补贴120元（内蒙古、宁夏、甘肃、新疆、青海、陕西、山西等省份灌木林每亩补贴200元），水果、木本药材等其他林木、竹林每亩补贴100元；迹地人工更新、低产低效林改造每亩补贴100元。

五、退耕还林补贴

补助金额：国家按退耕还林每亩补助1 500元（其中中央财政专项

资金安排现金补助 1 200 元每亩、国家发展改革委安排种苗造林费 300 元每亩）。

发放形式：资金发放是由县级环林局通过“一折通”（存折）方式兑现给农户手中。退耕还林补助资金分三次下达给省级人民政府，每亩第一年 800 元（其中种苗造林费 300 元）、第三年 300 元、第五年 400 元。

六、草原禁牧补助

补助范围：对生存环境恶劣、退化严重、不宜放牧以及位于大江大河水源涵养区的草原实行禁牧封育。

补助金额：中央财政按照每年每亩 7.5 元的测算标准给予禁牧补助。

补助周期：5 年为一个补助周期，禁牧期满后，根据草原生态功能恢复情况，继续实施禁牧或者转入草畜平衡管理。

七、草畜平衡奖励

补助范围：对禁牧区域以外的草原根据承载能力核定合理载畜量，实施草畜平衡管理。

补助金额：中央财政对履行草畜平衡义务的牧民按照每年每亩 2.5 元的测算标准给予草畜平衡奖励。引导鼓励牧民在草畜平衡的基础上实施季节性休牧和划区轮牧，形成草原合理利用的长效机制。

第九章　加工流通类政策资金

一、农产品产地初加工项目

从2012年起，中央财政每年专项转移支付资金，启动实施“农产品产地初加工补助项目”。农产品产地初加工项目针对种植业，主要是扶持马铃薯及蔬菜水果等种植类企业所涉及开展的，初加工设施建设时，可申请此项资金扶持。

补助范围：主要扶持农产品储藏、保鲜、烘干等初加工设施的建设，重点扶持马铃薯主产区，同时兼顾水果蔬菜等优势产区；项目实施区域和扶持对象逐步向现代农业示范区、新型经营主体倾斜，推进集中连片建设；通过资金补助、技术指导和培训服务等措施，鼓励和引导农民专业合作社和农户出资，自主建设农产品初加工设施，每年新建的马铃薯贮藏窖、果蔬冷藏保鲜库和烘干设施等三大类共27种规格的农产品产地初加工设施。

补助对象：以农民专业合作社和农户自主建设的农产品初加工设施为主；其中，每个专业合作社补助数量不超过5座，每个农户补助数量不超过2座。

补助金额：按照中央财政资金对纳入目录的各类设施实行全国统一定额补助，最高补助34万元，最低补助1万元。

补助方式：采取“先建后补”方式。

申报时间：4月左右。

二、冷链物流和现代物流项目

补助范围：①冷库（含农产品产地预冷设施）建设；②农产品产地低温集配中心建设；③冷链运输车辆购置；④冷链物流全程监控与追溯系统建设；⑤冷链物流标准化体系及信息化建设，以及县级仓储配送中心建设。

补助金额：冷库（含农产品产地预冷设施）建设采取直接补助或贷款贴息方式予以支持。采取直接补助时，单个项目直接补助不超过总投资额的20%，最高直接补助原则上不超过300万元。采取贷款贴息时，按50%予以补贴，每年单个项目最高贴息金额原则上不超过400万元，项目贴息年限不超过2年。

冷链运输车辆购置采取直接补助方式予以支持，直接补助总额不超过车辆购置实际价格的30%。

主体要求：①项目单位为省内工商注册登记，具有独立法人资格。②项目为在建或即将开工建设的项目，项目审批（核准或备案）、城市规划、土地使用、环境影响评价等前期工作手续齐全。③项目应被列入国家或省重大建设项目库。

注意事项：①重点支持国家或省级农业产业化龙头企业，重点商贸流通企业，AAA级以上（含）物流企业，以及采用“公司＋农户＋农贸市场”和“公司＋基地＋直营（超市）”经营模式的企业。②优先支持农产品冷链物流设施空白地区的项目及已开工在建的项目。

三、农产品加工专项补助项目

补助范围：粮食、果蔬、畜产品、油料、水产品、食品、液态奶、酒花麦芽类等。

主体要求：对企业年内新增固定资产有要求，具体各地要求不一致。

补助金额：20万～50万元。

四、国家农业综合开发产业化项目

补助范围：经济林及设施农业、畜禽水产养殖等种植养殖基地项目；粮油、果蔬、畜禽等农产品加工项目；农产品储藏保鲜、产地批发市场等流通设施项目。

主体要求：对于申报企业要求注册经营一年以上，且具有一定的经营规模和经济实力，有较强的自筹资金能力；具有良好的诚信记录；对于农村合作社的要求也是经营一年以上，设立了合作社单位，信誉好，有较强的带动作用。

补助金额：合作社类财政补助项目中央财政资金额度为 30 万～80 万元，涉农企业类财政补助项目中央财政资金额度为 50 万～100 万元，专业大户、家庭农场等财政补助项目中央财政资金额度为 20 万～40 万元。

五、国家扶贫开发资金扶持项目

补助范围：国家扶贫开发资金大力实施产业扶贫，对贫困地区带动增收效果明显的农产品加工企业给予支持。从 2004 年开始，国务院扶贫办（现国家乡村振兴局）在全国范围内认定国家级扶贫龙头企业，并给予贷款贴息支持。

补助金额：在扶贫龙头企业中，80%以上是农产品加工企业。资金规模不定，一般为 200 万～500 万元。

六、国家现代农业发展资金项目

补助范围：2008 年开始中央财政设立现代农业生产发展资金，把支持农产品加工、推动建立一批集优势产业生产和加工于一体的现代农业企业群体作为一项重要内容。

补助金额：一般为 30 万～150 万元。

七、主食加工业示范企业申报项目

申报对象： 具有独立法人资格，从事传统面、米制品及各类预制菜肴等主食加工生产，积极应用新技术、发展新产业、探索新模式，同行业中具有领先地位，示范带动能力强。

主体要求： ①主营业务突出。年主营业务收入达到5 000万元以上，西部地区的企业可放宽到2 000万元以上。②企业管理规范。具有比较完善的质量管理与控制体系，已通过ISO9000或HACCP等管理认证；标准、规范健全，主营产品已获得QS认证；近三年内无质量安全和生产安全事故。③人才支撑有力。专业技术人员达到5%以上；重要生产岗位的工人应通过职业技能培训；对国家有持证上岗要求的工种，在岗人员必须已获得相应的职业技能鉴定证书。④经营状况良好。近三年内无亏损，资产负债率一般应在60%以内，银行信用等级在AA及以上等级。⑤品牌商标知名。拥有注册商标所有权和使用权，并获得省级以上驰名商标。⑥守法诚信经营。依法经营，诚实守信，无偷税漏税、拖欠工资、拖欠社保等不良记录。

申报时间： 9月。

八、农产品促销项目资金

农产品促销项目资金主要是帮助农产品生产经营者搞好产销衔接，强化营销宣传推介，促进区域性、结构性、季节性农产品滞销问题的解决，扩大优势农产品出口促进大宗农产品和特色农产品拓宽市场销路，推进农业品牌建设，更有效地占领国内外市场，促进农民增收等。

补助范围： 用于组织农产品市场促销、开展国内市场产销对接、网络促销、市场开拓等方面。

补助金额： 项目总投资10%左右。

申报时间： 6月。

九、促进农村产品上行项目

补助范围：支持农村产品产销对接，立足资源禀赋和市场需求，打造农村电商多元化供应链，加强农产品分级、包装、营销，加快补齐产地预冷、初加工配送等基础设施短板；支持农村产品的标准化、质量认证、品牌培育、质量追溯等综合服务体系建设；支持建设县、乡、村三级具有服务农村产品上行功能的物流配送体系。

补助金额：中央财政资金支持农村产品上行的比例原则上不低于50％。

十、开发性金融支持农产品加工业重点项目

补助范围：①粮油加工、果蔬加工、畜产品加工、水产品加工和特色产品加工等。②农产品加工专用原料基地。③农产品加工仓储物流。

支持方式：开发银行根据农产品加工企业需求提供各种类型的贷款产品。

十一、农副资源饲料化利用示范项目

补助范围：对粮食、果蔬、棉麻、油料等农作物生产及其加工过程中产生的副产物进行饲料化开发，挖掘农副资源饲料化利用潜力，推动粮食作物饲料化利用方式转变，促进农业废弃物饲料化利用的主体。

补助对象：农民合作社，种植、养殖、农产品加工或饲草料加工企业。地市级以上农业产业化龙头企业优先支持。

主体要求：合作社成员户数50个以上，企业注册资本应达到500万元（含）以上。

补助金额：300万～400万元。

第十章　科技/环保/农服类政策资金

一、中型灌区节水配套改造项目

申报条件：

1. 拟申报的中型灌区改造项目应符合下列基本条件：①纳入中型灌区改造规划，原则上位于或跨越农业综合开发县（市、区、旗、团场、农场），并与农业综合开发高标准农田建设有机结合；②灌区设计或有效灌溉面积一般为 5 万～30 万亩；③水源工程条件较好，水量供应有保障，水质符合农田灌溉水质标准；④灌区骨干工程设施老化失修严重，效益衰减，对当地农业生产造成不利、形成制约；⑤灌区管理机构明确、制度健全。

2. 中型灌区改造项目的主要建设内容包括：①干支渠（沟）道开挖疏浚（流量一般不小于 0.1 立方米/秒）；②干支渠道衬砌防渗（流量一般不小于 0.1 立方米/秒）；③干支渠（沟）系建筑物（农桥、涵洞、水闸、渡槽、倒虹吸管、隧洞等）配套完善和更新改造；④暗渠、输水管道制作安装、建设；⑤水源及渠首工程改建、维修及加固；⑥泵站（总装机容量不超过 5 000 千瓦）及配套输变电工程（电压等级不超过 35 千伏）新建、改造；⑦工程管护设施、量水设施设备及信息系统新建、改造；⑧施工临时工程设施、土壤流失防治工程措施等建设；⑨其他有关工程设施建设等。

补助金额：根据实际需要与可能，合理确定单个项目中央财政资金扶持额度，原则上不低于 1 000 万元。项目的地方财政资金等执行所在省（自治区、直辖市、计划单列市以及新疆生产建设兵团、黑龙江省农垦总局，以下简称省）农业综合开发土地治理项目资金比例要求。鼓励地方多投入。

申报时间：8月。

归口部门：农业综合开发办公室。

二、农业科技成果转化资金项目

支持重点：①动植物新品种（或品系）及良种选育、繁育技术成果转化；②农副产品贮藏加工及增值技术成果转化；③集约化、规模化种植养殖技术成果转化；④农业环境保护、防沙治沙、水土保持技术成果转化；⑤农业资源高效利用技术成果转化；⑥现代农业装备与技术成果转化。

补助方式

①贷款贴息：对已具备一定产业化能力，具有市场前景，有望形成一定规模、取得一定效益，并已落实银行贷款的转化资金项目，采取贷款贴息方式给予支持。转化资金贴息金额原则上不超过第一年到位贷款所应支付银行利息的总额，并视不同情况予以贴息。

②无偿资助：对具有较大社会和生态效益，或不易直接取得市场回报的农业科技成果的转化资金项目，采取无偿资助方式给予支持。转化资金资助总额一般不超过200万元，重大项目不超过300万元。

申请无偿资助的转化资金项目，申请单位应匹配一定的自筹资金。

申报时间：4月。

归口部门：科技部。

三、数字农业农村建设项目

主要支持数字农业建设试点、全球农业数据调查分析系统、农业资源环境生态监测体系、农业农村部政务信息资源整合共享；2017年起，农业农村部开始实施数字农业建设试点项目，目前已实施两次；2018年农业农村部将适时进行2019年度的数字农业试点项目申报。

补助范围：主要支持大田种植、设施园艺、畜禽养殖、水产养殖四类项目。

补助金额：最高 2 000 万元。

申报时间：8—10 月。

四、中央财政农业技术推广与服务补助资金

农技推广资金是中央财政预算安排的专项补助资金，用于支持推广先进适用、高产优质、安全环保的农业技术，增强农业技术服务能力，提高农业生产科技水平。包括农业技术推广、农业高产创建、旱作农业技术、农产品产地初加工、基层农技推广体系改革与建设、测土配方施肥、土壤有机质提升等补助资金以及国家政策确定的其他相关补助资金。

补助范围：材料、农资、小型仪器设备等技术物化投入品的购置补助，推广服务、宣传培训、技术咨询等费用补助以及与农业技术推广相关的其他支出。

补助对象：农技推广资金的补助对象是主推技术推广承担者、服务提供者和实际使用者，主要包括事业、企业、农民专业合作社和个人等。

补助金额：中央财政将农技推广资金分项拨付到省级财政，省级财政按照农技推广资金补助对象的预算级次和财政国库管理制度有关规定拨付资金。

五、县域电子商务公共服务中心和乡村电子商务服务站点建设改造项目

补助范围：以具备条件的建档立卡贫困村、贫困户为服务重点，拓展代收代缴、代买代卖、小额信贷、便民服务等功能。发挥公共服务中心枢纽作用，合理统筹区域农村电子商务运营、物流、培训和助农扶贫工作，探索公共服务中心＋乡村电商服务站点、合作社、供应链企业＋贫困户等帮扶机制，切实增强服务体系可持续发展能力。

补助金额：公共服务中心建设应坚持实用、节约原则，中央财政资

金使用比例原则上不得高于15%。

六、农业科技创新能力条件建设项目

补助范围：主要支持重大农业科学工程、重点学科实验室、农业科学观测实验站和科学试验基地等项目建设。

补助金额：

1. 重大农业科学工程中央投资不低于1亿元。具体建设标准依据科研技术路线、参考国家有关建设规范和标准进行测算。

2. 综合性重点实验室、专业性（区域性）重点实验室单体项目平均投资规模分别按1 800万元、1 500万元估算。其中，综合性重点实验室购置单台（套）200万元以上设备不低于总投资的70%，专业性（区域性）重点实验室购置单台（套）40万元以上设备不低于总投资的70%。不支持购买单台（套）5万元以下的仪器设备。鼓励自主研究或集成创制专用装置，投资规模可根据有关工艺技术路线需要适当扩大，但总投资不超过3 000万元。

3. 农业科学观测实验站单体项目平均投资规模按600万元估算。同一农业科学观测实验站承担2个或以上科学观测任务的平均投资规模按照1 000万元估算。中央投资重点支持5万元以上的仪器设备及农机具，不得用于新建或改造科研用房，以及农机具库、挂藏室、库房等辅助用房。

4. 综合性农业科学试验基地项目按3 000万元估算，专业性农业科学试验基地项目按1 500万元估算，中央级单位承担的专业性农业科学试验基地按照现有基础和试验工艺流程需求设计建设内容，进行投资估算，总投资不能超过3 000万元。

七、科技型中小企业技术创新项目（现代农业）

项目要求：科技型中小企业技术创新项目必须符合国家产业技术政策，技术含量高、处于国内领先水平，自主研发、创新性较强，知识产权清晰，分为创新项目、重点创新项目两类。

支持方式：

1. 创新项目是指科技型中小企业的技术创新产品在研发或中试阶段、尚未形成有效销售的项目。采用无偿资助或贷款贴息的支持方式，按照专家评审意见分档确定支持金额，支持金额为 50 万～100 万元。

2. 重点创新项目是指具有较高成长性的科技型中小企业研发的对产业或行业有影响带动作用的关键技术或关键创新产品。采用无偿资助支持方式，按照专家评审意见分档确定支持金额，支持金额为 100 万～200 万元。

八、资源节约和环境保护中央预算内投资项目（秸秆热解气化清洁能源利用工程及副产物规模化利用项目）

支持重点：支持河北、山西、辽宁、吉林、黑龙江、安徽、山东、河南、湖北等省份及新疆生产建设兵团、黑龙江农垦总局，以秸秆为主的农林废弃物热解炭（肥）、气（热、电）和油等多联产项目，支持秸秆收储运系统、预处理系统、热解气化系统、生物质燃气输配系统、生物质燃气利用系统、副产品利用系统等项目；秸秆热解气化副产物规模化利用项目。支持项目的秸秆利用能力须达到 3 万吨/年以上，农村供气供暖 500 户以上。

补助金额：约项目总投资的 10%。

归口部门：发改委。

九、“星火计划”

“星火计划”是依靠科技进步，发展中小企业特别是乡镇企业，推动村镇全面建设，促进地方经济振兴，起引导、示范作用的全国性科技计划。它是我国科技计划和国民经济计划的一个重要组成部分。

“星火计划”以建立一批先进适用技术开发示范点、开发一批适于乡镇企业和中小企业使用的生产装备，以及为农村建设特别是乡镇企业培训一批技术人员和管理人员为主要内容。

补助方式：“星火计划”的国家投资包括拨款和贷款两部分，以贷款为主，其中拨款与贷款的比例，在安排年度计划时确定。

“星火计划”项目贷款重点支持农业项目、农副产品加工项目和部分农用工业项目。项目承担单位必须备足项目总投资60%以上的自有资金和自筹资金，并按要求上报有关材料，方可提出借款申请。“星火计划”项目贷款期限可按项目的经济效益、生产周期、提取专用基金等情况，确定还款期限。一般流动资金贷款期限最长不超过1年。固定资产贷款期限最长不超过3年。

申报时间：每年11、12月。

归口部门：科技部。

第三部分

申报路径与技巧

XIANGCUN CHANYE ZUIXIN ZHENGCE YU XIANGMU SHENBAO ZHINAN

第十一章　特色产业集群

一、申报依据

根据《农业农村部办公厅　财政部办公厅关于统筹做好2021年农业产业融合发展项目申报工作的通知》（农办计财〔2021〕9号）要求，申报优势特色产业集群，总体参照《农业农村部办公厅、财政部办公厅关于开展优势特色产业集群建设的通知》（农办计财〔2020〕7号）相关要求执行。

二、总体要求

指导思想：以习近平新时代中国特色社会主义思想为指导，牢固树立新发展理念，落实高质量发展要求，围绕乡村振兴战略部署，坚持市场主导、政府扶持的原则，打造一批结构合理、链条完整的优势特色产业集群。

基本原则：坚持主体投入和政府引导相结合；坚持全产业链打造和突出重点相结合；坚持省域统筹和市县抓落实相结合。

三、建设目标

支持建成一批年产值超过100亿元的优势特色产业集群，推动产业形态由“小特产”升级为“大产业”，空间布局由“平面分布”转型为“集群发展”，主体关系由“同质竞争”转变为“合作共赢”，形成结构合理、链条完整的优势特色产业集群，使之成为实施乡村振兴的新支撑、农业转型发展的新亮点和产业融合发展的新载体。

四、资金支持

对批准创建或建设的优势特色产业集群，中央财政分年分类给予奖补支持，每个集群1.5亿元资金支持（省厅统筹分配），涉及国家现代农业产业园、优势特色产业集群、农业产业强镇布局区域有重合的，原则上使用中央财政资金叠加投资比例累积不超过20%。

优势特色产业集群，奖补资金主要用于支持规模生产基地标准化、商品化生产水平提升，农产品初加工、深加工和物流设施建设，农业全产业链数字化等新基建建设，市场品牌体系和公共服务平台建设，以及经营主体和服务主体培育壮大等方面。

五、申报流程

1. 申报指标下达。部级下达申报指标。由农业农村部、财政部按照相关因素测算下达各省建设申报指标。计划单列市不单独安排，由所在省统筹。

2. 申报材料填写。省级编报建设方案。省级农业农村、财政部门编制拟申报的省级实施方案，每个优势特色产业集群需单独编制三年建设方案。

3. 组织考评确定。部级差额考评确定。农业农村部、财政部组织开展书面审查，并根据审查评分情况进行排序，按一定比例差额确定拟支持的优势特色产业集群。

4. 审查公布名单。部级公开公示名单。在农业农村部和财政部网站公示拟支持名单。

六、首批50个优势特色产业集群建设名单

1. 北京设施蔬菜产业集群
2. 天津都市型奶业产业集群
3. 河北越夏食用菌产业集群
4. 河北鸭梨产业集群
5. 山西旱作高粱产业集群
6. 内蒙古河套向日葵产业集群

7. 内蒙古草原肉羊产业集群
8. 辽宁小粒花生产业集群
9. 辽宁白羽肉鸡产业集群
10. 吉林长白山人参产业集群
11. 黑龙江食用菌产业集群
12. 黑龙江雪花肉牛产业集群
13. 上海都市蔬菜产业集群
14. 江苏中晚熟大蒜产业集群
15. 浙江浙南早茶产业集群
16. 安徽徽茶产业集群
17. 安徽酥梨产业集群
18. 福建武夷岩茶产业集群
19. 江西鄱阳湖小龙虾产业集群
20. 山东烟台苹果产业集群
21. 山东寿光蔬菜产业集群
22. 河南伏牛山香菇产业集群
23. 河南豫西南肉牛产业集群
24. 湖北三峡蜜橘产业集群
25. 湖北小龙虾产业集群
26. 湖南早中熟柑橘产业集群
27. 湖南湘猪产业集群
28. 广东南粤黄羽鸡产业集群
29. 广东金柚产业集群
30. 广西三黄鸡产业集群
31. 广西罗汉果产业集群
32. 海南天然橡胶产业集群
33. 重庆柠檬产业集群
34. 重庆荣昌猪产业集群
35. 四川川猪产业集群
36. 四川晚熟柑橘产业集群
37. 贵州朝天椒产业集群
38. 云南花卉产业集群
39. 云南高原蔬菜产业集群
40. 西藏青稞产业集群
41. 陕西黄土高原苹果产业集群
42. 陕西关中奶山羊产业集群
43. 甘肃甘味肉羊产业集群
44. 青海牦牛产业集群
45. 宁夏六盘山肉牛产业集群
46. 新疆库尔勒香梨产业集群
47. 新疆薄皮核桃产业集群
48. 新疆生产建设兵团红枣产业集群
49. 北大荒蔬菜产业集群
50. 广东农垦生猪产业集群

第十二章　现代农业产业园

一、概念认知

现代农业产业园是指现代农业在空间地域上的聚集区。它是在具有一定资源、产业和区位等优势的农区内划定相对较大的地域范围优先发展现代农业，由政府引导、企业运作，用工业园区的理念来建设和管理，以推进农业现代化进程、增加农民收入为目标，以现代科技和物质装备为基础，实施集约化生产和企业化经营管理，集农业生产、科技、生态、观光等多种功能为一体的综合性示范园区，是农业示范区的高级形态。

指导思想
实施乡村振兴战略，以推进农业供给侧结构性改革为主线，立足优势特色产业，聚力建设规模化种养基地为依托、产业化龙头企业带动、现代生产要素聚集、“生产＋加工＋科技”的现代农业产业集群。促进一二三产业融合发展，创新农民增收利益联结机制，打造高起点、高标准的现代农业建设样板区和乡村产业兴旺引领区。
基本原则
一是政府引导、市场主导，强化政府的规划引领、政策支持和配套服务，充分发挥市场主体的主导作用；二是以农为本，创新发展，突出发展优势特色主导产业，坚决防止产业园非农异化；三是多方参与，农民受益，倡导开门办园、“有边界，无围墙”，吸引多元主体参与产业园建设；四是绿色发展，生态友好，污水、废气排放达标，垃圾有效处理。
总体目标
通过创建，建成一批产业特色鲜明、要素高度聚集、设施装备先进、生产方式绿色、一二三产融合、辐射带动有力的国家现代农业产业园，构建各具特色的乡村产业体系，推动乡村产业振兴。

二、申报要点

（一）申报依据

根据《农业农村部办公厅　财政部办公厅关于统筹做好 2021 年农业产业融合发展项目申报工作的通知》要求，申报国家现代农业产业园，总体参照《农业农村部、财政部关于开展 2018 年国家现代农业产业园创建工作的通知》相关要求执行。国家现代农业产业园应布局在县域内，区域范围涉及 2 个及以上乡镇，不得整县或跨县创建。

（二）资金支持

对批准创建或建设的国家现代农业产业园，中央财政分年分类给予奖补支持。国家现代农业产业园，奖补资金主要支持规模化种养基础设施、产业链供应链完善提升、科技协同创新平台建设、智慧农业建设、农产品认证与品牌培育、联农带农增收等方面。

（三）建设要求

1. 主导产业特色优势明显，原则上数量为 1～2 个，产值占产业园总产值的比重达 50％以上。

2. 规划布局科学合理，已制定产业园专项规划，形成园村一体、产村融合的格局。

3. 建设水平区域领先，高标准农田占比较高，主要农作物耕种收综合机械化率高于本省平均水平，现代要素集聚能力强，生产经营体系完善。

4. 绿色发展成效突出，生产标准化、经营品牌化、质量可追溯，产品优质安全，绿色食品认证比重较高。

5. 带动农民作用显著，园区农民可支配收入原则上应高于当地平均水平的 30％。

6. 政策支持措施有力，政策含金量高，有针对性和可操作性。

7. 组织管理健全完善，形成了产业园持续发展的动力机制。

三、创建任务

1. 做大做强主导产业，建设乡村产业兴旺引领区。依托优势特色主导产业，建成一批规模化原料生产大基地，培育一批农产品加工大集群和大品牌，将产业园打造为品牌突出、业态合理、效益显著、生态良好的乡村产业兴旺引领区。贫困地区要突出搞好产业扶贫，将产业园建设成为构建稳定脱贫长效机制的重要平台。

2. 促进生产要素集聚，建设现代技术与装备集成区。聚集市场、资本、信息、人才等现代生产要素，推进农科教、产学研大联合大协作，配套组装和推广应用现有先进技术和装备，探索科技成果熟化应用有效机制，将产业园打造成为技术先进、金融支持有力、设施装备配套的现代技术和装备加速应用的集成区。

3. 推进产加销、贸工农一体化发展，建设一二三产融合发展区。构建种养有机结合，生产、加工、收储、物流、销售于一体的农业全产业链，挖掘农业生态价值、休闲价值、文化价值，推动农业产业链、供应链、价值链重构和演化升级，将产业园打造成为一二三产业相互渗透、交叉重组的融合发展区。

4. 推进适度规模经营，建设新型经营主体创业创新孵化区。鼓励引导家庭农场、农民合作社、龙头企业等新型经营主体，重点通过股份合作等形式入园创业创新，发展多种形式的适度规模经营，搭建一批创业见习、创客服务平台，降低创业风险成本，提高创业成功率，将产业园打造为新型经营主体“双创”的孵化区。

5. 提升农业质量效益和竞争力，建设高质量发展示范区。大力发展绿色、生态种养业，加强农产品质量安全监管，强化品牌培育，推进农业绿色化、优质化、特色化、品牌化，推动农业由增产导向转向提质导向，建立健全质量兴农的体制机制，将产业园打造成为农业高质量发展示范区。

四、申报程序

下发通知→提出申报，初步选拔→材料审核与筛选→现场核查→答辩评审→网上公示与批准创建→认定挂牌→绩效评价与考核管理。

五、评审标准

1. 建成一批规模化原料生产大基地。做大做强优势特色产业，建成一批优势突出、集中连片的大型原料生产基地。产业园年产值超过30亿元，农民可支配收入高于当地平均水平30%。

2. 形成一批农产品加工产业大集群。培育一批产业链完整、竞争优势明显、带动力强的龙头企业，加工业与农业一产产值比达到3.2∶1，农业产业化龙头企业产值占比不低于20%。

3. 打造一批农业生产加工大品牌。健全农产品质量和食品安全标准体系，以产业园龙头企业为依托，培育一批企业品牌、产品品牌，“三品一标”认证农产品实现全覆盖、品牌化率达到80%左右。

4. 探索一批创新驱动绿色发展新模式。农作物耕种收综合机械化率达到80%、农业科技贡献率达到65%以上、实现“一控两减三基本”，污水、废气排放达标，垃圾处理率100%。

5. 培育一批融合发展新产业新业态。布局建设一批配套的批发市场或冷链物流中心，发展一批电子商务，特色农产品网上销售额占总销售额的15%以上。完善休闲农业和乡村旅游服务设施。

六、认定程序

产业园开展绩效自评→产业园所在县提出申请→审核推荐→农业农村部、财政部认定及结果确认。

第十三章　农业强镇

一、提出背景

2018年，农业农村部、财政部发布《关于深入推进农村一二三产业融合发展开展产业兴村强县示范行动的通知》，提出实施产业兴村强县行动，打造一村一品、一县一业发展新格局。深入推进农村一二三产业融合发展，开展产业兴村强县示范行动，培育壮大乡土经济、乡村产业，实现以产兴村、产村融合。

2018年，农业农村部、财政部启动实施农业产业强镇示范建设，预计全国建设1 500个农业产业强镇，辐射带动乡村产业发展。相对于现代农业产业园、田园综合体等项目的申报要求及申报名额来说，农业产业强镇项目的申报，名额多，条件要求相对低，申报成功率大，每个农业产业强镇示范项目补助资金1 000万～1 700万元不等。

根据《2021年乡村产业工作要点》，建设农业产业强镇，聚焦镇（乡）域1～2个主导产业，吸引资本聚镇、能人入镇、技术进镇，建设一批标准原料基地、集约加工转化、区域主导产业、紧密利益联结于一体的农业产业强镇，培育一批产值超10亿元的农业产业强镇，打造主业强、百业兴、宜居宜业的农民区域服务中心。

二、申报要点

（一）申报依据

根据《农业农村部办公厅　财政部办公厅关于统筹做好2022年农

业产业融合发展项目申报工作的通知》要求，申报农业产业强镇，继续参照《农业农村部办公厅、财政部办公厅关于统筹做好2021年农业产业融合发展项目申报工作的通知》相关要求执行。

（二）申报要求

1. 主导产业应明确为1个优势明显的农业产业，东、中、西部地区镇域主导产业全产业链产值应分别达到2亿元、1.5亿元、1亿元（新疆、西藏及其他地区的已摘帽国家级贫困县可放宽条件）。

2. 东、中、西部农产品加工业产值与农业产值比分别达到2∶1、1.8∶1、1.6∶1以上（对新疆维吾尔自治区、西藏自治区及新疆生产建设兵团等不作要求）。

3. 城关镇、开发区、街道办事处、国家现代农业产业园所在地不列入推荐范围。

4. 中央财政通过以奖代补等方式对农业产业强镇示范建设予以适当支持，按照填平补齐的原则，集中用于扶持壮大乡土经济、乡村产业，推进产业融合发展，推动建立现代农业产业体系。

（三）申报时间

各省应于每年3—4月报送农业产业强镇的申报材料（分别报农业农村部计划财务司、财政部农业农村司各1套，农业农村部发展规划司、乡村产业发展司各2套，并附电子文档光盘，同步发送邮件），超期不予受理。项目实施方案原则上应由各省农业农村、财政部门结合实际、深入研究、自主编制。

三、建设条件

申请农业产业强镇建设的镇（乡）应满足以下要求：

一是政府高度重视。县镇两级人民政府积极主动布局农业产业强镇建设，制定农业产业发展中长期规划，且思路清晰、目标明确、措施可行、支持力度大。

二是主导产业基础良好。主导产业优势明显，产业规模较大。东、中、西部地区镇域农业主导产业总产值分别达到2亿元、1.5亿元、1亿元以上（新疆维吾尔自治区、西藏自治区及新疆生产建设兵团等可放宽为0.3亿元以上）。申报时，要将培育的主导产业落实到具体品种类别，不得笼统地将粮食、水果、畜禽、水产等综合性行业作为主导产业，不得将休闲农业作为主导产业。

三是融合发展初见成效。围绕主导产业初步形成农村一二三产业融合发展的格局，主体多元、业态多样、类型丰富。东、中、西部农产品加工业产值与农业产值比分别达到2∶1、1.8∶1、1.6∶1以上（对新疆维吾尔自治区、西藏自治区及新疆生产建设兵团等不作要求）。

四是产业布局科学合理。主导产业与当地发展基础、资源条件、生态环境、经济区位等相匹配，发展功能定位准确，镇域公共基础设施完备，服务设施配套，产业发展与村庄建设、生态宜居同步推进。

五是联农带农机制初步建立。积极创新联农带农激励机制，推动村集体和家庭农场、农民合作社、农业产业化龙头企业等新型经营主体与农户建立紧密利益联结机制，分享二三产业增值收益。

四、申报流程

1. 申报指标下达。农业农村部、财政部按照相关因素测算下达各省申报建设的数量指标。

2. 申报材料填写。各省农业农村、财政部门根据建设条件和申报数量，公开组织申报。

3. 组织遴选上报。各省根据申报情况组织遴选，择优推荐开展建设的农业产业强镇名单。

4. 审查公布名单。农业农村部、财政部将对照建设条件，对各省推荐的农业产业强镇及相关材料进行复核，通过复核后由农业农村部、财政部联合发文公示后批准启动建设。

五、资金支持

农业产业强镇，奖补资金主要支持主导产业关键领域、薄弱环节发展，提升原料基地、加工营销等设施装备水平，促进主导产业转型升级、由大变强。一般为 1 000 万元资金支持（分 2 年奖补，第一年安排 30%补助资金；第二年对达到建设标准的，安排后续奖补资金，对达不到建设标准的取消示范资格，不再安排奖补资金）。

第十四章　数字农业

一、概念认知

数字农业是指将遥感、地理信息系统、全球定位系统、计算机技术、通信和网络技术、自动化技术等高新技术与地理学、农学、生态学、植物生理学、土壤学等基础学科有机地结合起来，实现在农业生产过程中对农作物、土壤从宏观到微观的实时监测，以实现对农作物生长、发育状况、病虫害、水肥状况以及相应的环境进行定期信息获取，生成动态空间信息系统，对农业生产中的现象、过程进行模拟，达到合理利用农业资源，降低生产成本，改善生态环境，提高农作物产品和质量的目的。

二、数字农业应用推广基地建设要求

（一）建设目标

《农业农村部计划财务司关于做好 2021 年数字农业应用推广基地建设项目前期工作的通知》明确了数字农业应用推广基地的建设目标：

数字农业应用推广基地，是围绕优势主导产业数字化转型的重大需求，依托国家数字农业农村创新中心将先进适用技术及产品向下延伸，在相关产业主产区率先建成一批智慧农场、智慧果园、智慧牧场、智慧渔场，实现相关技术产品集成应用示范、中试熟化、标准验证等功能，推动产业数据汇总集成和开放共享，加快农业数字化改造升级，探索产业数字化转型路径，为全国提供可复制可推广的经验模式。

（二）建设内容

项目建设应围绕1～2种主要农产品，支持1～3个符合规模要求的实施单位购置农业生产数字化设施设备，填平补齐数字农业信息采集、分析决策、控制作业、数据管理等系统。

1. 大田种植领域。重点构建天空地一体化观测体系，大力推广遥感技术在墒情、苗情、长势、病虫害、轮作休耕、产量监测等方面的应用，配套建设田间综合监测站点、物联网测控系统，实现生长环境和作物本体的实时数据采集；对农机装备进行信息化改造，实现以北斗为主的精准导航、高精度自动作业、作业过程的自动测量；建设农业生产过程智能化管理系统，配置和整合精准耕整地、智能催芽育秧、水肥一体化、精量播种、养分自动管理、智能施药施肥、农情自动监测、精准收获等设备设施。

2. 设施种植领域。重点建设工厂化育苗系统，构建集约化种苗生产信息管理系统，实现育苗全程智能化管理；建设环境监测控制系统和生产过程管理系统，配置自动气象站、环境传感器、视频监控、环境控制、水肥药综合管理等设施设备，研发相关管理系统，开展病虫害自动监测预警、生产加工过程管理、专家远程服务，实现智能化生产；建设产品质量安全监控系统，实现生产全程监控和产品质量可追溯；建设采后商品化处理系统，对清洗、分级、包装等设备实施智能化改造，提升采后处理全程自动化水平。

3. 水产养殖领域。重点建设在线环境监测系统，配置水质检测、气象站、视频监控等监测设备，实现大气和水体环境的实时监控；按照池塘、工厂化和网箱养殖等不同类型，进行适宜的信息化改造，配置水下视觉、饵料自动精准投喂、水产类病害监测预警、循环水处理和控制、网箱升降控制等信息技术和装备，配置便携式生产移动管理终端，提升水产养殖的机械化、自动化、智能化水平；构建鱼病远程诊断系统和质量安全可追溯系统，配置品质与药残检测、病害检测等设备。

三、数字农业应用推广基地申报条件

（一）发展基础

	①数字农业应用推广基地建设选择的农产品应当为县内农业主导品种，产值规模在省内排名前10位，且已经实现规模化、标准化、产业化，产业链条完整，基本实现了一二三产融合。
	②拟申报项目县应高度重视数字农业发展，具有较强的资金配套能力，制定了数字农业发展规划（或信息化方面发展规划），且已经与国家数字农业创新中心签署长期合作协议（不低于3年）。
	③拟申报项目县数字农业发展基础好，在农业生产、加工、交易、服务等方面已经初步实现信息化，“互联网＋”农产品出村进城试点县、国家数字乡村试点县、全国农业农村信息化示范基地在同等条件下优先考虑。

（二）申报主体

项目申报主体：县级人民政府。

建设单位：县级农业农村行政主管部门（根据申报产业所属部门确定建设单位）或下属事业单位。

实施单位：依法成立3年以上的、具有独立法人资格的企事业单位或其他经济组织，不得超过3家。

实施单位中，事业单位必须有运营维护的人员、技术和资金，企业及新型经营主体必须有自筹配套资金的能力和运维项目的人员和技术。

申报主体应建立县负总责、农业农村部门主导、技术单位支持、企事业单位实施的项目管理机制，申报材料须说明上述各方权责关系，项目建设管理模式，以及对项目在“十四五”期间的长期规划、技术路线图、建成后的运行推广机制等内容。

（三）申报规模要求

实施单位中，单个大田种植基地规模不低于1万亩；单个果园（菜园、茶园）基地规模不低于1 000亩；单个设施种植基地规模不低于3万平方米；单个畜禽养殖基地，生猪养殖场出栏量不低于5万头，奶牛养殖场存栏量不低于1 000头，蛋鸡养殖场存栏量不低于25万只，肉牛养殖场存栏量不低于1 000头；单个水产养殖基地，池塘养殖覆盖面积不低于4 000亩，陆基工厂化养殖、网箱养殖水体不低于1万立方米。

四、数字农业应用推广基地建设布局

2021年，全国数字农业应用推广基地建设布局如下。

大田种植领域共19个。其中2个小麦种植（河北、山东），4个水稻种植（内蒙古、黑龙江、江苏、湖北），2个玉米种植（吉林、黑龙江），5个水果种植（柑橘：江西、广西、重庆，梨：辽宁、新疆），2个茶叶种植（浙江、四川），3个蔬菜种植（河北、贵州、宁夏），1个棉花种植（新疆生产建设兵团）。

畜禽养殖领域共12个。其中3个生猪养殖（山东、福建、西藏），4个奶牛（羊）养殖（天津、河北、广西、陕西），4个蛋鸡养殖（河北、重庆、甘肃、宁夏），1个肉牛养殖（甘肃）。

水产养殖领域共8个。其中4个淡水鱼养殖（安徽、湖南、广东、四川），3个虾蟹贝养殖（江苏、浙江、山东），1个海水鱼养殖（海南）。

设施种植领域共7个（北京2个，山西、辽宁、江苏、河南、广东各1个）。

五、数字农业应用推广基地资金支持

根据2021年数字农业应用推广基地建设项目储备指南，补助资金为2 000万元。

根据填平补齐原则，申请中央预算内投资规模不超过 2 000 万元，有关地方或实施单位按照东部地区不低于 1∶1，中部地区不低于 1∶0.5，西部地区不低于 1∶0.3 的比例落实配套或自筹资金。拟申报项目县应统筹解决项目长期运维资金，确保项目长期发挥作用。土建工程等基础设施、非数字化装备不在项目支持范围内。

六、国内数字农业案例

（一）国家建设大数据平台，助力“苹果大国”晋升为“苹果强国”

苹果单品种大数据平台具备六大功能：①平台凭借在线数据挖掘和产业形势分析，预测预报苹果市场动向；②平台建立了苹果气象灾害预测预警及灾害评估模型，降低农民的种植风险；③平台通过地方试点监测苹果产销数据，建立供需平衡和产销结构数据体系，为产业从业者提供决策支持；④平台通过对消费数据的采集挖掘，可以为苹果销售者提供消费画像、精准营销及差异化定价的决策支持；⑤平台助力组建苹果大数据产业联盟，实现大数据成果开放共享机制；⑥平台以苹果为切入点，推进大数据在农业生产、经营、管理、服务等各环节、各领域的应用。

（二）阿里农事系统

阿里云与海升集团合作的农事系统只用扫描“二维码身份证”，可监控每个甜瓜的生长周期，实时掌握作物浇水、施肥、成熟度情况，通过运用人工智能技术，海升集团实现对农产品从播种、生长到采摘、运输的全过程掌控，保证品质的同时，也大幅降低了种植成本。

（三）阿里盒马村

阿里数字农业事业部在 2019 年成立伊始就明确提出了自己的战略目标，数字农业基地的建设数量将达到 1 000 个，对农业产业进行全链路数字化升级。2020年，阿里数字农业事业部紧密规划、布局，盒马村、数字农业示范基地和订单农业生产基地，推动农业数字化升级的落地工作。

盒马村指根据订单为盒马种植农产品的村庄，是当下农村转型、发展的新样本。通过阿里巴巴建设的“产-供-销”三大中台，让农村从分散、孤立的生产单元升级为现代农业数字产业链的一部分，农民成为数字农民，可以用新的办法，种出好东西，卖出好价格。

盒马通过强大的供应链聚合能力，解决了农业末端的难题，打破中国传统散乱产销的小农模式，帮助农民提升了流通和销售环节的效率。加上阿里云技术和电商平台，阿里在农业领域的技术投入为农业的供应链端和销售端实现了数字化的升级。

盒马村是面向未来、中国农村的样子，是数字农业的创新之举。据不完全统计，已有上海、浙江、湖北、四川、重庆、山东、江苏、河北、广东、云南、陕西、新疆、海南等13个省份，建了盒马村。

（四）京东农场

早在2018年，京东农场开始数字化农业探索。京东农场通过与各地农场合作共建高品质生产基地，深入种植前端开展生产标准化和规范化探索，搭建从田间到餐桌的全程可视化溯源体系，有效从生产端提升农产品质量和品质，其后又推出“京品源”品牌，搭建起产销全流程服务体系，助力传统农业在品牌、产品、渠道、营销等方面对合作项目进行全面的支撑。

从农产品生产、加工、流通，到终端销售各环节，京东农场正在将自身物联网、人工智能、区块链等技术的积累向传统农业开放赋能，用数字化技术手段深刻变革农业产销模式，推动传统农业向数字化智能化转变。

在数字农业的时代浪潮中，京东农场正在化身“数字农业引擎”，助力中国农业进驻数字化时代。根据不完全统计，京东农场在全国展开了广泛布局，在东北、西北、西南、华东、华南等多地实现了创新落地，并且拥有17个京东示范农场。

第十五章　数字乡村发展

一、数字乡村政策背景

（一）《数字乡村发展战略纲要》

2019 年，中共中央办公厅、国务院办公厅印发《数字乡村发展战略纲要》，提出数字乡村建设，明确“数字乡村是伴随网络化、信息化和数字化在农业农村经济社会发展中的应用，以及农民现代信息技能的提高而内生的农业农村现代化发展和转型进程，既是乡村振兴的战略方向，也是建设数字中国的重要内容。”该文件是贯彻落实《中共中央、国务院关于实施乡村振兴战略的意见》《乡村振兴战略规划（2018—2022 年）》和《国家信息化发展战略纲要》的重要体现。

（二）国民经济发展“十四五”规划

2020 年 10 月，党的十九届五中全会要求加快农业农村现代化。《中共中央关于制定国民经济和社会发展第十四个五年规划和二〇三五年远景目标的建议》也单列专章，明确提出要“优先发展农业农村，全面推进乡村振兴”。然而，我国数字乡村建设发展仍处于起步阶段，总体发展水平有待提高。面向农业农村的数字时代，我们应积极抓住数字乡村建设发展的窗口期，加快推进数字乡村建设与乡村振兴的有效对接，努力开创农业农村现代化新局面。

（三）《2024 年数字乡村发展工作要点》

2024 年 5 月，中央网信办、农业农村部、国家发展改革委、工业和信息化部联合印发《2024 年数字乡村发展工作要点》。是要求以信息化驱动引领农业农村现代化，促进农业高质高效、乡村宜居宜业、农民富裕富足，为加快建设网络强国、农业强国提供坚实支撑，制定的条例。

工作目标是：到 2024 年年底，数字乡村建设取得实质性进展。数字技术保障国家粮食安全、巩固拓展脱贫攻坚成果更加有力。农村宽带接入用户数超过 2 亿，农村地区互联网普及率提升 2 个百分点，农产品电商网络零售额突破 6 300 亿元，农业生产信息化率进一步提升，培育一批既懂农业农村、又懂数字技术的实用型人才，打造一批示范性强、带动性广的数字化应用场景，抓好办成一批线上线下联动、群众可感可及的实事。

该文件部署了 9 个方面 28 项重点任务。其中，筑牢数字乡村发展底座方面，包括提升农村网络基础设施供给能力，加大农村基础设施改造升级力度，加快推进涉农数据资源集成共享。激发县域数字经济新活力方面，包括加快推进农村电商高质量发展，多措并举推动农文旅融合发展，释放涉农数据要素乘数效应，运用数字技术促进农民增收。

二、数字乡村建设战略目标

到 2020 年，数字乡村建设取得初步进展。全国行政村 4G 覆盖率超过 98%，农村互联网普及率明显提升。农村数字经济快速发展，建成一批特色乡村文化数字资源库，“互联网＋政务服务”加快向乡村延伸。

到 2025 年，数字乡村建设取得重要进展。乡村 4G 深化普及、5G 创新应用，城乡“数字鸿沟”明显缩小。初步建成一批兼具创业孵化、技术创新、技能培训等功能于一体的新农民新技术创业创新中心，培育形成一批叫得响、质量优、特色显的农村电商产品品牌，基本形成乡村智慧物流配送体系。

到2035年，数字乡村建设取得长足进展。城乡“数字鸿沟”大幅缩小，农民数字化素养显著提升。农业农村现代化基本实现，城乡基本公共服务均等化基本实现，乡村治理体系和治理能力现代化基本实现，生态宜居的美丽乡村基本实现。

到21世纪中叶，全面建成数字乡村，助力乡村全面振兴，全面实现农业强、农村美、农民富。

三、数字乡村申报建设内容

2020年7月，中央网信办等7部门联合印发《关于开展国家数字乡村试点工作的通知》，明确了数字乡村试点申报建设内容。

（一）开展数字乡村整体规划设计

落实党中央、国务院关于乡村振兴、网络强国、数字中国等决策部署，坚持农业农村优先发展，按照产业兴旺、生态宜居、乡风文明、治理有效、生活富裕的总要求，有效发挥信息技术创新的扩散效应、信息和知识的溢出效应、数字技术释放的普惠效应，促进城乡融合发展。

（二）完善乡村新一代信息基础设施

加强基础设施共建共享，打造集约高效、绿色智能、安全适用的乡村信息基础设施。加快农村光纤宽带、移动互联网、数字电视网和下一代互联网发展，提升4G网络覆盖水平，探索5G、人工智能、物联网等新型基础设施建设和应用。

（三）探索乡村数字经济新业态

深化制度机制创新，加快农业农村数字化转型步伐，加强技术研发、组织创新和制度供给，推进现代信息技术与农业农村各领域各环节深度融合应用，推动农业生产智能化、经营网络化，提高农业土地产出率、劳动生产率和资源利用率。

（四）探索乡村数字治理新模式

促进信息化与乡村治理深度融合，补齐乡村治理的信息化短板，提升乡村治理智能化、精细化、专业化水平。提升疫情监测分析预警水平，提高突发公共事件应急处置能力。

（五）完善“三农”信息服务体系

聚焦农民生产生活实际需求，积极采用适应“三农”特点的信息终端、技术产品、移动互联网应用（App）软件，提升精细化管理和人性化服务水平。

（六）完善设施资源整合共享机制

加大统筹协调和资源整合力度，打通已有分散建设的涉农信息系统，大力推进县级部门业务资源、空间地理信息、遥感影像数据等涉农政务信息资源共享开放、有效整合。

（七）探索数字乡村可持续发展机制

抓好网络扶贫行动和数字乡村发展战略的无缝衔接，探索建立与乡村人口知识结构相匹配的数字乡村发展模式。建设新农民新技术创业创新中心，推动产学研用合作。

四、国家数字乡村试点申报要求

试点地区要落实试点工作主体责任，健全领导工作机制和跨部门推进机制，统筹用好相关政策和资源，围绕《关于开展国家数字乡村试点工作的通知》提出的7个方面试点内容，坚持目标导向、问题导向、结果导向，结合实际，因地制宜，有力有序推进试点工作，避免重复建设。

中央网信办、农业农村部、国家发展改革委、工业和信息化部、科技部、市场监管总局、国务院扶贫办等7部委开展数字乡村试点评价工作，建立试点评价体系、动态监测和退出机制。试点地区如有违法违规行为、重大风险隐患或试点推进不力的情况，将取消其试点资格。

五、国家数字乡村试点地区名单

2020年10月，中央网信办、农业农村部、国家发展改革委、工业和信息化部、科技部、市场监管总局、国务院扶贫办联合印发《关于公布国家数字乡村试点地区名单的通知》，公布首批国家数字乡村试点地区名单。

首批国家数字乡村试点地区名单

省份	县（市、区）
北京市	房山区、平谷区
天津市	西青区、津南区
河北省	廊坊市永清县、沧州市肃宁县、邢台市南和区、辛集市
山西省	临汾市隰县、临汾市洪洞县、大同市云州区、晋城市高平市
内蒙古自治区	呼和浩特市托克托县、鄂尔多斯市鄂托克前旗、兴安盟扎赉特旗
辽宁省	沈阳市辽中区、朝阳市凌源市、本溪市桓仁满族自治县、营口市老边区
吉林省	四平市梨树县、吉林市龙潭区、延边朝鲜族自治州和龙市、辽源市东辽县
黑龙江省	佳木斯市桦南县、绥化市望奎县、齐齐哈尔市依安县、牡丹江市西安区
上海市	浦东新区、奉贤区
江苏省	徐州市丰县、苏州市张家港市、南京市浦口区、连云港市东海县
浙江省	湖州市德清县、嘉兴市平湖市、宁波市慈溪市、杭州市临安区
安徽省	合肥市长丰县、宿州市砀山县、黄山市歙县、六安市金寨县
福建省	宁德市寿宁县、南平市武夷山市、三明市大田县、龙岩市上杭县
江西省	赣州市安远县、南昌市进贤县、吉安市井冈山市、上饶市玉山县
山东省	淄博市高青县、泰安市肥城市、滨州市惠民县、烟台市海阳市

（续）

省份	县（市、区）
河南省	三门峡市灵宝市、鹤壁市淇滨区、南阳市西峡县、漯河市临颍县
湖北省	宜昌市秭归县、武汉市江夏区、鄂州市华容区、襄阳市宜城市
湖南省	湘西土家族苗族自治州花垣县、邵阳市大祥区、永州市双牌县、湘潭市韶山市
广东省	韶关市南雄市、阳江市阳西县、茂名市高州市
广西壮族自治区	南宁市横县、桂林市恭城瑶族自治县、贺州市富川瑶族自治县、百色市平果市
海南省	琼海市、澄迈县、昌江黎族自治县、三亚市海棠区
重庆市	垫江县、大足区、渝北区、荣昌区、巴南区
四川省	内江市隆昌市、成都市大邑县、宜宾市兴文县、泸州市纳溪区
贵州省	贵阳市息烽县、毕节市黔西县、毕节市金沙县、遵义市余庆县
云南省	昆明市石林彝族自治县、楚雄彝族自治州楚雄市、红河哈尼族彝族自治州开远市
西藏自治区	林芝市米林县、拉萨市曲水县、山南市乃东区、日喀则市白朗县
陕西省	渭南市大荔县、杨凌示范区杨陵区、商洛市柞水县、汉中市佛坪县
甘肃省	酒泉市玉门市、张掖市高台县、兰州市皋兰县
青海省	海南藏族自治州贵南县、海东市互助土族自治县、果洛藏族自治州玛多县、西宁市湟源县
宁夏回族自治区	吴忠市盐池县、石嘴山市平罗县、吴忠市利通区、银川市西夏区
新疆维吾尔自治区	巴音郭楞蒙古自治州库尔勒市、阿勒泰地区吉木乃县
新疆生产建设兵团	第一师阿拉尔市十一团、第八师石河子市一五O团、第十师北屯市一八八团、第三师图木舒克市四十一团

第十六章　新版田园综合体试点

一、新版田园综合体

2021 年 5 月 8 日，财政部办公厅网站公布《关于进一步做好国家级田园综合体建设试点工作的通知》，中央财政将继续支持有条件的地区开展国家级田园综合体建设试点。

二、申报要点

申报时间

国家级田园综合体申报时间是 5—6 月。

省级田园综合体申报时间按照各省财政厅文件执行。

资金扶持力度

国家级田园综合体：每年 6 000 万～8 000 万元，连续 3 年，比如河北迁西县花香果巷项目，第一批 8 000 万元资金已经到位。

省级田园综合体：3 000 万～6 000 万元，根据各省具体情况，比如江苏省 2017 年田园综合体建设试点资金各 3 500 万元。

资金支持要求

坚持东、中、西部统筹兼顾，综合考虑各地发展建设基础、开展试点意愿、改革创新工作推进、试点代表性等因素，按照 3 年规划、分年实施的方式，2021 年，在北京、吉林、黑龙江、浙江、福建、江西、山东、河南、湖北、湖南、广东、海南、云南等 13 个省份继续开展田园综合体建设试点。每个试点省份安排 1 个试点项目。中央财政通过农村综合改革转移支付，按照有关规定实施定额补助。各试点省份、县级财政部门要统筹运用现有各项涉农财政支持政策，创新财政资金使用方式，采取先建后补、以奖代补、政府与社会资本合作、政府引导基金等方式支持试点项目建设。财政部将在试点启动后的第二年、第三年，以适当方式对试点项目组织开展评价评估。对评价评估合格的项目，延续予以资金支持；对评价评估不合格的项目，不再安排资金支持，取消试点资格。

申报部门

国家级田园综合体申报部门：财政部农业司（国务院农村综改办）、国家农业综合开发办公室。

省级田园综合体申报部门：财政厅农发办。

申报认定流程

总体规划→市、省初选→报农发办→实地评估→竞争答辩→项目公示→项目评议→批复立项。

三、申报条件

无论国家级还是省级田园综合体必须符合七个条件才能准予立项，包括以下。

1. 功能定位准确。围绕有基础、有优势、有特色、有规模、有潜力的乡村和产业，按照农田田园化、产业融合化、城乡一体化的发展路径，以自然村落、特色片区为开发单元，全域统筹开发，全面完善基础设施。突出农业为基础的产业融合、辐射带动等主体功能，具备循环农业、创意农业、农事体验一体化发展的基础和前景。明确农村集体组织在建设田园综合体中的功能定位，充分发挥其在开发集体资源、发展集体经济、服务集体成员等方面的作用。

2. 基础条件较优。区位条件优越，区域范围内农业基础设施较为完备，农村特色优势产业基础较好，核心区集中连片，发展潜力较大；已自筹资金投入较大且有持续投入能力，建设规划能积极引入先进生产要素和社会资本，发展思路清晰；农民合作组织比较健全，规模经营显著，龙头企业带动力强，与村集体组织、农民及农民合作社建立了比较密切的利益联结机制。

3. 生态环境友好。能保留青山绿水，落实绿色发展理念，积极推进山水田林湖整体保护、综合治理，践行“望得见山、看得见水、记得住乡愁”的生产生活方式。农业清洁生产基础较好，农业环境突出问题得到有效治理。

4. 政策措施有力。地方政府积极性高，在用地保障、财政扶持、金融服务、人才支撑、科技创新应用等方面有明确举措，水、电、路、网络等基础设施完备。建设主体清晰，管理方式创新，搭建了政府引导、市场主导的建设格局。积极在田园综合体建设用地保障机制等方面作出探索，为产业发展和田园综合体建设提供条件。

5. 投融资机制明确。积极创新财政投入使用方式，探索推广政府和社会资本合作，综合考虑运用先建后补、贴息、以奖代补、担保补贴、风险补偿金等，撬动金融和社会资本投向田园综合体建设。鼓励各类金融机构加大金融支持田园综合体建设力度，积极统筹各渠道支农资金支持田园综合体建设。

6. 带动作用显著。以农村集体组织、农民合作社为主要载体，组织引导农民参与建设管理，保障原有居住农民的参与权和受益权，实现田园综合体的共建共享。通过构建股份合作、财政资金股权量化等模式，创新农民利益共享机制，让农民分享产业增值收益。

7. 运行管理顺畅。根据当地主导产业规划和新型经营主体发展培育水平，因地制宜探索田园综合体的建设模式和运营管理模式。可采取村集体组织、合作组织、龙头企业等共同参与建设田园综合体，盘活存量资源，调动各方积极性，通过创新机制激发田园综合体建设和运行内生动力。

四、申报注意事项

出现以下9类情况，不予立项。

①未突出以农为本；②项目布局和业态发展与农业未能有机融合；

③以非农业产业为主导产业；④不符合产业发展政策；⑤资源环境承载能力较差；⑥违反国家土地管理使用相关法律法规；⑦违规进行房产开发和私人庄园会所建设；⑧乡、村举债搞建设；⑨存在大拆大建、盲目铺摊子等情况。

第十七章 “一村一品”示范村镇

一、概念认知

“一村一品”是指在一定的区域范围内，以一个村庄为单位，按照现在国内外市场需求，充分发挥本地资源优势，通过大力推进规模化、标准化、品牌化和市场化建设，使一个村（或者几个村）拥有一个（或者几个）市场潜力大、区域特色明显、附加值高的主导产品和产业，被称为“一村一品”。

二、建设目标

根据《2021年乡村产业工作要点》部署要求，2021年，认定第十批“一村一品”示范村镇；优化特色产业布局，建设一批产值超100亿元的特色产业集群，打造一批产值超50亿元的特色产业强县、超10亿元的特色产业强镇、超1亿元的特色产业强村。形成“一村一品”“一镇一特”“一县一业”“一省一业”发展格局。

三、资金补贴

“一村一品”的补贴标准：国家为了帮扶农村地区脱贫，在2017年的时候发布了第一批“一村一品”示范村镇，对入选村镇给予一定的奖励。

补贴方式：①直接补贴给村“两委”，由村集体分配使用；②补贴给合作社、企业、家庭农场等新型农业经营主体；③补贴给普通农户（比较少）。

补贴额度： 100 万～500 万元。

四、申报条件

（一）申报时间

根据 2022 年农业农村部发布的相关通知，“一村一品”示范村镇申报时间在每年的 5 月左右。具体申报时间以国家下发的通知为准。

（二）申报条件

1. 主导产业基础好。 申报村（社区）主导产业总产值超过 1 000 万元，占全村（社区）生产总值的 50％以上（国家重点帮扶县申报村可降至 700 万元、占比不低于 30％）。申报镇（乡、街道）主导产业总产值超过 5 000 万元，占全镇（乡、街道）农业生产总值的 30％以上（国家重点帮扶县申报镇可降至 3 000 万元、占比不低于 20％）。

2. 融合发展程度深。 主导产业生产、加工、流通、销售、服务等关键环节有机衔接，生态涵养、休闲体验、文化传承、电子商务等多种功能充分拓展，农村一二三产业深度融合。

3. 联农带农作用强。 申报村（社区）行政区划内有农民合作社，主导产业带动从业农户数量占村（社区）常住农户数的 40％以上。申报镇（乡、街道）行政区划内注册有地市级以上龙头企业或规模以上农产品加工企业，主导产业带动从业农户数量占镇（乡、街道）常住农户数的 20％以上。申报村镇主导产业带动从业农户人均可支配收入近 3 年增长率均超过 8％。

4. 特色产品品牌响。 主要经营主体须有注册商标（民俗文化和新业态除外），产品销售渠道畅通，主打产品在当地有一定知名度和美誉度。申报村镇具有知名区域品牌或所在县已获得主导产业地理标志登记保护认证的村镇可优先申报。

五、主要申报内容

村镇基本情况

申报村或镇名称、区位、人口、耕地、资源、经济社会发展等情况。

主导产业发展现状

1. 产业基础及发展优势。包括产业名称、主推产品生产规模、流通销售、科技支撑、新产业新业态等情况。

2. 经营主体培育状况。包括企业、农民合作社、家庭农场等经营主体总体情况，同时列举 3～5 家主要经营主体信息（包含经营产品、注册商标、产能、产值、联系方式、电商销售平台链接地址或二维码等）。

3. 品牌培育情况。包括商标注册，区域品牌建设，绿色食品、有机农产品、地理标志农产品认定，食用农产品达标合格证推行等情况（附证明材料）。

（注：产业数据应为 2021 年底数据，并以当地统计年报为准。）

联农带农情况

1. 申报村及所在镇、申报镇及所在县农民人均可支配收入情况。主导产业带动从业农户数、增加农民收入等情况。

2. 组织化程度。成立农民合作社、注册企业等情况，发展订单农业、保底收益、入股分红等情况。

所在县农业农村部门意见（要有经过核实、数据真实可靠、同意推荐等明确表述）

地市级农业农村部门意见

第十八章　高标准农田建设项目

一、概念认知

高标准农田，是指土地平整、集中连片、设施完善、农电配套、土壤肥沃、生态良好、抗灾能力强，与现代农业生产和经营方式相适应的旱涝保收、高产稳产，划定为永久基本农田的耕地。

2019 年 11 月，国务院办公厅印发的《国务院办公厅关于切实加强高标准农田建设 提升国家粮食安全保障能力的意见》明确提出，到 2022 年，全国要建成 10 亿亩高标准农田；到 2035 年，全国高标准农田保有量进一步提高，不断夯实国家粮食安全保障基础。

二、建设目标

根据农业农村部 2023 年 1 号文件部署要求，2023 年要确保完成新建 4 500 万亩和改造提升 3 500 万亩年度任务，补上土壤改良、田间灌排设施等短板，统筹推进高效节水、水肥一体化设施建设。

加大投入力度。创新建设模式和投融资机制，开展整区域推进高标准农田建设试点。积极利用外资支持绿色农田建设等。

制定逐步把永久基本农田全部建成高标准农田的实施方案，分区域、分类型明确任务布局和时序安排，加大投入、持续建设。

三、资金补贴

根据国家农业综合开发工作要点文件描述，小农户、家庭农场、农村合作社、大企业等新型农业经营主体在平原地区建设高标准农田不少于5 000亩的可以申请高额补贴；丘陵地带高标准建设农田不少于 2 000 亩的可申请高额补贴。根据相关规定，一般每亩补贴会保持在 1 500 元左右，根据每个省份的规定而不同。如天津、浙江、上海这种经济发达区补贴可能会比 1 500 元还要高，黑龙江、新疆等地区，高标准农田补贴将不会超过 1 110 元。

四、申报条件

（一）建设条件

高标准农田，顾名思义是通过土地整改的方式，把农田规模化、集中化，同时配备全套设施，保证高产稳产，同时加强抗灾能力的农村农田。简单来说，高标准农田需要满足以下 4 点：

1. 集中化、规模化，增加有效耕地面积。
2. 增加农田水利、电力、交通等基础设施，提高农田质量。
3. 土壤无污染，适合农作物生长，并保证高产、稳产。
4. 与当地农民建立补偿机制，鼓励新型农业经营主体积极参与。

（二）评价标准

根据农业农村部印发的《高标准农田建设评价激励实施办法（试行）》，高标准农田建设有严格的标准进行评定评价，具体参见该文件。

五、案例分析——山东省高标准农田

（一）建设目标

《山东省人民政府办公厅关于切实加强高标准农田建设提升国家粮食安全保障能力的实施意见》（鲁政办发〔2020〕12 号）提出："到 2020 年，全省建成 5 982 万亩高标准农田；到 2022 年，建成 6 500 万亩以上高标准农田，稳定保障 1 000 亿斤以上粮食产能；到 2025 年，力争建成 8 000 万亩高标准农田；到 2035 年，全省高标准农田数量、质量进一步提高，粮食安全保障基础更加坚实。”

（二）工作重点

1. 突出集中连片，规模建设。坚持按灌区或流域集中连片建设，单个项目建设规模原则上平原地区不低于 1 000 亩，丘陵山区不低于 500 亩。全省划定的粮食生产功能区和重要农产品生产保护区率先建成高标准农田。鼓励支持工作基础好的粮食产能大县整县推进高标准农田建设，到 2025 年，全省整县推进达到 30 个以上。促进土地小块并大块，支持丘陵山区农田“宜机化”改造。紧盯黄河滩、聚焦沂蒙山，优先支持脱贫攻坚任务重的地区建设高标准农田。

2. 突出节水优先，旱涝保收。加强农田水利基本建设，加快灌区续建配套与现代化改造，推进小水窖、小水池、小塘坝、小泵站、小水渠等农田水源工程建设，着力解决农田工程性缺水问题。完善田间灌排工程设施，实现高标准农田旱能浇、涝能排。大力发展高效节水灌溉，重点发展管道输水灌溉，加快发展喷灌、微灌和水肥一体化，推进实施精准灌溉、智慧灌溉工程，切实提高水土资源利用效率。

3. 突出综合治理，确保质量。在坚持以农田水利为重点的基础上，科学合理设计高标准农田建设内容，实行田、土、水、路、林、电、技、管综合配套，大力实施秸秆还田、深松深耕、有机肥替代、保护性耕作，推动工程措施、生态措施、农艺措施有机融合。按照“缺什么、补什么”原则，有序推进已建项目区改造提升和农田水毁灾损工程修复，到 2025 年，全省改造提升面积达到 1 500 万亩以上。创新“高标准农田＋”建设模式，以项目建设为载体，推动基础设施配套、耕地地力提升、技术推广应用、土壤墒情监测等资源要素集成，与农村产业发展、人居环境整治、脱贫攻坚、发展适度规模经营等有机结合，全面提高项目建设质量和综合效益。

4. 突出生态友好，良田粮用。严守耕地和生态红线，严格项目立项条件，严禁在自然保护区、非优先保护类耕地、地面坡度大于25°等禁止区域建设高标准农田。开展绿色高标准农田建设，因地制宜推进生态田、生态渠、生态路等工程建设，推动耕地质量保护提升、生态涵养、农业面源污染防治、生态病虫害防治、塌陷地治理和田园生态改善有机融合。新建高标准农田划入永久基本农田保护区，并主要用于粮食生产，不得在高标准农田内种植杨树、桉树、构树等林木及其他破坏耕作层的植物。

（三）建设现状

截至2020年6月，山东省已建成5 548.5万亩高标准农田，与改造前相比，耕地质量和粮食产能均有提高，亩均粮食产量提高100公斤以上。高标准农田项目区较改造前，耕地质量提升1.5个等级，粮食产能大约提高20%，特别是在严重气象灾害年份，粮食产能稳定性水平明显高于非项目区。

2011年至2019年，山东省累计投入资金715.6亿元，建成高标准农田5 548.5万亩，为该省粮食产量连续多年稳定在1 000亿斤以上作出了重要贡献。其中，2019年，该省建成高标准农田528.5万亩，超额完成国家下达的499万亩年度建设任务，获得中央财政奖励资金2亿元。

（四）山东省高标准农田整县推进

根据《山东省高标准农田整县推进创建实施方案》（鲁农建字〔2020〕33号）要求，经报山东省委、省政府批准，认定商河县等16个县（市、区）为2021年高标准农田整县推进示范县。此后，2022年、2023年，每年都公布示范县名单。

高标准农田整县推进的县（市、区），以提升粮食产能为首要目标，聚焦重点区域，统筹整合资金，加大资金投入，完善建设内容，加强建设管理，确保按时保质保量完成高标准农田整县推进创建任务，为全省高标准农田建设发挥示范引领作用。

第十九章　农村电子商务基地

一、政策背景

2020 年 5 月，财政部联合商务部、国务院扶贫办发布《关于做好 2020 年电子商务进农村综合示范工作的通知》，提出要大力发展农村电子商务，促进形成农产品进城和工业品下乡畅通、线上线下融合的农产品流通体系和现代农村市场体系，培育一批各具特色、经验可复制推广的示范县。

二、资金补贴

中央财政资金支持方式和重点：鼓励各地优先采取以奖代补、贷款贴息，结合先建后补、购买服务、直接补助等支持方式，合理加快资金进度，提高资金使用效益，通过中央财政资金引导带动社会资本，共同参与农村电子商务工作。

中央财政资金实行“鼓励发展＋负面清单”管理模式，重点支持以下方向：

1. 县乡村三级物流配送体系。支持完善县乡村三级物流配送体系，大力发展共同配送，整合邮政、供销、商贸、快递、交通等物流资源，在日用消费品、农资下乡基础上搭载电商快递，逐步推动商流物流统仓共配，提升物流效率，降低物流成本。鼓励有条件地区合理规划，在区域节点建设仓储物流配送中心，发展智慧物流。

2. 农村电商公共服务体系。支持县级电商公共服务中心建设和升级，统筹推进品牌、标准、品质控制、金融、物流、培训等服务，培育一批优质农产品品牌，形成配套生产标准化体系。优化农村电商公共服务内容，整合邮政、供销、快递、金融、政务等资源，拓展代买代卖、小额存取、信息咨询、职业介绍等便民服务功能。突出服务，硬件建设应坚持实用、节约原则，充分利用现有设施设备、闲置厂房。

3. 农村现代流通服务体系。支持农村传统商贸流通企业、连锁商超、零售网点的信息化、数字化转型升级，加强与电子商务、金融保险、移动支付、就业引导等资源对接，促进业务流程和组织结构的优化重组，实现线上线下融合发展，打造信息化、本地化、连锁化的营销服务网络，搭建与县域产业发展配套、适应本地消费需求的现代流通服务体系。

4. 农村电子商务培训体系。支持对返乡农民工、大学生、退伍军人、贫困户等开展农村电商普及和技能培训，强化培训机制，注重质量而非数量。完善标准化教材，提升培训针对性，丰富直播带货、社交电商等课程。健全培训转化机制，指导对接就业用工需求，注重跟踪服务而非“一锤子”培训。如实做好培训记录。

三、申报范围

申报对象应基本建立市场化、可持续的农村电商运营体系，具备较好的产业、人才等基础条件。申报方案须紧扣提升电子商务进农村水平，围绕建立农村现代市场体系，进一步挖掘农村电商潜力，提高城乡双向流通效率，推动农产品进城和工业品下乡，促进农民增收、扩大农村消费，助力乡村振兴。工作目标可量化、可考核。以前年度支持过的示范县可二次申报，需满足资金拨付和项目验收基本完成、工作成效突出等条件。继续支持西藏自治区以整区推进形式开展工作。

第二十章　国家农业高新技术产业示范区

一、政策背景

2018 年 1 月 16 日，国务院办公厅印发《关于推进农业高新技术产业示范区建设发展的指导意见》，首次以农业高新技术产业为主题，从国家层面系统指导农业高新技术产业示范区建设发展。该意见明确，到 2025 年将布局建设一批国家农业高新技术产业示范区。

二、建设情况

截至 2022 年 4 月，国家已设 9 个示范区：陕西杨凌农业高新技术产业示范区、山东黄河三角洲农业高新技术产业示范区、山西晋中国家农业高新技术产业示范区、江苏南京国家农业高新技术产业示范区、河南周口国家农业科技园区、吉林公主岭国家农业科技园区、黑龙江建三江国家农业科技园区、内蒙古巴彦淖尔国家农业科技园区、新疆昌吉国家农业科技园区。

三、项目特点

统筹示范区建设布局，充分发挥创新高地优势，集聚各类要素资源，着力打造农业创新驱动发展的先行区和农业供给侧结构性改革的试验区。

四、财政支持

中央财政通过现有资金和政策渠道，支持公共服务平台建设、农业高新技术企业孵化、成果转移转化等。

五、申报名额

2025 年将布局建设一批国家农业高新技术产业示范区；计划到 2025 年，国家布局不超过 30 家农业高新技术产业示范区，希望一个省能有一个示范区，但要求高标准、宁缺毋滥。

第二十一章　中国特色农产品优势区

一、政策背景

2016 年 12 月，《中共中央、国务院关于深入推进农业供给侧结构性改革　加快培育农业农村发展新动能的若干意见》发布，提出“鼓励各地争创园艺产品、畜产品、水产品、林特产品等特色农产品优势区”。由农业农村部、国家发展改革委等组织评审并公布特色农产品生产优势区（简称特优区）。

中国特色农产品优势区具有产业特色优势显著、市场机制运转有效、推进措施务实具体、引领示范作用突出的特点。中国特色农产品优势区在特色产业生产基地、加工基地、仓储物流基地，科技支撑体系、品牌建设与营销体系、质量控制体系等方面经验丰富，对特色产业发展具有较强的带动作用。

二、重点任务

1. 促进产业融合发展。推动特优区建设与现代农业产业园、农业科技园区、特色村镇等建设的结合，统筹空间布局，集聚要素资源，激发市场新活力，培育发展新动能，实现特色产业与其他园区建设有机融合。

2. 完善科技支撑体系。依托高等院校、科研院所、创新型企业等各类主体，聚合创新资源，构筑先发优势，强化现代农业产业技术体系支撑，加快特色农产品全产业链研发、创新和示范，推进成果转化应用。

3. 建立评价标准体系。围绕特优区的内涵与主要特征，针对研发、生产、加工、仓储、物流、营销等全产业链各环节，制定标准评价体系，引领特色农产品标准化、产业化、规模化、品牌化发展。

4. 培育新型经营主体。积极培育新型经营主体，发展多种形式的适度规模经营，优化经营结构，强化支持和示范引导，推动创业创新，提高各类资源要素的配置效率，促进特色产业发展。

5. 强化品种资源支撑。加强特色农作物种质资源的保护与利用，加快优势特色品种培育和登记，加大新品种保护力度，大力推进区域性良种繁育基地建设，为多样化、优质化的特色农产品市场提供优质种源保障。

6. 深化信息技术应用。充分利用互联网理念，结合信息进村入户工程，加强物联网、云计算、大数据、移动互联等信息技术在特优区建设中的应用，大力推广电子商务等新型流通方式，有力推进特色产业发展。

7. 打造特色农业品牌。立足区域资源特色，准确定位品牌发展策略，加快区域特色农业品牌培育、发展、营销，构建支持评价体系，完善监管保护机制，打造一批区域特色明显、市场竞争力强的特色农业品牌。

三、保障措施

1. 指导规划编制工作。根据《特色农产品优势区建设规划纲要》，推动争创特优区的县（市、区）、垦区和林区编制本区域的建设规划，总结特色产业发展经验，明确特优区建设的指导思想、基本原则、发展目标、建设内容和工作重点，提出建设的支持体系和保障措施。

2. 构建工作推进机制。各地要成立特优区创建工作领导小组，统筹谋划工作，明确各部门职责任务和工作分工，把握好创建工作重点，制定工作计划和实施方案，加强协调配合，形成工作合力，切实抓好创建工作。

3. 研究出台扶持政策。鼓励各地在党中央、国务院相关规定基础上，研究出台投资、财政、金融、科技、土地、环保、水利、林业等扶持政策，支持相关项目向特优区倾斜。发挥政府资金的撬动作用，激活民间投资，引导社会资本有序投入，形成多元化投入机制。

4. 营造创建工作氛围。各地要加强特优区创建工作的宣传，总结交流建设经验和做法，综合利用传统媒体、新媒体等多种传播方式，注重典型带动，推广先进经验，扩大社会影响，为特优区建设营造良好的社会环境。

四、申报内容

主管部门：农业农村部主导，会同国家林业和草原局6部委。

申报时间：每年8—9月。

申报主体：原则上以县（市、区，林区，垦区）人民政府为单位申报。区域内特色主导品种相同、获得同一地理标志认证（登记）的地级市可单独申报，地级市区域内的部分县（场）也可联合申报。

激励政策：加大对特优区建设的投入、创新特色产业金融政策、完善特优区用地政策等。

项目要求：①产业竞争力突出。特色主导产品在全国具有较强代表性和竞争力，产量或产值在全国同级地区位居前列，具备发展“中国第一，世界有名”的基础条件。②市场建设有力。产加销、贸工农一体化协调推进，拥有较高影响力的农（林）产品区域公用品牌。③推进措施务实。地方人民政府高度重视特色产业发展，在产业扶持政策等方面措施有力，取得较好成效。④示范作用明显。在特色产业生产基地、加工基地、科技支撑体系等方面示范作用明显，具有较强带动作用。⑤符合相关法律法规和国家政策要求。

第二十二章　农业现代化示范区

一、政策背景

农业现代化示范区是推进农业现代化的抓手，是探索推进机制和经验途径、示范引领全国农业现代化的先行区。其以县（市、区、旗）为创建单位，以提高农业产业体系、生产体系、经营体系现代化水平为核心，在 2021 年首批创建 100 个，2022 年 8 月公布了第二批创建名单，到 2025 年，全国将创建 500 个左右农业现代化示范区，打造一批生产轻简智能高效、产业体系健全发达、经营主体集中活跃、产品绿色安全高质的标杆，率先实现农业现代化。

农业现代化是一个持续过程、长期任务。根据要求，示范区要把握发展新趋势，因地制宜、因区施策，重点围绕设施化、园区化、融合化、绿色化、数字化等，找准创建定位和主攻方向，明确发展目标和重点任务，科学设计推进路径和发展模式，细化政策措施和工作机制，找差距、补短板、强弱项，推动农业现代化建设整体上水平。

2023 年 8 月 1 日，农业农村部发展规划司等发布《关于 2023 年农业现代化示范区创建名单的公示》，按照《农业农村部、财政部、国家发展改革委关于开展 2023 年农业现代化示范区创建工作的通知》（农规发〔2023〕15 号）要求，农业农村部、财政部、国家发展改革委组织完成了 2023 年农业现代化示范区创建评审工作。

二、项目特点

按照农业现代化示范区建设布局和遴选条件要求，选择农业现代化建设基础好、发展潜力大，地方政府支持保障有力、建设路径模式清晰、示范带动能力较强的县（市、区）先行创建，同等条件下优先支持国家现代农业产业园、国家农业绿色发展先行区、国家乡村振兴示范县、国家农村产业融合发展示范园所在县和脱贫县（市、区）创建。

三、2023 年农业现代化示范区名单

1. 北京市大兴区
2. 天津市宝坻区
3. 河北省青县
4. 河北省邢台市南和区
5. 河北省固安县
6. 河北省鸡泽县
7. 山西省曲沃县
8. 山西省怀仁市
9. 山西省寿阳县
10. 山西省长子县
11. 内蒙古自治区五原县
12. 内蒙古自治区林西县
13. 内蒙古自治区达拉特旗
14. 内蒙古自治区和林格尔县
15. 内蒙古自治区科尔沁右翼前旗
16. 辽宁省北票市
17. 辽宁省台安县
18. 辽宁省灯塔市
19. 辽宁省阜蒙县
20. 吉林省双辽市
21. 吉林省德惠市
22. 吉林省磐石市
23. 黑龙江省密山市
24. 黑龙江省青冈县
25. 黑龙江省肇源县
26. 黑龙江省方正县
27. 上海市奉贤区
28. 江苏省盱眙县
29. 江苏省南京市浦口区
30. 江苏省溧阳市
31. 浙江省桐庐县
32. 浙江省绍兴市上虞区
33. 浙江省余姚市
34. 安徽省怀宁县
35. 安徽省霍山县
36. 安徽省铜陵市义安区
37. 安徽省灵璧县
38. 福建省漳平市
39. 福建省福安市
40. 江西省会昌县
41. 江西省武宁县
42. 江西省信丰县
43. 山东省高青县
44. 山东省巨野县

45. 山东省兰陵县
46. 山东省烟台市蓬莱区
47. 山东省莒县
48. 河南省郸城县
49. 河南省淇县
50. 河南省潢川县
51. 河南省清丰县
52. 河南省永城市
53. 湖北省仙桃市
54. 湖北省钟祥市
55. 湖北省鄂州市鄂城区
56. 湖南省新宁县
57. 湖南省张家界市永定区
58. 湖南省娄底市娄星区
59. 湖南省资兴市
60. 湖南省湘潭市雨湖区
61. 广东省陆丰市
62. 广东省南雄市
63. 广东省新兴县
64. 广西壮族自治区象州县
65. 广西壮族自治区永福县
66. 广西壮族自治区兴业县
67. 海南省万宁市
68. 海南省儋州市
69. 重庆市开州区
70. 重庆市万州区
71. 重庆市合川区
72. 四川省青神县
73. 四川省井研县
74. 四川省成都市新津区
75. 四川省渠县
76. 四川省江油市
77. 贵州省织金县
78. 贵州省长顺县
79. 贵州省余庆县
80. 云南省陆良县
81. 云南省双江县
82. 云南省姚安县
83. 西藏自治区米林县
84. 西藏自治区扎囊县
85. 陕西省柞水县
86. 陕西省延安市安塞区
87. 陕西省宝鸡市陈仓区
88. 甘肃省静宁县
89. 甘肃省白银市平川区
90. 甘肃省徽县
91. 青海省贵南县
92. 青海省都兰县
93. 宁夏回族自治区隆德县
94. 宁夏回族自治区灵武市
95. 新疆维吾尔自治区伽师县
96. 新疆维吾尔自治区伊宁县
97. 新疆维吾尔自治区沙雅县
98. 新疆生产建设兵团第一师阿拉尔市13团
99. 北大荒农垦集团黑龙江七星农场有限公司
100. 广东省农垦总局湛江垦区（遂溪片区）

第二十三章　全国乡村旅游重点村

一、政策背景

2022年11月，为贯彻落实《中华人民共和国乡村振兴促进法》和《"十四五"旅游业发展规划》相关要求，文化和旅游部、国家发展改革委联合开展了全国乡村旅游重点村镇遴选推荐工作，确定了第四批200个全国乡村旅游重点村和第二批98个全国乡村旅游重点镇（乡）名单。要求各地要在政策、资金、市场、宣传、人才等方面加强对全国乡村旅游重点村镇的支持，充分发挥其示范带头作用，助力全面推进乡村振兴战略。

二、评选标准

1. 文化和旅游资源富集。具有一定的历史价值、文化价值或科学价值。有自然或人文的乡村旅游核心吸引物。

2. 自然生态和传统文化保护较好。对自然生态、田园风光、传统村落、历史文化、民族文化等资源的保护较好，注重文化挖掘和传承，建筑风貌具有地域特征、民族特色。

3. 乡村民宿发展较好。乡村民宿，注重创意设计，凸显地域文化特色。民宿产品能够在特色餐饮、文化体验、休闲娱乐等方面满足游客需要。

4. 旅游产品体系成熟、品质较高。已开发出乡村民宿、观光度假、农事体验、乡土美食或文创产品等具有独特风格的成熟旅游产品。

5. 基础设施和公共服务较完善。交通设施完善，村内游览路线布局合理、顺畅，标识标牌系统相对完善。有信息咨询、智慧旅游、旅游投诉、宣传展示、游客游憩、便民服务等游客服务设施。村内公共厕所布局合理。

6. 就业致富带动经济、社会、发展效益明显。能够较好吸纳本地村民就业。

三、申报主体

全国乡村旅游重点村遴选对象为行政村或自然村。全国乡村旅游重点镇（乡）的遴选对象为乡、民族乡、镇等乡级行政区划单位。

四、扶持资金

在旅游规划、创意下乡人才培训宣传推广、资金支持等方面对全国乡村旅游重点村和精品项目予以支持。未来 5 年，中国农业银行将向重点村提供人民币 1 000 亿元意向性信用额度。

五、相关名单列举

序号	第四批全国乡村旅游重点村（部分）	序号	第四批全国乡村旅游重点村（部分）
1	北京市门头沟区妙峰山镇炭厂村	13	河北省秦皇岛市海港区房庄村
2	北京市房山区史家营乡金鸡台村	14	河北省邢台市信都区路罗镇小戈廖村
3	北京市昌平区兴寿镇下苑村	15	河北省承德市兴隆县大水泉镇迷子地村
4	北京市密云区新城子镇遥桥峪村	16	河北省保定市易县安格庄乡田岗村
5	北京市延庆区康庄镇火烧营村	17	河北省邯郸市涉县更乐镇大洼村
6	北京市延庆区四海镇大吉祥村	18	河北省唐山市遵化市团瓢庄乡山里各庄村
7	天津市蓟州区罗庄子镇赵家峪村		
8	天津市宁河区丰台镇岳秀庄村	19	山西省阳泉市郊区西南舁乡咀子上村
9	天津市西青区杨柳青镇白滩寺村	20	山西省长治市壶关县石坡乡南平头坞村
10	天津市宝坻区黄庄镇李宦庄村	21	山西省晋城市阳城县北留镇皇城村
11	天津市津南区八里台镇西小站村	22	山西省临汾市曲沃县北董乡南林交村
12	河北省石家庄市井陉县秀林镇南横口村	23	山西省运城市万荣县高村乡闫景村

（续）

序号	第四批全国乡村旅游重点村（部分）	序号	第四批全国乡村旅游重点村（部分）
24	山西省忻州市宁武县宁化镇宁化村	36	辽宁省朝阳市喀喇沁左翼蒙古族自治县水泉镇南亮子村
25	内蒙古自治区赤峰市喀喇沁旗河南街道马鞍山村	37	吉林省白山市抚松县漫江镇锦江村
26	内蒙古自治区呼伦贝尔市阿荣旗新发朝鲜族乡东光村	38	吉林省松原市前郭尔罗斯蒙古族自治县查干湖镇西索恩图村
27	内蒙古自治区鄂尔多斯市达拉特旗树林召镇林原村	39	吉林省吉林市永吉县北大湖镇南沟村
28	内蒙古自治区赤峰市松山区老府镇大乌良苏村	40	吉林省延边朝鲜族自治州龙井市东盛涌镇东明村
29	内蒙古自治区包头市青山区兴胜镇东达沟村	41	吉林省长春市九台区龙嘉街道红光村
30	内蒙古自治区乌海市乌达区乌兰淖尔镇泽园新村	42	吉林省辽源市龙山区工农乡大良村
31	辽宁省大连市金州区向应街道土门子村	43	黑龙江省哈尔滨市延寿县玉河镇新城村
32	辽宁省丹东市宽甸满族自治县青山沟镇青山沟村	44	黑龙江省牡丹江市宁安市渤海镇上官地村
33	辽宁省抚顺市清原满族自治县大苏河乡南天门村	45	黑龙江省佳木斯市汤原县汤原镇北靠山村
34	辽宁省锦州市义县大榆树堡镇石匣子村	46	黑龙江省鸡西市城子河区永丰朝鲜族乡丰安村
35	辽宁省阜新市彰武县大德镇大德村	47	黑龙江省伊春市金林区丰茂林场
		48	黑龙江省大兴安岭地区塔河县十八站鄂伦春族乡鄂族村
		49	上海市宝山区月浦镇月狮村

序号	第二批全国乡村旅游重点镇（乡）（部分）	序号	第二批全国乡村旅游重点镇（乡）（部分）
1	北京市门头沟区斋堂镇	9	河北省邢台市信都区路罗镇
2	北京市房山区十渡镇	10	山西省大同市灵丘县红石塄乡
3	北京市密云区古北口镇	11	山西省晋中市榆次区乌金山镇
4	天津市蓟州区穿芳峪镇	12	山西省临汾市永和县乾坤湾乡
5	天津市蓟州区渔阳镇	13	内蒙古自治区鄂尔多斯市达拉特旗树林召镇
6	天津市蓟州区罗庄子镇		
7	河北省保定市易县安格庄乡	14	内蒙古自治区呼和浩特市新城区保合少镇
8	河北省保定市涞水县三坡镇		

（续）

序号	第二批全国乡村旅游重点镇（乡）（部分）	序号	第二批全国乡村旅游重点镇（乡）（部分）
15	内蒙古自治区兴安盟阿尔山市白狼镇	37	福建省龙岩市永定区湖坑镇
16	辽宁省抚顺市新宾满族自治县永陵镇	38	福建省泉州市惠安县崇武镇
17	辽宁省本溪市本溪满族自治县小市镇	39	江西省萍乡市湘东区麻山镇
18	辽宁省大连市庄河市步云山乡	40	江西省吉安市安福县羊狮慕镇
19	吉林省通化市辉南县金川镇	41	江西省鹰潭市余江区杨溪乡
20	吉林省白城市通榆县向海蒙古族乡	42	山东省济南市长清区万德街道
21	吉林省松原市前郭尔罗斯蒙古族自治县查干湖镇	43	山东省潍坊市临朐县五井镇
		44	山东省临沂市沂南县铜井镇
22	黑龙江省黑河市五大连池市朝阳山镇	45	河南省洛阳市嵩县车村镇
23	黑龙江省大庆市杜尔伯特蒙古族自治县连环湖镇	46	河南省郑州市二七区侯寨乡
		47	河南省信阳市浉河区浉河港镇
24	黑龙江省大兴安岭地区漠河市北极镇	48	湖北省襄阳市谷城县五山镇
25	上海市崇明区竖新镇	49	湖北省宜昌市远安县花林寺镇
26	上海市崇明区横沙乡	50	湖北省孝感市安陆市烟店镇
27	江苏省南京市浦口区永宁街道	51	湖南省衡阳市南岳区南岳镇
28	江苏省常州市溧阳市戴埠镇	52	湖南省张家界市武陵源区协合乡
29	江苏省南通市海门区常乐镇	53	湖南省永州市宁远县湾井镇
30	浙江省绍兴市上虞区岭南乡	54	广东省惠州市惠阳区秋长街道
31	浙江省宁波市宁海县前童镇	55	广东省潮州市潮安区凤凰镇
32	浙江省台州市天台县街头镇	56	广东省河源市源城区埔前镇
33	安徽省芜湖市南陵县烟墩镇	57	广西壮族自治区来宾市金秀瑶族自治县长垌乡
34	安徽省池州市青阳县朱备镇		
35	安徽省安庆市岳西县河图镇	58	广西壮族自治区贵港市覃塘区覃塘街道
36	福建省福州市平潭县苏平镇	59	广西壮族自治区贺州市昭平县黄姚镇

第二十四章　乡村振兴补贴项目汇总

一、乡村重大补贴项目

乡村重大补贴项目

序号	项目名称	补贴额度/元
1	现代农业产业园创建项目	国家级1亿～3亿， 省级1 000万～5 000万
2	国家农村产业融合发展示范园项目	5 000万
3	田园综合体建设项目	每年6 000万～8 000万， 共3年
4	畜禽粪污资源化利用项目	最高5 000万
5	数字农业建设试点项目	2 000万以内
6	农业产业强镇示范项目	1 000万左右
7	一二三产业融合发展先导区项目	2 000万～3 000万
8	绿色循环高效特色农业促进项目	1 800万
9	中药材生产扶持及药材基地项目	100万～300万
10	全国休闲农业和乡村旅游示范县（市、区）创建项目	25万～1 000万
11	“特色小镇”工程申报项目	500万～2 000万
12	区域生态循环农业项目	1 000万～1 500万
13	现代种业提升工程（农作物种子、畜禽良种）项目	300万～1 500万

二、休闲农业补贴项目

（一）观光采摘等休闲农业项目及补贴

序号	项目名称	补贴额度/元
1	农业综合开发园艺类生产示范基地项目	约 200 万
2	农业综合开发名优经济林示范项目	150 万～300 万
3	园艺作物标准化创建项目	50 万～100 万
4	水果蔬菜标准园创建项目	25 万～100 万
5	高产创建项目	50 万～100 万

（二）科技示范园等观光与科普一体的休闲农业项目

包括科技示范园、物流商贸园等形式，既可以申报技术方面的扶持，也能申请农业方面的扶持。具体项目见下表。

序号	项目名称	备注
1	发改委的冷链物流项目	既可以申请技术方面的扶持，也可以申请农业方面的扶持
2	商贸流通重点支持项目	
3	农产品产地初加工补助项目	
4	农业科技推广示范项目	
5	科技成果转化项目	
6	现代农业园区试点项目	
7	农业综合开发产业化经营财政补贴、贴息贷款、一县一特和龙头企业带动项目	
8	农业产业化财政扶持项目	
9	现代农业发展资金果菜产业项目	
10	供销社的农业综合开发供销合作	

三、农产品产地初加工补助项目

重点扶持农户和农民专业合作社建设马铃薯贮藏窖、果蔬通风库、冷藏库和烘干房等产地初加工设施。具体详见下表。

序号	项目名称	主管部门	备注
1	马铃薯贮藏窖产地初加工设施	农业农村部、财政部	重点扶持农户和农民专业合作社建设
2	果蔬通风库产地初加工设施	农业农村部、财政部	
3	冷藏库产地初加工设施	农业农村部、财政部	
4	烘干房产地初加工设施	农业农村部、财政部	

四、农业综合开发产业化项目

序号	支持范围	申报部门	补贴额度/元
1	扶持专业大户	国家农业综合开发办公室	20 万～40 万
2	家庭农场	国家农业综合开发办公室	20 万～40 万
3	农民合作社	国家农业综合开发办公室	30 万～80 万
4	涉农企业	国家农业综合开发办公室	50 万～100 万

五、区域生态循环农业示范项目

序号	支持范围	申报部门	备注
1	农副资源收贮	农业农村部、国家农业综合开发办公室	
2	农副资源饲料化加工		
3	种养结合农田消纳基地		
4	畜禽养殖废弃物处理		
5	秸秆综合利用		
6	其他符合的建设内容		

六、国家中药材生产扶持项目

国家中药材生产扶持项目

序号	项目名称	申报部门	备注
1	野生药材资源保护和野生药材变家种家养的科研开发及成果推广应用	经济贸易委员会	中药材种植为基础的乡村旅游项目
2	中药材种植养殖先进技术的研究和推广应用	经济贸易委员会	
3	大宗、紧缺品种的中药材基地建设	经济贸易委员会	
4	中药材种子种苗基地建设	经济贸易委员会	
5	中药材仓储技术及改善中药材仓储设施	经济贸易委员会	

七、其他申报项目及奖励资金

(一) 有明确奖励资金的

序号	项目名称	奖补资金/元	备注
1	“一村一品”“一镇一业”	100 万～500 万	
2	农村人居环境整治优秀县（市、区）	2 000 万	
3	长江经济带和黄河流域农业污染治理	5 000 万	为最多补贴
4	扶持“菜篮子”产品生产项目	最多 300 万	
5	粮改饲试点项目	1 000 万	
6	耕地保护与质量提升	80 万～120 万	
7	规模化大型沼气工程	200 万～2 000 万	
8	中型灌溉节水配套改造项目	2 000 万	为最多补贴
9	良种培育、特色种植项目	100 万～500 万	
10	有机肥生产试点项目	300 万	
14	果菜茶有机肥替代化肥项目	1 000 万	
15	农业现代化示范区	1 亿～1.5 亿	
16	国家农业高新技术产业示范区	约 2 000 万	额度各省份不等

（续）

序号	项目名称	奖补资金/元	备注
17	电子商务基地	2 000 万	
18	冷链物流和现代物流项目	200 万～1 000 万	
19	特色农业产业化补贴	50 万～900 万	额度各省份不等
20	龙头企业带动产业发展试点项目	500 万～800 万	

（二）其他奖励资金

1. 农村旧房改造补贴。五保户：一级危房户均补助 2 万元；二级危房户均补助 0.5 万元；三级危房户均补助 0.3 万元。**低保户**：一级危房户均补助 2 万元；二级危房户均补助 0.3 万元；三级危房户均补助 0.2 万元。**困难户**：一级危房户均补助 1 万元；二级危房户均补助 0.3 万元；三级危房户均补助 0.2 万元。**一般户**：一级危房户均补助 0.5 万元；二级危房户均补助 0.3 万元；三级危房户均补助 0.2 万元。

2. 农村双女户补贴。符合条件的，补贴 0.2 万～1 万元。

3. 农机补贴（报废的也有补贴）。（参见第六章）

第四部分

申报利好与心得

XIANGCUN CHANYE ZUIXIN ZHENGCE YU XIANGMU SHENBAO ZHINAN

第二十五章　项目申报的十大利好

一、政策是“第一支撑力”

众所周知，我国坚持中国特色社会主义道路，我们的市场经济是“社会主义市场经济”。因此，项目立项审批，找到政策的支撑力十分重要。如果说“科学技术是第一生产力”，那么，在相当长的一段时间，政策是“第一支撑力”、政策是“第一引导力”。

二、政策是“第一推动力”

商业的风口，有需求、消费发展形成的“风口”，更有科技发展形成的“风口”。但是对于我国而言，国家重点政策形成的“推动力”“核动力”，往往才是风口的源泉。比如家庭联产承包责任制，银行按揭政策，土地招拍挂政策，经济特区政策，农村土地“三权分立”政策，海南建自贸港、自贸岛政策，尤其是近几年的乡村振兴战略、健康中国战略等，都是巨大的“风口”。企业创业者如能把握好，亦能乘风而上，实现“飞猪效应”。

三、申报是“合法经营”的前提

无论是工业建设、乡村旅游、康养医疗、劳动教育、农特食品、环保物流，还是金融电商、娱乐动漫，从公司成立、项目拿地、环境影响评价、安全评价、发改立项、环境消防到卫生防疫等，一切都需要“审批”，可以说，“申报不是万能的，但是没有申报审批是万万不能的”。我国幅员辽阔，申报竞争激烈，在具体的申报过程中又有许许多多窍门。根据我国的土地政策，土地分为国有用地和集体用地两大类，而集体土地一般在与村里有约定的前提下，需要向乡（镇）、县（包括区）、市、省、中央逐级申报，特殊情况，比如某些已经把农村土地流转到乡镇或区县，可以减少层级。在政策项目申报过程中，只要符合条件，走对程序，申报成功的概率很大。

四、申报成功的“品牌效应”

项目申报成功，就会根据政策的能级、审批的单位、品牌的能量形成一定的“政策赋能”“品牌赋能”。比如宁夏沙湖、新疆魔鬼城成为AAAAA景区，安徽西递-宏村、贵州梵净山、云南哈尼梯田入选联合国世界文化遗产，都大大推动了当地的旅游经济。

五、“雪炭效应”——解决关键资金

我国各部门、各阶层每年涉及“三农”口的奖励资金很多。有些项目是先建后补，也有不少项目是在创建过程中就能拨给资金，更有一些项目是立项后先给资金的，例如第一批国家田园综合体项目、第一批浙江省乡村振兴综合试点项目、济南市农业综合体项目、美丽乡居项目等。这些资金的到位可谓是雪中送炭，对获奖项目的启动建设起到十分重要的作用。

六、申报成功——“给地给钱还给人”

因为政策导向等因素，越是重点项目、龙头项目、试点项目、示范项目，一般越是会优先规划供地。同样，中央及各级政府对重点项目、龙头项目、试点项目和示范项目，还有各种奖补政策，金额从几百万到几个亿。像浙江安吉的鲁家村、浙江诸暨的米果果、山东潍坊的蔬菜产业、陕西杨凌的“农高园”、湖北潜江的小龙虾产业、四川广元的红心猕猴桃产业……无一不是得到了各级政府的奖补资金。而像“中国食品谷”、山西农谷、济南西营镇葫芦峪、杭州临安龙门秘境等乡村振兴项目，当地政府还专门成立了“乡村振兴”作战指挥部，书记一把手兼任乡村振兴总指挥，政府各局办抽调领导参与这些“重点项目”“试点项目”，确保项目顺利开展。

七、申报成功——项目进入“快车道”

一个项目要落地实施，步骤非常繁杂。策划——概规——总规——控规——多规合一——国土空间规划——详规——供地——建筑设计——建筑施工——监理验收——项目管理——项目营销……，没有几年时间不可能做下来。当下各种管理制度日益严格，项目的立项审批供地过程变得更加漫长。但是，一旦某项目成为“重点”“试点”项目后，由于各级政府层面高度重视，有时会做倒计时，这样能大大加快项目的进程，使项目建设进入“快车道”。

八、“飞猪效应”

虽然俗话说，猪遇到风口都能飞起来，但现实情况并非如此。很多企业都能看到“风口”，但是能利用风口乘势启航顺势飞扬的企业，却总是少数。

事实上，只有踩准鼓点，瞄准靶心，才能巧借东风。成为国家级、省级的重点项目、试点项目等，就是顺应了国家大政方针，能获得国家力量的强大推动及赋能，这才是真正的“风口”，能够“让猪都飞起来”。鲁家村、战旗村都是这种“飞猪效应”的写照。

九、虹吸效应——好事找上门

重点项目就像流体力学中的位能差一样，能够产生巨大的“虹吸现象”，越是重点项目，政策级别高，执行力度大，资金体量大，项目示范性强，其虹吸现象就越明显。

海南博鳌以前是个“渔村”，自 2001 年起，每年一届的博鳌亚洲论坛都在这个渔村召开。20 年来这个渔村一跃成为闻名世界的会议中心、旅游中心、休闲中心，现在还是闻名国内外的医疗康养圣地。安吉的鲁家村也是一样，自从成为第一批国家级田园综合体之后，陆续兴建了“两山”学院、18 个农场、垂直农业基地，成为国家农村产业融合发展示范园……。原来落后不起眼的一个小村庄，一跃成为闻名全国的乡村旅游目的地，乡村振兴的网红打卡地。

十、“火车头”效应与裂变效应

项目成为重点和试点项目后，应该尽全力把它做扎实，提高项目的品牌度、榜样度、示范度、首位度，彰显项目的社会性、经济性、典范性，突出其拉动力、带动力、牵引力、辐射力和榜样力，这样才能展开产业融合，实现业态分型与杂交，延伸出新的项目来。就像一列火车，火车头拉着一节一节车厢全速前进。重点和试点项目可以带动周边地区类似地区的发展，比如浙江的下姜村，从小下姜村拓展到大下姜村；四川成都的战旗村，从一村影响到多村；陕西的白鹿仓，从“一仓”到“多仓”；中国“食品谷”项目，从一园到多基地、多市场、多集镇、多乡村、多产业园，进而在山东潍坊设立国家农业开放发展综合试验区，甚至参与整个山东的新旧动能转换工程。这些都是火车头效应、裂变效应的典范。

第二十六章　项目策划规划的十二大要点

同样的图纸，不同的艺人，结果大相径庭。

同样一张白纸，张大千在上面随便画两笔，价值可能达到百万元、千万元，而李小千在上面画画，可能卖不了多少钱，甚至一文不值。

同样的乡村，同样的田园，不同的人来耕种，结果也会大不相同。有的人歉收亏本，有的人能做到亩产收入几百元，有的几千元，还有的人能亩产收入数万元、数十万元甚至上百万元。

乡村产业项目也是一样，如果能够得到国家以及各级政府的认可，将大大提高项目自身的价值。而要想得到认可，在项目策划过程中就需要留意以下十二大要点。

一、“特点”要抓准

特色城市、特色小镇、特色乡村、特色旅游、特色乡土、特色文化、特色风情……，关键是如何挖掘，提炼其“特点”并予以突出表达，并让这些特点贴合国家的大政方针。

二、“起点”要定高

国家战略、地区战略、时尚需求、消费动向、市场刚需与潮流……，这些都是研究“起点”的关键要素。从国家顶层战略出发，从地方重点民生出发，从市场刚需着眼，策划顶层设计，确立项目纲领，提炼项目灵魂，才能让项目一出手就超凡脱俗。

三、“基点”要牢靠

“基点”就是项目的立足点，核心是项目优势以及核心价值。一般说来，乡村产业项目要求对生态友好，为农带农兴农的作用明显，产业有巨大成长潜力，与竞争对手相比有明显优势。

四、“痛点”要解决

“痛点”包括技术痛点、环境痛点、政府痛点、制度痛点、村企关系痛点、市场痛点、团队痛点、现金痛点、品牌痛点等。必须直面痛点，特别是关键性痛点，并且给出正面解决“痛点”的药方，才能得到当地政府的重视和市场的善待。

五、“热点”要把握

任何时期都有“热点”，对于企业而言，着重分析政策热点、消费热点、市场热点、投资热点、技术热点，项目就会有温度，有关注度。因此，要想一个项目有生命力，就需要符合当下或未来相当长时期内的“热点”方向，这样的项目才会有市场。

六、“靶点”要找准

“靶点”就是解决问题的核心点，无论是可行性立项、规划审批、产业落地、政府汇报还是品牌营销，不打靶则已，若要打靶则必须瞄准十环靶心，才能事半功倍。

七、“支点”要探索

打蛇打七寸，四两拨千斤。任何项目无论申报、内容创意、规划审批、供地谈判、奖补资金争取都会有“支点”，找到了这个“支点”就能四两拨千斤，一纲引多品。这是项目建设中的支撑点，“火车头”“发动机”。像陕西袁家村的民俗美食，嘉善西塘的酒吧民俗，鲁家村的共享农场模式，等等。

八、“重点”要争取

每个县（区）都有无数的“项目”，甚至产业集群，其中有些是乡镇重点、省（市）重点甚至国家重点，另外，还有短期重点项目和长期重点项目之分。但无论如何，只有进入“重点”项目名单，项目才能获得更高的权值、关注度和首位度，项目的进展才能加快，成功的概率才会变大。

九、“亮点”要彰显

一个项目要做好，必须挖掘价值，彰显亮点。亮点不仅是针对消费者，而且对负责审批的政府来说同样重要。当下中国市场早已过了产品短缺的时代，在任何领域中竞争都十分激烈，因此，挖掘、加工、包装和传播项目的亮点，展现自身和其他项目的差异，凸显项目本身的优势就变得非常重要，这也是项目审批中不成文的惯例，没有亮点的项目不可能成为重点。

十、“试点”要大胆

“试点”项目有时能比重点项目拿到更多的政策红利，更有示范性、榜样性和带动性。但是，在争取“试点”时要有胆识，大胆去试、去创、去干，才能把政策的能量发挥到极致。商机是干出来的，大胆实干才能发现更好、更实用、更简约的模式。实干出真知，实干出智慧，实干出真理，实干出效益。

十一、“卖点”要动人

市场经济环境下，有“卖点”才能有未来、有生命、有利润。在成千上万的项目、产品、品牌竞争中，谁的卖点更加靓丽动人，谁就能拥有市场。无论产品、包装、项目、商业模式、广告、营销还是品牌，都要挖掘出“卖点”。

十二、“盈点”要变现

“盈点”就是项目的盈利能力和变现手段。之前付出的一切都是成本，只有盈利变现才能创造利润。因此，“盈点”要突出、可靠，要有明确的变现手段、渠道、机制和方式。政府支持的也是具有明确盈利能力的项目和产品。项目再好，如果不能变现、不能落地，一切等于零。

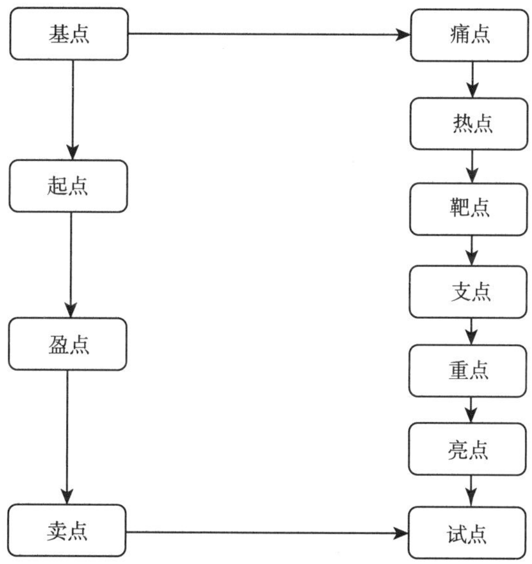

项目策划规划要点图

第五部分
产业基础与创新

XIANGCUN CHANYE ZUIXIN ZHENGCE YU XIANGMU SHENBAO ZHINAN

第二十七章　乡村产业的十六个环节

乡村振兴是一项重大的国家战略，同时也为企业带来巨大的商机。但是，由于市场的复杂性，加上政策的变动，企业或政府在参与乡村振兴与乡村产业时，需要把握一些十分重要的环节。

一、决策环节

乡村振兴是一项系统工程，牵涉到方方面面。参与乡村振兴的企业，如果原来是从事地产、农业、食品、物流、网红直播等领域内工作的，与乡村产业的距离还不太远，如果是从事其他行业的，则需要跨行业，会遇到许多新的难题和挑战。从小目标、中目标到大目标，从近期目标、中期目标到长期目标，都需要进行系统考量，方能做出科学的决策。

二、政策环节

乡村产业，牵涉各部委、各省、市（区、县）及各部门，政策各不相同，如果不详细了解政策，贸然凭着兴趣、情怀去投资，就会四处碰壁，甚至误入泥潭，造成巨大的浪费。比如，以前常见的大棚房现象，以及在永久基本农田里挖塘养鱼、栽树种花，在国家生态公益林里乱建乱占等现象，结果都是统统拆除，恢复原状，之前投入的资金、时间和精力全部打了水漂。因此，充分了解、细致解读和踏实运用政策十分重要。

三、资金环节

乡村产业，尤其是乡村振兴项目，有许多不可控的因素。有时预计

3 000 万就够，项目实际启动后发现 6 000 万都不够，因此，做乡村项目要有充足的资金准备。但是，各级政府的奖补资金也不少，有些可以先给后建，有些是先建后补，以奖代补。因此，如果学会申报各级政府的奖补资金，也是补足资金的一个办法。当然更重要的，是要懂方法，有人脉，争取从市场上融资。

四、策划与规划环节

规划一般分为概规、总规、控规、详规和修规，通常只有当规划在政府通过了，才能算项目立项成功。但是，规划公司又分为很多种，城市规划、建筑规划、铁路规划、水利规划、桥梁规划等。有些规划公司在自己的领域内非常专业，但是如果让他们来做乡村规划，可能就显得外行了。因为乡村规划既要懂乡村产业，又要面向市场；既要让项目有生命力，又要让项目有可操作性，这是一项非常复杂的综合性工程。另外，规划解决空间和形式，策划解决产业和内容，通常是要先策划后规划，没有好的策划，根本做不出好的规划，项目也不可能实施。同样一块土地，不同的人来策划规划，最终的结果会天差地别。很多项目，就是因为不重视最初的策划规划工作，存在方向性错误，后期无论投入多少，都是南辕北辙，注定难以营利。

五、拿地环节

规划获得审批许可，不等于你马上可以投入建设了，是否有土地指标，能否拿到土地又是非常重要的一环。我国的土地，分为国有用地和集体用地两大类，即使是基本农田，也分成若干个等级。许多企业想做农、商、康、教、旅，但如果没有建设用地，项目就立不起来。我们目前的土地政策，每个县的建设用地指标很少，即便有，价格也比较昂贵，因此，拿地是乡村产业中特别重要的一环。国家关于土地的政策和条文很多，各地又有各地的政策，如何读全、读懂，并能够灵活地应用，实在不是一件容易的事情。

六、团队环节

乡村产业的多元性、差异性、系统性、复杂性，意味着这是团队作战，需要各种各样不同的人才。现实情况是，许多乡村建设很不错，但是缺少内容，缺少项目，更缺少运营团队，因为村庄里的年轻人都涌向了城市。靠地产发家的企业转型做乡村产业，如果还是用地产思维而不是用产业思维的话，资金再多，也很难适应。网红直播、垂直农业、创意农业……不同的业态需要不同的专业人才。因此，团队十分重要。

七、项目产品环节

产品是乡村产业的核心和基础。任何产业，最终都需要落实到产品或服务上。产品上，要做到人无我有、人有我新、人新我特、人特我奇。项目上，则需要突出主题，最好能做到跨参量、跨维度、跨界、跨行业，还要讲究前瞻性、市场性、创新性、带动性。对于像乡村旅游、乡村教育这些业态，创意内容就特别重要。如果一个乡村，光有建筑空间，没有内容，没有特色，消费者是不会光顾的。传统农业的产品和业态都比较单一，如果学会运用创意技术以及动漫、包装和场景技术，产品、项目和品牌的表达形式可能就会完全不一样，消费者会不请自来。在产品过剩的时代，无论包装、工艺、传播、营销还是场景，都需要创意。因此，在某种意义上，产品为王，就是内容为王、创意为王。

八、创意内容环节

乡村振兴、乡村产业包含的内容特别多，包括生态、生产、生活、生意，以及群众、客户、市场，等等，管理就特别重要。管理包括生产管理、财务管理、产品管理、项目管理、市场管理、人事管理、数字管理，等等。管理出效益，管理出利润。

九、组织及制度环节

在政府层面上，组织振兴、组织建设，是所有行动可持续的保证。在企业层面上，建立与乡村建设、乡村环境相适应的企业制度、管理制度、生产制度、营销制度，同样十分重要。制度大于董事长，组织大于总经理。没有好的制度，产品打不响，更打不远。

十、技术环节

现代市场经济环境下，科技发展日新月异。在乡村产业领域，生态技术、基因技术、种子技术、化肥技术、农药技术、建筑技术、互联网技术，层出不穷。要领先于对手，引领行业，就需要许多核技术、黑科技、“卡脖子”技术。可以说，科学技术永远是第一生产力。

十一、生产环节

如果是农业种植、养殖企业，科学而有效的种植、养殖方法就是产业的核心。如果是加工类企业，则保质保量的加工、生产方法是核心。因此，生产环节必须重点关注。

十二、网络、数字环节

在互联网时代，任何企业都必须学会运用互联网，学会运用数字技术。未来农业种什么？种多少？卖给谁？怎么卖？……大数据、互联网将是好帮手。

十三、创新驱动环节

没有一成不变的产品，也没有一成不变的市场，未来的竞争一定是创新、创意、创造的竞争。只有创新，才是永不衰竭的动力！任何企业，概莫能外。

十四、文化环节

制度大于董事长，但制度总有管不到的地方，企业文化的塑造才是根本环节。企业要想走得远，产品要想卖得广，必须打造良好的企业文化，这是企业自身也是乡村产业的软实力之所在。

十五、品牌及营销环节

乡村产业涉及许多元素和维度，必须有统一的顶层品牌统领。好项目不见得有好市场，好产品不见得有好效益。科学的品牌定位和形象传播，精准高效的营销，是产业制胜的条件。目前，我国在数字电商、网红直播、大数据应用等方面，在全球处于领先地位，在乡村产业领域，也要学会灵活运用。

十六、智慧及智能环节

知识在课堂上可以学到，而智慧往往来自实战。市场竞争条件下，智慧比知识更重要。进入人工智能时代后，未来大量的播种、施肥、除草、打药、收割、产品加工、包装等工作，都将交给机器人。在人力成本越来越贵的今天，各种各样的智能技术会得到越来越广泛的应用。

以上是关于一般乡村产业企业化运作的十六个环节，实践中应该因地制宜、具体问题具体分析。如对于乡村集体经济来说，其党建引领、组织运行机制与制度设计则十分关键。